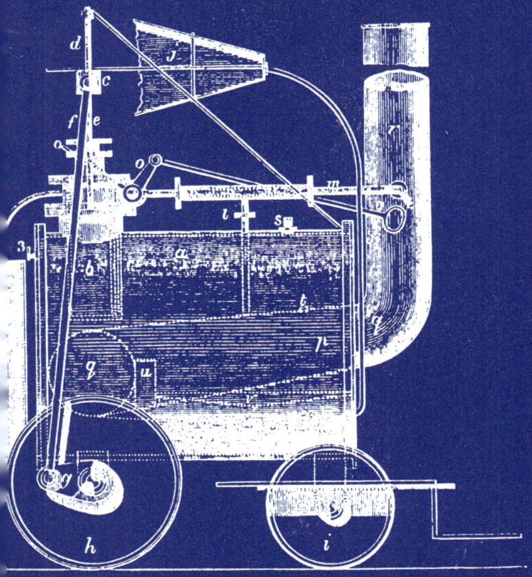

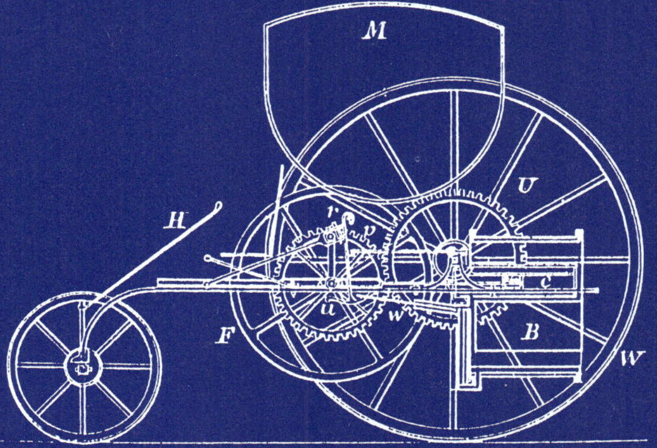
M
U
H
F
B
W
C

Weigelt · DAS AUTO-MOBIL

Horst Weigelt

Das Auto-Mobil

VON ALBRECHT DÜRER BIS GOTTLIEB DAIMLER

Motorbuch Verlag Stuttgart

Einbandgestaltung: Siegfried Horn

Der Verfasser dankt allen Persönlichkeiten, Archiven, Bibliotheken, Museen und Bilderdiensten, die zum Gelingen des vorliegenden Buches mit Literatur und Bildmaterial sowie mit Rat und Tat beigetragen haben. Dank gebührt insbesondere der großzügigen Unterstützung durch das Deutsche Museum, das Daimler-Benz-Archiv Stuttgart, das Science Museum in London und das Verkehrsmuseum Nürnberg.

ISBN 3-613-01219-7

1. Auflage 1988

Eine Abteilung des Buch- und Verlagshauses Paul Pietsch GmbH & Co. KG.

Satz und Druck: Stuttgarter Druckerei GmbH, 7000 Stuttgart 80
Bindung: Großbuchbinderei E. Riethmüller, 7000 Stuttgart 1
Printed in Germany

Inhalt

Vorwort

Der Wunsch, sich schneller fortzubewegen als die Natur es zuläßt, ist so alt wie die Menschheit selbst. Das Rad, Altertumsforscher stellen seine Erfindung ins 3. Jahrtausend v. Chr., stand am Anfang dieses Traumes. Mit der Erfindung des Steigbügels danach, war dem Pferd zwar die Geschwindigkeit gestohlen und beträchtliches an persönlichem Tempo gewonnen worden, doch das Nachdenken darüber, auf welche Weise man noch besser Herr über Raum und Zeit werden könnte, kam erst so richtig in Schwung.
Jahrhunderte mußten vergehen, ehe herausgefunden wurde, was sich mit dem in einem Kessel erzeugten Dampf alles machen läßt. Und noch bevor die erste Dampflokomotive mit 11 km pro Stunde in das industrielle Zeitalter fuhr, gab es bereits eine ganze Reihe von Versuchen, Dampf als Kraftmedium für Straßenfahrzeuge zu verwenden.
Sie verliefen glücklos bis schließlich der Motorwagen, der Urahn unserer heutigen Automobile, erfunden und nach anfänglicher Zurückhaltung von der Bevölkerung begeistert aufgenommen wurde.
Diese technische Entwicklung und ihre vielfältigen Randerscheinungen, mit großer Sachkenntnis beschrieben und sie zudem in die vorausgegangenen und sie begleitenden Zeitläufe gestellt zu haben, ist das Verdienst des Autors dieses Buches, Dr.-Ing. E. h. Horst Weigelt, der sich damit als Verkehrshistoriker von Rang ausweist.
Seine Art, technische Dinge und konstruktive Zusammenhänge für den Laien verständlich darzustellen und dabei auch die oft tragischen menschlichen Seiten und Schicksale der vielen Phantasten, Tüftler und Techniker, aus deren Gedanken und Ideen das Automobil der ersten Generation entstanden ist, nicht zu vergessen, machen dieses Buch zu einer Lektüre, die an Spannung keine Wünsche offen läßt.
Und noch etwas möchte ich dankbar und anerkennend hervorheben: Der Autor ist Präsident der Bundesbahndirektion Nürnberg. Daß ein „Eisenbahner" ein Buch schreibt, in dem das Automobil neidlos als Jahrhundert-Erfindung beschrieben wird und dabei durchweg auch noch gut wegkommt, spricht für die Sachlichkeit des Buchinhalts.
Zum anderen wird somit aber auch deutlich, daß Schiene und Straße keine feindlichen Brüder sind, sondern Verkehrswege, an deren beiderseitiger Daseinsberechtigung und gegenseitiger Ergänzung es nichts zu verdeuteln gibt.

HANS-ERDMANN SCHÖNBECK
Präsident
des Verbandes der Automobilindustrie e.V. (VDA)

Automobile vor Daimler und Benz?

Was soll diese Frage nach dem ausgiebig gefeierten Jubiläum ›100 Jahre Automobil‹? Üblicherweise wird doch vor Jubiläen zuallererst geprüft, ob der Geburtstag des Jubilars auch tatsächlich stimmt! Und zahlreiche Automobilbücher haben überzeugend die Entwicklungslinien von den einfachen Motorwagen von Karl Benz und Gottlieb Daimler zu den leistungsstarken, komfortablen Automobilen von heute aufgezeigt. Kein Zweifel also: Der Siegeszug des Automobils begann mit Karl Benz und Gottlieb Daimler!

Aber was war davor? Hatten die beiden Erfinder ihre Fahrzeuge in allen Teilen aus dem Nichts geschaffen? Waren ihre Fahrzeuge neu wie aus einem Guß? Offensichtlich nicht, hatte doch Daimler eine Pferdekutsche motorisiert, also keinesfalls das Automobil als Ganzes wie nach einer Eingebung erfunden. Und das Dreirad von Benz knüpfte fahrzeugtechnisch an die Fahrradentwicklung an.

Und weiter ist zu fragen: Waren Karl Benz und Gottlieb Daimler überhaupt die ersten Menschen, die mit einem Automobil, also mit einem ›Selbstbeweger‹ fuhren. Nein, sie waren es nicht! Mehrere Jubiläumsbücher erwähnen beispielsweise den Dampfwagen von Joseph Nicolas Cugnot aus dem 18. Jahrhundert. Auch gibt es einzelne Hinweise auf schwerfällige Dampfomnibusse. Aber nirgends findet man eine vollständige Darstellung über die zahlreichen Vorläufer des Automobils. Ebenso fehlt eine Darlegung über die vielfältigen Stufen des technischen Fortschrittes, die schließlich in jenem Fahrzeug-Typus mündeten, den wir heute als Automobil verstehen und als unser ›Auto‹ bezeichnen.

Ein zweiter Aspekt ist bei all den Feiern 1986 zu kurz gekommen, nämlich die Entwicklung der Straße! Dabei gehören in jedem Verkehrssystem Fahrweg und Fahrzeug unauflöslich zusammen. Am besten ist dies bei der Eisenbahn ersichtlich, wo die Eisenbahnwagen und -lokomotiven mit ihren Spurkranzrädern genau auf die Spurweite des Gleises passen müssen und wo neue Strecken mit besonders großen Bögen gebaut werden müssen, um die IC-Expreßzüge der Zukunft mit 250 km/h fahren lassen zu können. Auf den alten Nebenbahnen müßten auch die ICE-Züge mit 50 km/h entlangschleichen, weil der Fahrweg nicht entsprechend ausgebaut ist.

Nicht viel anders ist es bei der Straße. Automobile unserer Zeit benötigen die modernen Autobahnen und Bundesstraßen. Genau genommen sind unsere Autos erst mit dem Bau dieser zügig trassierten Straßen und ihren ebenflächigen Belägen zu dem heutigen Standard hochgezüchtet worden. Also ist auch die Frage berechtigt, ob nicht etwa die Konstrukteure von Dampfwagen an fehlenden hochwertigen Straßen gescheitert sind? Schließlich: Warum hat sich die Dampfmaschine vor 150 Jahren bei der Eisenbahn durchgesetzt, nicht aber auf der Straße?

Es gibt also eine Fülle von Fragen an die Technikgeschichte, die geradezu herausfordern, alles das aufzuspüren, was zur Vorgeschichte des Automobils gehört. Wir sollten unseren Blick dabei ruhig einmal frei machen von der kurzen Spanne der letzten hundert Jahre und viel weiter zurückgreifen, denn nur dann haben wir die Chance, die vielfältigen Ideen, Konzepte und Konstruktionen für automobile Wagen zu finden und die Bautechnik der Straße als eine Voraussetzung für fortschrittlichen Straßenverkehr richtig zu würdigen.

1. Herons automobile Wagen

ALEXANDRIA – WISSENSCHAFTSZENTRUM DER ANTIKE

Könnten wir uns in das Jahr 200 v. Chr. zurückversetzen und in einer dunklen Nacht über die Länder rund um das Mittelmeer fliegen, dann würden nach langem Flug aus nachtschwarzer Tiefe endlich einmal Lichterreihen auftauchen: Die eine in OstWest-Richtung, etwa sechs Kilometer lang, die andere quer dazu verlaufend, eineinhalb Kilometer. Dieses Lichterkreuz markiert die Hauptstraßen von Alexandria, der Weltstadt des Altertums, 331 v. Chr. von Alexander dem Großen gegründet, von Deinokrates in einem Rechteckschema geplant, sodann von einer halben Million Einwohnern, einem vielfältigen Gemisch aus Makedonen, Griechen, Ägyptern, Juden, Syrern und anderen bewohnt [3, Bd. 3].
Die Nachfolger Alexanders, die Ptolemaier, hatten Alexandria zur Hauptstadt Ägyptens gemacht, zum Haupthafen, zur Handelsstadt, vor allem aber zum glanzvollen Hauptsitz griechischer Geistesbildung zu Zeiten ihrer Ausbreitung, also zur Zeit des Hellenismus. Wer in der Wissenschaft Rang und Namen hatte, lebte und arbeitete am Museion, der idealen Forschungs- und Lehrstätte der alten Welt. Ihr Kernstück war wiederum die berühmte Alexandrinische Bibiliothek mit einem schier unglaublichen Bestand von 700 000 Papyrus-Rollen, worin die Wissenschaftler die gesamte geistige Substanz des Altertums – Ideen, Wissen und Kritik – gespeichert fanden.
Es war ein schwarzer Tag der Menschheit, als in den Kriegswirren des Jahres 47 v. Chr. der größte Teil der Bibliothek verbrannte. Denn viele Schriften gingen für immer verloren. Wenige Werke von antiken Schriftstellern vermitteln uns heute noch eine Vorstellung von dem damaligen Stand der Technik, und eine der wichtigsten stammt von Heron von Alexandria.

HERONS WERK ÜBER DIE AUTOMATEN

Niemand wird vermuten, daß es im Altertum Wagen ohne Pferde- oder Ochsenbespannung gegeben hat. Warum auch wohl? Fehlten die Tiere, so gab es doch – leider – immer genug Sklaven, um Menschen vor die Karren zu spannen! Und doch belehrt uns Heron von Alexandria eines Besseren, der im 1. Jahrhundert nach Christus lebte.
Schlagen wir sein Werk ›Pneumatica et Automata‹ auf, so werden wir sogleich auf den ersten Seiten überrascht [86 B S. 339]: »Die Schaustellung der Automaten (Automatentheater) erfreute sich bei den Alten großer Beliebtheit, einmal, weil eine mannigfaltige Kunstfertigkeit dabei entwickelt wird, sodann, weil das Schauspiel geradezu staunenerrregend ist. Denn eben die Anfertigung der Automaten bringt, um es kurz zu sagen, jeden Teil der Mechanik. . . zur Anwendung.«
Und weiter schreibt Heron über Zweck und Leistungen der Automaten: »Man stellt Tempel und Altäre von mäßigem Umfange her, die sich von selbst heranbewegen und auf einigen Punkten halten, dann bewegt sich jede von den darin befindlichen Figuren entsprechend dem vorliegenden Plane... und schließlich kehren Tempel und Altar nach ihrem Platze zurück. Die auf solche Art gearbeiteten Automaten nennt man fahrende.«

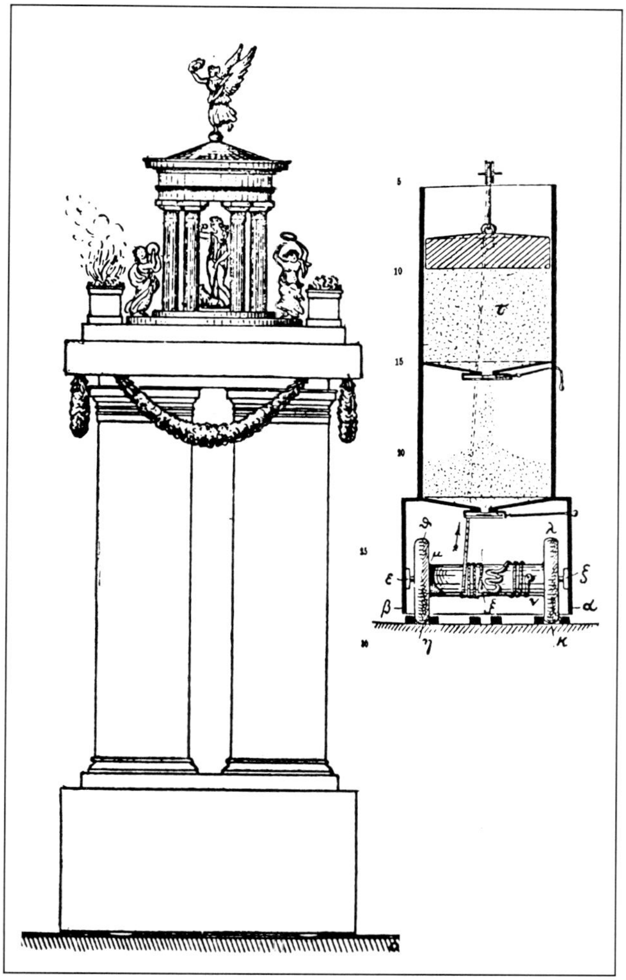

Herons fahrender Automat – Ansicht und Schnitt [86]

Heron befaßt sich zuerst mit dem Fahrweg: »Zunächst muß der Boden, auf dem der Automat vorrücken soll, fest, waagrecht und eben sein, damit seine Räder weder infolge des Druckes einsinken, noch von einer rauhen Stelle gehemmt werden, noch bergauf getrieben zurücklaufen. Wenn ein solcher Boden, wie er eben beschrieben, nicht vorhanden ist, muß man Bretter waagrecht auf den Boden legen, auf denen der Länge nach Schienen vermittels festgenagelter Latten hergestellt werden, damit die Räder in den Schienen rollen.«

Für den Automaten forderte Heron sodann leichtes, trockenes Holz, gut abgerundete Räder mit eisernen Naben auf eisernen Achsen und für die Figuren kupferne Achsen in ausgeschliffenen kupfernen Lagern. Heron empfahl für den Automaten kleine Abmessungen, damit die Zuschauer nicht auf die Idee kämen, im Inneren wäre ein Mensch verborgen, nämlich einen Sockel von 46 mal 31 cm Grundriß und 23 cm Höhe, darüber vier Säulen von 62 cm Höhe und obenauf einen Architrav mit Tempel und Figuren. Alles in allem ergab das eine Höhe von rund 1,4 Meter.

Das Schnittbild zeigt die Konstruktion des Automaten. Kernstück des Antriebs ist ein Mechanismus, der die Energie der Lage aus dem hochgezogenen Bleigewicht in kinetische Energie umformt. Die Schwerkraft des fallenden Bleigewichtes wird über Seil und Seilrolle in eine tangential an der Achse angreifende Antriebskraft umgewandelt, die die fest mit der Achse verbundenen Treibräder bewegt. Unterhalb des Gewichts sind Hirse oder Senfkörner eingefüllt, um den Fall des Gewichts und damit die Geschwindigkeit des Wagens zu drosseln. Die Hirse ersetzt sozusagen das Getriebe. Eine seitlich heraushängende Schnur ist mit einem Bodenventil im Gewichtskasten verbunden. Das ist der ›Starter‹ für den Antrieb.

Aber Heron zeigt nicht nur, wie man einen selbstfahrenden Wagen mit einfachen mechanischen Hilfsmitteln unter kluger Ausnutzung der Physik konstruieren kann. Vielmehr ist Herons Wagen sogar programmiert! Wenn das Seil die links auf der Achse aufgewickelten Schlingen beim Fahren abgerollt hat, werden die mittig auf der Achse aufgeklebten horizontalen Schlingen erreicht. Bei ihrem Ablösen wird keine Rotationskraft ausgeübt. Der Wagen bleibt stehen. Anschließend wirkt die Seilkraft auf die gegenläufig um die Achse aufgewickelten Schlingen und treibt den Wagen nunmehr ›im Rückwärtsgang‹. Für Heron ist das noch zu wenig. Er beschreibt in Wort und Bild die Konstruktionen, um den Automaten im Kreis, im Rechteck und sogar schlangenförmig fahren zu lassen. Heron bietet dazu eine Konstruktion zum Absenken rechtwinklig angeordneter Räder, die sozusagen das rechtwinklige ›Einparken‹ ermöglichen! Die schlangenförmige Fahrt erreicht der Meister, indem er mit Einzelrädern und Hohlachsen arbeitet. ›Alles schon dagewesen‹, scheint uns Heron aus der Ferne der Geschichte zuzurufen! Seitenlang folgen dann noch praktische Anweisungen, um das Feuer auf dem Tempelaltar automatisch anzuzünden, aus der Figur des Thyrus etwas Milch und aus dem Bacchus Wein zu verspritzen, die Bacchantinnen tanzen zu lassen, Pauken und Trompeten zum Spielen zu bringen und die Pilaster zu bekränzen.

HERON ALS VORDENKER DES AUTOMOBILEN WAGENS

Löst man sich von den interessanten Schilderungen der einzelnen Bewegungsvorgänge in den verschiedenen Automaten des Alexandriners und schlägt den großen Bogen zu unserer Zeit, so kommt man nach einigem Nachdenken zu überraschenden Feststellungen. Ohne Zweifel verfolgte Heron mit seinem Automaten die Ziele, die Mechanik weiter zu entwikkeln und mit ihrer Hilfe das Erstaunen, die Bewunderung der Zeitgenossen herbeizuführen. Es lag ihm völlig fern, in dem Automaten etwa Modelle für künftige Verkehrssysteme zu sehen. Und dennoch hat Heron mit seinen Automaten Systeme und Prinzipien verwirklicht, die heutzutage im Verkehrswesen realisiert oder geplant sind.
Heron von Alexandria war in diesem Sinne Vordenker

1. für das System des automobilen Wagens,
2. für das Prinzip der Spurführung und
3. für den programmierten, automatischen und fahrerlosen Betrieb.

Herons fahrender Automat besteht aus Karosserie, Fahrwerk, Motor, Getriebe und Anlasser. Der Motor ist ein Speichermotor, wobei die gespeicherte Lageenergie des Bleigewichtes über die Seilverbindung direkt in Rotationskraft umgesetzt wird, während heutige Energiespeicher mit Kreiseln oder Druckspeichern und besonderen Energieumformern arbeiten. Die Funktion des untersetzenden Getriebes übernimmt die Hirseführung, der Seilzug mit Schieber die Funktion des Anlassers.
Nach alledem bildet Herons Automat das Modell eines Kraftfahrzeuges mit Antrieb aus einem Energiespeicher. Es ist das erste bekannte Modell eines selbstbewegenden, eines automobilen Wagens. Auch wenn sich von Herons Automat keine direkte Entwicklungslinie zu späteren Versuchen mit selbstbewegenden Wagen ziehen läßt, markiert der Automat den ersten, bisher unbeachteten Meilenstein in der Vorgeschichte des Automobils.
Was die Spurführung betrifft, so war sie dem antiken Ingenieur und Mechaniker Heron im Prinzip bekannt, hatte man doch schon Jahrhunderte zuvor Spurrillen in die heiligen Straßen Griechenlands für die Wagen der Priesterinnen gemeißelt. Allerdings bietet Heron erstmalig die Kombination eines künstlichen Gleises mit einem Spezialfahrzeug. So gesehen gehört Heron auch in die Annalen der Eisenbahn-Vorgeschichte.
Natürlich ist es der Sinn von Automaten, bestimmte Vorgänge selbsttätig nach einem Programm ablaufen zu lassen. Aber es ist doch sehr merkwürdig, daß sich Heron, wie möglicherweise schon seine Vorgänger, mit der Automatisierung von Fahrbewegungen befaßte. Denn auf diese Weise hat Heron das Prinzip des programmierten, automatischen und fahrerlosen Betriebes von Fahrzeugen präsentiert und am Modell für einfache Bewegungsabläufe demonstriert. Fast zweitausend Jahre später ermöglicht es die elektronische Steuerung und Regelung, spurgeführte Nahverkehrssysteme automatisch, programmiert und fahrerlos zu betreiben, wie z. B. die Personen-Nahverkehrs-Systeme VAL in Lille, Skytrain in Vancouver oder die H-Bahn in Dortmund.

2. Straßenverkehr im Römerreich

REISELUST UND FAHRVERGNÜGEN AUF RÖMISCHEN STRASSEN

Römische Straßen und Tempel, Aquädukte und Arenen sind steinerne Zeugen der Geschichte, stumme Zeugen freilich, die erst durch die Zeugnisse der Literatur zum Leben erwachen. Und wenn wir uns von den Historikern führen und unsere Phantasie ein wenig anregen lassen, eröffnen sich uns überraschende Einblicke in das bunte Leben und Treiben auf den Straßen zur Römerzeit [2, 4, 5, 10].
Zwar gab es keine leistungsfähigen Automobile und

Leben und Treiben auf römischer Fernstraße vor einer Übernachtungs- und Wechselstation mit Übergang zur Schiffahrt. [74]

Lastkraftwagen, die damals Menschen und Frachten schnell voranbrachten. Vielmehr setzten die Verkehrsmittel des Fuhrwerkzeitalters enge Maßstäbe für Geschwindigkeit und Komfort. Aber eben deshalb ist es geradezu verblüffend, wie gute Straßen schon vor 1800 Jahren Lebensformen ermöglichten, von denen nahezu alle heutigen Zeitgenossen glauben, erst unsere Generation hätte sie mit dem Automobil hervorgebracht. Nein, vieles haben die Römer bereits ausgekostet: Die Reisen zur Erholung und zur Bildung, zur Kur und aus Spaß am Fahren, dazu den Trip ins Weekend und auch so etwas ähnliches wie Camping! Reisen wir also ein wenig zurück in die Vergangenheit!

Auch im alten Rom war es im Sommer genau so heiß wie heute, da die Italiener sehnsüchtig auf die Ferien warten, um endlich aus der stickigen Stadt zu entfliehen. Aber wie? Nun, das war einfach. Vor den Toren der Stadt standen sozusagen als Vorläufer der heutigen Leihwagenfirmen die ›cisiarii‹, die Innungsmitglieder der Wagenvermieter. Sie boten mehrere Typen von zwei- und vierrädrigen Wagen nebst Bespannung, die Wagen blank und sauber, die Maultiere und Pferde gestriegelt und auch ein wenig aufgeputzt, um manche Gebrechen zu vertuschen. Und unter den Vetturinen, wie die Unternehmer auch genannt wurden, waren verwegene Burschen, die sich nicht überholen ließen, wie der Maultierkutscher Sabinus nach einem Gedichte von Catull.

Als Geschwindigkeitsrekord gilt Cäsars Reise von Rom nach Arles. Für 796 römische Meilen oder 1178 km brauchte er nur acht Tage. Das macht im Schnitt 150 km je Tag. Und diese Leistung erzielte er in einem Mietwagen ohne Gepäck, vermutlich in einem leichten zweirädrigen Fahrzeug. Da selbst der eiserne Cäsar essen und trinken und wenigstens kurzzeitig auch einmal richtig liegend schlafen mußte, kennen wir die reine Fahrzeit und die Fahrgeschwindigkeit nicht. Einen Anhalt gibt jedoch eine andere Rekordfahrt. Die Nachricht von einem Mord wurde über 84 km in nur zehn Stunden von einem fahrenden Boten überbracht. Rechnet man mit zweimaligem Pferdewechsel zu je 15 Minuten, so kommt man auf rund 9 km/h Reisegeschwindkeit im Wechsel zwischen flottem Trab und erholendem Schritt, und das ohne Licht und ohne Leitmarkierung bei Nacht! Also liegt man wohl nicht falsch, wenn man für leichte, gut bespannte Reisewagen bei Tage mit höchstens 10 km/h durchschnittlicher Fahrgeschwindigkeit zwischen den Wechselstationen rechnet.

Fußgänger legten an einem Tag etwa 25 Meilen oder 37,5 km zurück, das entsprach dem Entfernungsdurchschnitt der Übernachtungsstationen. Mit Mietwagen erreichte man etwa das Doppelte, also 75 km/ Reisetag von früh morgens bis spät abends.

Die meisten ›Reisenden‹ gingen zu Fuß oder ritten auf bescheidenem Maultier, selten zu Pferde. Auch weniger begüterte Reisende waren zumindest von einem Sklaven begleitet. Der berühmte Philosoph Seneca reiste einmal bewußt bescheiden mit seinem Freund ohne Gepäck und ohne zweiten Wagen für die Diener. Der barfüßige Kutscher lenkte den einfachen Bauernwagen, abends schlief man im Freien nach selbstgekochtem Mahle. Seneca genoß zwei Tage diese einfache Art zu reisen – und welcher naturverbundene Camper könnte dem alten Philosophen nicht nachfühlen?

Sobald Seneca aber auf einen der üblichen Reisezüge stieß, wurde ihm doch unbehaglich zumute! Die Herrschaften fuhren in ihren eigenen gepflegten Reisewagen, ihnen folgte die Dienerschaft und das reichhaltige Gepäck auf mehreren Fahrzeugen.

Es fehlte auch damals nicht an Angebern. So wie heute der Geltungsnutzen beim Automobil eine große Rolle spielt, also Typ, Farbe, Ausstattung, so war das auch im alten Rom! Manche Leute – so meinte Seneca – waren nur auf Reisen reich! Aber die Privatleute glaubten eben dem kaiserlichen Prunk nacheifern zu müssen: Gestickte Decken, verzierte Gehänge und Gebisse zierten die Zugtiere, reiche Beschläge die Reisewagen, deren Polster mit Seide und kostbaren Stoffen überzogen waren. Besonders kostspielige Gefäße wurden nicht im Gepäckwagen transportiert, sondern zur Vermeidung der Stöße von

Dienern getragen. Dazwischen liefen junge Pagen, deren Gesichter durch Teigmasken vor Sonne oder Kälte geschützt waren – es fehlten eben getönte Scheiben!
Aber täuschen wir uns nicht. Auch wer heute einen Mittelklassewagen fährt, wäre im alten Rom bestenfalls auf einem Maultier geritten, vermutlich aber zu Fuß marschiert, und das war in der Sonne Italiens oder Spaniens kein Zuckerlecken! Immerhin fand auch der Fußwanderer am Abend ein Gasthaus, nicht eben einladend, aber ein Ort für Verköstigung und wettergeschützte Nachtruhe. Der Rauch der Küche kam dem Eintretenden entgegen, Töpfe dampften, Schüsseln klapperten, Lärm und Singen erfüllte den Raum. Die Polster wimmelten manchmal von Flöhen, und von den Decken fielen Spinnen und Eidechsen herab. Kuppelei, Betrug und Diebstahl waren nicht eben selten – alles Dinge, die der kleine Mann in Kauf nehmen mußte, während die Reichen nachts ihre Zelte aufschlagen ließen oder bei Gleichgestellten übernachteten.
Jedenfalls kamen Arm und Reich auf den guten Straßen mehr oder weniger schnell und – gemessen an der körperlichen Kondition der Römer – auch verhältnismäßig bequem voran.
Reisegründe gab es wahrhaftig genug: Wissenschaftler fuhren in ferne Länder, um erlesene Bibliotheken oder herausragende Gelehrte zu besuchen und buchstäblich die Welt zu ›erfahren‹. Rhetoren und Sophisten reisten von Ort zu Ort, ebenso Gaukler und Schausteller, Bühnenkünstler und Athleten, all das vorwegnehmend, was heute die Gastspiele von Stars, Orchestern und Wanderbühnen darstellen.
Aber auch die Zuschauer waren unterwegs. Wie heute die Festspiele zu Salzburg, Bayreuth oder Verona, so zogen die großen Schauspiele in der Millionenstadt Rom große Menschenmengen als Zuschauer und Teilnehmer an. Thermalquellen und Bergorte waren Ziele von Kranken und Gebrechlichen. Auch Wallfahrten zu den verschiedensten Tempeln und Orakeln waren nicht selten. Wie sagt doch Seneca? »Die Zahl derer war groß, die gern durch unbekannte Städte zogen, ein neues Meer erforschten und in allen Ländern der Welt Gäste waren.« [nach 10].
Bilden wir uns also nichts ein! Wenn wir unsere Ferienautos am Golf von Neapel oder im istrianischen Poreč, dem alten Parentium der Römer parken, dann ist es so gut wie sicher, daß schon vor fast 2000 Jahren hier ein Römer zum gleichen Zweck und in gleicher Ferienstimmung weilte. Dies gilt übrigens auch für deutsche Bäder, wie Aachen, Bad Ems, Wiesbaden oder Baden-Baden.
Auf den Ausfallstraßen Roms gab es zwar damals noch keinen Stop and go-Verkehr, aber es war das pralle Leben, was man etwa auf der Appischen Straße sehen konnte. »Da fuhr der reiche Mann, welcher der Stadt überdrüssig war, in einer Eile, als gelte es ein brennendes Haus zu löschen, nach seiner Villa im Albanergebirge, um sich dort zu langweilen und zu gähnen oder bald ebenso eilig nach Rom zurückzukehren. Da ließ der emporgekommene Freigelassene seine teuer gekauften Ponys sehen. Da zeigten sich üppige Frauen mit einem Gefolge von Männern. Auch Cynthia fuhr dort, wie Properz berichtet, angeblich um die Juno in Lanuvium zu verehren, sie selbst ein Schauspiel, wie sie ihre Pferde lenkte, und zum Verdrusse des Dichters begleitete sie ein Nebenbuhler auf einem reich ausgestatteten Wagen mit seidenen Vorhängen neben dem zwei Molosserhunde mit großen Halsbändern einhersprangen.« [10]

Das reich verzierte Carpentum der Agrippina. [1]

Die Via Appia Antica bei Rom. Links das Grabmal der Horatier und Curatier. (Archiv für Kunst und Geschichte)

DAS FERNSTRASSENNETZ – RÜCKGRAT DES RÖMISCHEN WELTREICHES

Rom und der goldene Meilenstein auf dem Forum Romanum waren der Nabel der Welt und der Ausgangspunkt des Straßennetzes, aber nicht der Endpunkt. Straßenbau im alten Rom war nämlich ein Kernstück der Staatspolitik, deren Oberziel der Schutz der Kernlande durch äußere Provinzen und damit die Ausdehnung des Römischen Reiches bildete. Die Fernstraßen dienten zu allererst dem Marsch der Legionen und dem Transport des Nachschubes, der raschen Nachrichtenübermittlung, den Dienstreisen der Militärs und der Beamten. Fern-

straßenbau war konsequenterweise auch die erste Bauaufgabe im eroberten Land. »So bauten dann Sieger und Besiegte nebeneinander an den großen Heerstraßen des Römischen Reiches, schufteten Sklaven und Kriegsgefangene sechs- bis siebenhundert Jahre lang an Baustellen in beinahe der ganzen damals bekannten Welt.« [Schreiber in 2, S. 19]
Als erste Kunststraße ließ der Censor Appius Claudius Caecus im Jahr 312 v. Chr. den Bau der nach ihm benannten Via Appia beginnen. Fast geradlinig verläuft dieser Prototyp der Römerstraßen auf knapp 100 Kilometer bis zum heutigen Badeort Terracina. In zügiger Linienführung, wenn auch unter Anpassung an das Gelände, wurde die Via Appia zunächst ins Getreideland um Capua und später bis Tarent und sogar bis Brindisi an der Adria verlängert. Insgesamt ist die Via Appia 580 km lang.
Von 312 v. Chr. bis etwa 350 n. Chr. bauten die Römer an dem riesigen Straßennetz. Am Ende umfaßte das Netz der Reichsstraßen 83 000 km Kunststraßen [3]. Dazu kamen rund 200 000 km Nebenstraßen. Es war das größte zusammenhängende Netz von festen Kunststraßen im Fuhrwerkszeitalter, also in sämtlichen Jahrhunderten *vor* Eisenbahn und Automobil!
Die Staatsstraßen »mußten bei jeder Jahreszeit, bei jeglicher Witterung benutzbar sein, sich leicht, angenehm, rasch und sicher befahren, bei Tag und bei Nacht. Sie waren in der Kaiserzeit Roms das, was gegenwärtig die Weltbahnen sind. . . Solche Straßen mußten ewig sein. . .Rom mußte ja ewig bestehen. . . Die Schotterstraßen konnten solchen Gedanken nicht entsprechen. Ihrer Decke fehlte die Glattheit, die Widerstandsfähigkeit. . .« [1]
Demzufolge bauten die Römer kunstvolle Fahrbahnkörper bis zu einem Meter Stärke, die wie eine liegende Mauer unter Verwendung von Mörtel fest gefügt waren. Nach Aushub der Humusdecke wurde auf den geebneten, festen Untergrund eine Unterlage aus Steinen (statumen) verlegt. Darüber wurde eine ›Estrichmasse‹ (rudus), die aus einem Gemenge von grobzerschlagenen Ziegeln und Kalk im Verhältnis 3:1 bestand, ausgegossen und festgestampft. Statumen und Ruderatio zusammen bildeten den Grundbau von 50 bis 55 cm Stärke. Darüber kam vielfach noch eine Schicht nußgroßer zerschlagener Kiesel in Kalkmörtel (nucleus) und schließlich obenauf das Pflaster, das in das noch weiche Mörtelbett verlegt wurde. Diese Summa crusta bestand aus vier- oder mehreckigen Platten von 5 cm Stärke im Gefälle von 1:60, welches das Wasser gut ableitete und zu einer Verspannung der gewölbten Fahrbahndecke in der soliden Randmauer führte. Trittsteine am Rande erleichterten das Besteigen der Reittiere.
Die kleinste Breite für die viae war 8 Fuß = rund 2,4 Meter. Sie wurde beim Übergang über den St. Bernhardin mit 6 Fuß = 1,78 Meter noch unterschritten. In der Kaiserzeit taucht mit ›via Strata‹ der Ursprung unseres Wortes ›Straße‹ auf. Für diese Straßen mit starkem Verkehr waren 12 Fuß = 3,54 Meter und 16 Fuß = 4,62 Meter üblich.

FAHRZEUGTYPEN IM RÖMERREICH

Nicht nur das Lehnwort Straße (via strata) ist uns von den Römern überkommen, sondern auch Lehnworte, die heute beim Automobilbau gebraucht werden.
Das Rad kommt von rota, und auch das Wort Karosserie hat lateinische Wurzeln, nämlich carrus und carruca, und diese sind wiederum keltischen Ursprungs [8].

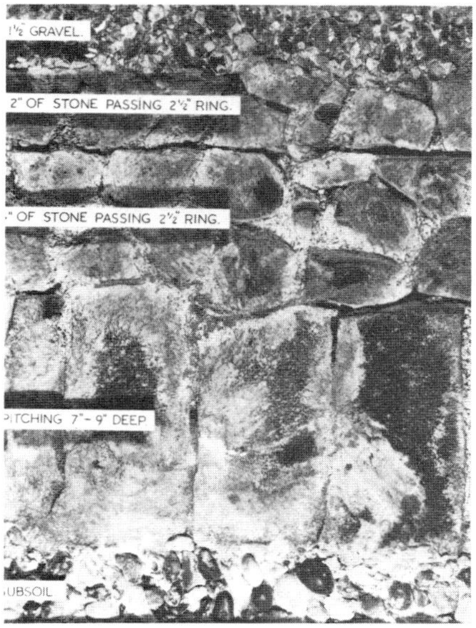

Querschnitt durch eine römische Fernstraße.
(Deutsches Museum München)

Wie schon der lateinische Name sagt, war die birota ein zweirädriger Wagen, ein einfaches, offenes Fahrzeug. Das zweirädrige Carpentum war ursprünglich der leichte, reich verzierte Wagen der eleganten Frauenwelt, so der berühmten Aggripina. Diesen beiden Reisewagen stand das primitive Plaustrum, der zweirädrige Bauernkarren mit Scheibenrädern gegenüber [7, 8, 9].

Das gängige vierrädrige Lastenfahrzeug war der einfache carrus, ein simpler offener Kastenwagen, eben das, was man später im Mittelalter mit einem einfachen Karren bezeichnete, wobei man hauptsächlich zweirädrige Fuhrwerke meinte. In der freundschaftlichen Frage »Wo steht denn Deine Karre« lebt das Römerfahrzeug heute fort. Der schwere vierrädrige Lastwagen hieß clabula oder currus clabularis. Dieser Wagen war sozusagen der Prototyp der späteren bäuerlichen Leiterwagen mit abnehmbaren Leitern.

Der klassische Reisewagen der Römerzeit war die vierrädrige raeda. Überdacht, gleichsam als Limousine, wurde die raeda auch als carruca bezeichnet, und jetzt haben wir endlich eine ›Karosse‹ des Altertums vor Augen. Es gab sogar eine carruca dormitare, einen Schlafwagen. Mit Sicherheit hatte ein carruca, vielleicht auch schon die raeda in der Kaiserzeit eine stoßmindernde Aufhängung des Wagenkastens.

Die Römer schufen nicht nur das erste Fernstraßennetz mit dauerhaften Kunststraßen, sie verfeinerten und spezialisierten nicht nur die Fuhrwerke und die Bespannung, sondern organisierten auch das erste europaweit tätige Verkehrsunternehmen, nämlich den Cursus Publicus [6, 7].

Zu Zeiten Diokletians, um das Jahr 300 nach Chr., beförderte diese staatliche Einrichtung so gut wie alle Nachrichten, Personen, Wertgegenstände, Gelder, Waffen, Stückgüter und Wagenladungen, dies freilich nur im Dienste des Staates.

Im Abstand einer Tagesreise, je nach Geländeschwierigkeit zwischen 27 bis 55 km, hatte man mansiones, Übernachtungsstationen, eingerichtet. Beim Durchschnittsabstand von 37 km waren vermutlich

Rekonstruktion eines römischen Reisewagens aus dem 2. bis 3. Jahrhundert n. Chr.
(Prähistorische Staatssammlung München)

zwei mutationes zum Wechsel der Zugtiere zwischengeschaltet. Da die Römerstraßen – ähnlich wie unsere heutigen Autobahnen – gestreckt und abseits der Siedlungen durch die Landschaft führten, brauchte man diese Stationen, wie wir heute die Parkplätze und die Raststätten.

Zwar blieb den Privatleuten die Benutzung der staatlichen Kurse verschlossen, aber dennoch boten die hervorragenden Straßen, die Übernachtungsstationen und die privaten Vermieter von Zugtieren den reichen Leuten jede Möglichkeit, im eigenen Wagen zu reisen.

Ein lebhafter Güteraustausch zu Lande und natürlich auch zur See kennzeichnete das Wirtschaftsleben. Produkte römischer Manufakturen, Weine, Öle und viele Kostbarkeiten wurden mit Lastwagen und Saumtieren verladen und im gesamten Weltreich gehandelt.

Alles in allem brachte das Römische Reich die erste Blüte des Straßenverkehrs hervor. Die zweite Blüte sollte dann erst wieder *nach* dem Höhepunkt des Eisenbahnzeitalters kommen. Zuerst jedoch ein Blick auf den Stand der Technik im Altertum.

3. Ingenieure und Maschinenwesen im Altertum

Im Jahr 334 n. Chr. schrieb Kaiser Constantin an den Statthalter von Afrika: »Wir brauchen möglichst viele Ingenieure. Da es an solchen mangelt, veranlasse in den afrikanischen Provinzen zu diesem Studium Personen, welche, ungefähr 18 Jahre alt, die zur allgemeinen Bildung nötigen Wissenschaften bereits kennengelernt haben. Um dieses Ziel zu erreichen, befreie sie selbst und ihre Eltern von den Personalsteuern und gewähre den Schülern ausreichendes Gehalt.« [11]
Damals Ingenieurmangel? Und die Problemlösung in wenigen Zeilen fixiert – ohne komplizierte Gesetzestexte und ohne Bürokratie: Steuerbefreiung und zusätzlich noch Gehalt? Ein Studentenfackelzug für Constantin posthum erscheint da immer noch überfällig! Vor allem aber stellt sich die Frage: Was mußten die angehenden Ingenieure damals studieren und was waren die gängigen Bauten und Maschinen?

DER STAND DER TECHNIK NACH VITRUV

Das Standardwerk der Technik zur Blüte des Römischen Reiches war das Handbuch ›De architectura‹ von Marcus Vitruvius Pollio. Vitruv schrieb und zeichnete nicht weniger als zehn Bände, um den damaligen Stand der Technik zu dokumentieren. Im wesentlichen faßte Vitruv zusammen, was griechische Erfinder und Praktiker bereits niedergelegt hatten, darunter der berühmte Archimedes oder Polyidos, der Lehrer der Kriegsmaschinenkunde zur Zeit Alexander des Großen [12]. Leider sind die zu den Beschreibungen gehörenden Zeichnungen verloren gegangen, und die Rekonstruktionen späterer Schriftsteller bergen gewisse Risiken. Im übrigen zeigen die Aufzählungen der technischen Objekte, daß seinerzeit das Ingenieurwesen einen Teil des übergeordneten Begriffes der Architektur bildete.

DIE ZWEIZYLINDRIGE SAUG- UND DRUCKPUMPE

Von besonderer Qualität ist ein von Vitruv genau beschriebener Apparat, die sogenannte ›zweistiefelige Feuerspritze‹. Stiefel ist hierbei die alte und sehr anschauliche Bezeichnung für Zylinder, denn den Zylinderhut kannten die Römer natürlich nicht.
Halten wir uns an die praktische Ausführung der 1907 in Sablon bei Metz gefundenen römischen Saug- und Druckpumpe [13]. Den Grundstock dieser Pumpe bildete – wie in römischer Zeit üblich – wiederum das Holz, hier in Form eines massiven Blokkes. Die Hohlräume für die beiden Zylinder und den Windkessel waren zunächst aus dem Holz ausge-

Reste einer Römerpumpe aus Sablon bei Metz. [13]

bohrt worden. Sodann hatte man das noch am leichtesten zu bearbeitende Material, nämlich Blei, gewählt, um die Zylinderhohlräume abzufüttern und dichte, kreisgetreue Zylinder zu schaffen. Nach Abfaulen des Holzes stehen die Zylinder nunmehr im oberen Bereich frei. Die gleichfalls erhaltenen Kolben waren aus Holz gedrechselt, und, wie Feldhaus vermutet, mit irgendeinem Stoff zum Zwecke der Dichtung umwickelt. Als Ventile gab es bleierne Klappenventile und kegelförmige Holzventile.

Es bedurfte schon einer hohen Handwerkskunst, diese zweizylindrische Pumpe herzustellen, und die Dichtung zwischen Kolben und Zylinderrand und das einwandfreie Schließen und Öffnen der Ventile hat sicherlich so manchen alten Römer zum Schwitzen gebracht. Aber wenn wir uns die heutigen Werkzeuge und Werkzeugmaschinen einmal wegdenken, dann würden wir uns mit primitivem Werkzeug noch am ehesten zutrauen, das weiche Blei für den Zylinder und das quellfähige Holz für den Kolben so zu bearbeiten, daß Kolben und Zylinder als Funktionseinheit das Ansaugen (Hub 1) und das Herausdrükken (Hub 2) besorgen könnten. Und die Zweizylinderpumpe könnte mit jeder Bewegung der Handhebel einen gehörigen Wasserstrahl ins Feuer sprühen. Wer kommt da nicht auf seltsame Gedanken, wenn er den hölzernen Block, den ›Pumpenblock‹ dieser Zweizylindermaschine betrachtet? Hub 1 = Ansaugen, Hub 2 = Herausdrücken. Das sind doch ohne Zweifel die ersten Schritte in Richtung auf einen Dampfzylinder, ja sogar in Richtung auf den Otto-Motor! Lassen wir mit Hub 2 verdichten, mit Hub 3 zünden und arbeiten, sodann mit Hub 4 auspuffen, dann läuft doch die Maschine!

In so sprunghafter, flüchtiger Phantasie vielleicht! Aber zwischen dieser bewundernswerten Römerpumpe und dem Automobilmotor liegen etwa 15 Jahrhunderte, zunächst des Rückschrittes, dann der Wiederentdeckung der Mechanik und sodann die spannende Geschichte der Dampfmaschine. Und Generationen von Erfindern und Praktikern trugen ihre Ideen und Erfahrungen bei.

SPIELEREIEN MIT HEISSER LUFT UND DAMPF

Dampfmaschinen kannte das Altertum nicht. Wohl aber spielten eine Reihe von Apparaten eine geheimnisvolle Rolle, die sogar manchen seriösen Maschinenfachmann verleitet haben, eine direkte Linie von diesen Apparaten zur Industriedampfmaschine zu ziehen. Vieles, was später recht vorschnell als Dampfapparat ausgegeben wurde, war nichts anderes, als die geschickte Anwendung von buchstäblich ›heißer Luft‹. Philon von Byzanz im dritten Jahrhundert v. Chr. und Heron von Alexandrien im ersten Jahrhundert n. Chr. haben uns Apparate überliefert, mit deren Hilfe den Gläubigen in den Tempeln kleine Wunder vorgeführt werden konnten.

In jedem Falle war das heilige Altarfeuer der Auslöser für die Wunder. Einer der Apparate ermöglichte das automatische Schließen der Tempeltüren. Das entzündete Altarfeuer erwärmte den Altarkasten,

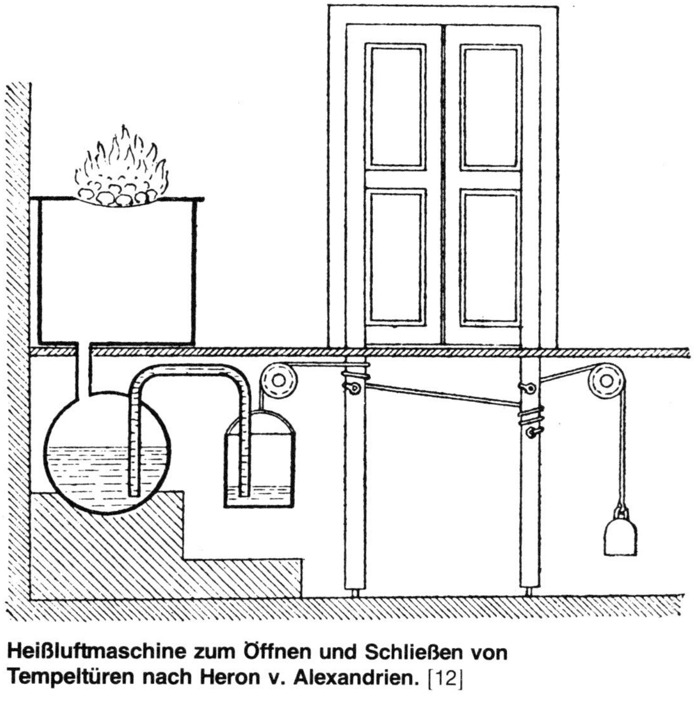

Heißluftmaschine zum Öffnen und Schließen von Tempeltüren nach Heron v. Alexandrien. [12]

und die erwärmte, ausgedehnte Luft drückte Wasser aus dem linken, festen in den rechten, am Seil hängenden Wasserbehälter. Dieser Behälter überwand mit steigendem Wasserstand den Rotationswiderstand der beiden Türen und die Gewichtskraft des Gegengewichtes. Damit konnten die Priester allein durch Entzünden des Feuers die Tempeltüren öffnen und – weil der Vorgang umkehrbar war – mit Erlöschen des Feuers wieder schließen lassen – ohne daß ein Mann die Türen bedient hätte.
Da nun früher alle Maschinen, die Feuer benutzten, als »Feuermaschinen« bezeichnet wurden – auch die ersten richtigen Dampfmaschinen – ist es verständlich, wenn durchaus seriöse Autoren solche Warmluftapparate als Vorläufer von Dampfmaschinen ansahen. Immerhin konnten Vitruv und andere auch auf Experimente mit Dampf verweisen, wobei also nicht mit heißer Luft, sondern tatsächlich mit Wasserdampf gearbeitet wurde. Vitruv beschreibt die sogenannte Aeolipila des Heron von Alexandrien wie folgt [11]: »Man macht nämlich hohle Aeolipilen (Windbälle) aus Bronze. Diese haben eine sehr enge Öffnung, durch die sie mit Wasser gefüllt werden, dann werden sie ans Feuer gestellt und zeigen, bevor sie warm werden, überhaupt keinen Lufthauch. Sobald sie aber anfangen heiß zu werden, rufen sie im Feuer ein heftiges Wehen hervor.«
Es gelang den alten Gelehrten auch noch, den Dampf zur Erzeugung einer Bewegung heranzuziehen, nämlich beim Aeolsball des Heron von Alexandrien. Der im Kessel erzeugte Dampf gelangte durch ein Rohr in eine drehbar gelagerte Kugel. Der Dampf entwich durch abgewinkelte Röhrchen und setzte die Kugel (den Ball) in Drehbewegung. Ein interessantes Experiment, ein schönes Spiel, ja sogar die erste Dampfturbine der Welt – aber weit und breit gab es nichts, was in der rauhen Praxis die Naturkräfte auch nur teilweise hätte ersetzen können.

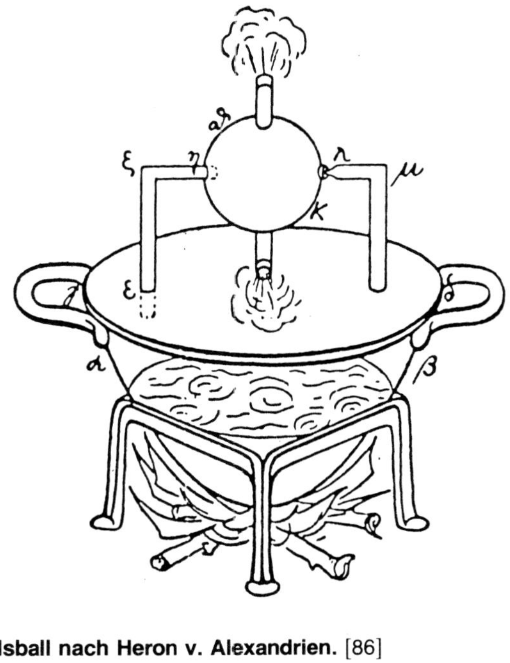

Aeolsball nach Heron v. Alexandrien. [86]

MUSKELKRAFT UND TRETMÜHLEN

Sieht man von den Segeln der Schiffe, von stromab gleitenden Booten und den Wasserrädern einmal ab, so standen Wirtschaft und Verkehr im Altertum auf der Muskelkraft von Tieren und Menschen. Und niemand wird den Arbeitsaufwand der Sklaven ermessen können, die einst die Millionenstadt Rom mit ihren Prachtbauten und den mehrstöckigen Mietskasernen in hunderten von Jahren errichteten und umgestalteten.
Immerhin hatte der menschliche Geist schon Maschinen ersonnen, die die menschliche Arbeit erleichterten. Flaschenzüge verminderten den Kraftaufwand und erforderten dafür mehr ›Weg‹-aufwand, Flaschenzüge ersetzten vor allem das Hochtragen oder Hochschleppen von Lasten. Und hinzu kam schließlich die Tretmühle. In dieser Holztrommel stiegen Sklaven ständig von Stufe zu Stufe nach oben und brachten mit ihrem Körpergewicht die Trommel in Drehbewegung. Da die Beinmuskulatur des Menschen als früherem Sammler und Jäger kräftiger ist als die der Arme, konnte mit der gleichen Anzahl

Sklaven mehr Leistung, also mehr Arbeit in der Zeiteinheit erzielt werden. Und so liefen denn viele Generationen von Menschen Tag für Tag in den Tretmühlen der Baukräne und der Hafenkräne stur im Steigeschritt voran, manche sogar, wie die Bilder zeigen, ständig kletternd. So blieb die Tretmühle bis ins 18. Jahrhundert ein Symbol für stumpfsinnige, körperlich schwere, oft pausenlose Arbeit.
Rein technisch betrachtet, können wir sie als die erste Kraftmaschine bezeichnen, die die Menschheit erfunden hat. Genau genommen war sie freilich eine Muskelkraftmaschine. Im Gegensatz zur späteren Dampfmaschine wurde also keine aus der Natur zu gewinnende Kraft erzeugt, sondern lediglich die menschliche Muskelkraft in Rotationskraft umgesetzt.

FAHRZEUGANTRIEB MIT MUSKELKRAFT

Im griechischen Raum war die Tretmühle bereits im 4. Jahrh. v. Chr. sogar als Fahrzeugantrieb eingesetzt worden, und zwar für den Antrieb von hohen und schweren Belagerungstürmen [14, 15].
Die Motive sind leicht nachzuvollziehen. Beim Heranrollen der hohen und schwerfälligen Holztürme an die Stadtmauer gerieten die direkt oder mittels langer Stangen schiebenden Soldaten in den Pfeilhagel der Verteidiger. So kam der Militäringenieur Poseidonios am Hofe des König Philipp von Mazedonien auf die Idee, die schweren Türme, die Helepolen, mit Hilfe von Tretmühlen zu motorisieren. Auch Philipps Sohn, Alexander der Große, soll bei der Belagerung von Tyrus solche Helepolen eingesetzt haben.
Mit Personenwagen auf friedlicher Fahrt hatten die Helepolen freilich nichts zu tun; zeigten aber immerhin, daß drehende Muskelkraftmaschinen selbst schwere Fahrzeuge bewegen konnten. So ist es kein Wunder, daß es schon im Altertum den einen oder anderen ›Muskelkraftwagen‹ gegeben hat – zumeist freilich als Zeitvertreib für Reiche oder Tyrannen.
Demetrios von Phaleron soll um 308 v. Chr. eine riesige, hölzerne und fahrbare Schnecke mit einem Tretrad angetrieben haben. Viel kleiner und praktischer war das ›automatische Hamaxion‹, das Dionysios der Jüngere, der Tyrann von Syrakus aus Schillers berühmter Ballade, in seiner Rennbahn herumfahren ließ [14].
Kaiser Commodus, der untaugliche Sohn des großen Marc Aurel, hielt sich in seinem übersteigerten Selbstverständnis für eine Wiedergeburt des Herkules. So ist es durchaus glaubhaft, daß sich dieser überspannte Herrscher in einem Muskelkraftwagen spazierenfahren ließ.

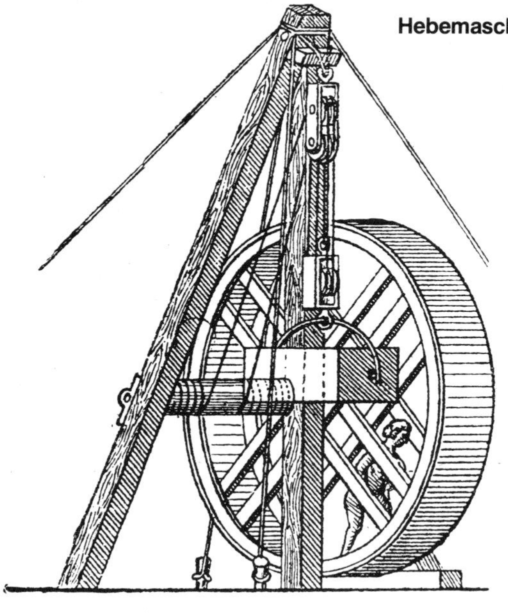
Hebemaschine mit Tretantrieb nach Vitruv. [12]

Die selbstfahrende Schnecke des Demetrius von Phaleron.
(Deutsches Museum München)

4. Tiefstand des Straßenwesens im Mittelalter

Mit dem Untergang Westroms zerbrechen auch die Organisationen und Strukturen für den Bau und die Ausbesserung der Fernstraßen sowie für den Betrieb des Cursus Publicus. Freilich trotzen die ›für die Ewigkeit‹ gebauten römischen Reichsstraßen noch Jahrhunderte dem Zahn der Zeit, auch wenn sie allmählich verschlissen, als Steinbrüche ausgebeutet oder teilweise vergessen und von der Natur überwuchert werden. Aber tausende von Kilometern Römerstraßen lassen sich heute noch als Unterbau im europäischen Fernstraßennetz des Automobilzeitalters wiederfinden. [2]

DAS FRÜHE MITTELALTER: VIELE KLEINE ZENTREN – ABER KEINE FESTE HAUPTSTADT

Bäuerliche Verhältnisse und bäuerliches Denken beherrschten jahrhundertelang das Leben der Deutschen [19]. Auch die einst blühenden römischen Städte, wie Augsburg, Trier, Bonn oder Köln vegetierten dahin, bis ihre Standortvorteile wieder von Nutzen waren.

Riesige Naturwälder bedeckten das heutige Deutschland. Bis zu den großen Rodungen des Hochmittelalters lagen wie Inseln in dieser urwüchsigen Waldlandschaft die landwirtschaftlich genutzten Gebiete – ringsherum um kleine Städte, Abteien und Pfalzen [18].

Die Herrscher aus den Häusern der Merowinger und Karolinger, der Franken und Sachsen regierten sozusagen ambulant, indem sie von Pfalz zu Pfalz zogen und jeweils dort Hof hielten, Gericht sprachen, Verordnungen erließen und natürlich auch dem Vergnügen und der Jagd nachgingen.

Das Römische Weltreich hatte *einen*, alles andere weit überragenden Mittelpunkt gehabt. Deutschland hingegen wies im frühen Mittelalter zahlreiche kleine Zentren auf, die jeweils den Mittelpunkt für nur wenige hundert oder tausend Bewohner bildeten. Das Verkehrsaufkommen war deshalb im Fern- und Nahverkehr äußerst gering.

Provokativ gesagt: Für das frühe Mittelalter reichten die Feldwege in den Rodungsinseln und die Erdstraßen allemal!

Die Könige bemühten sich vor allem, das altrömische Straßennetz wieder herzustellen und zu erhalten [18]. Sie erinnerten immer wieder die Grafen und Großen, daß das Geld, das aus den zahlreichen und verschiedenen Steuern auf Waren stammte, diesem Zweck dienen sollte. Darüberhinaus gelang es den Karolingern in Germanien, wo es keine Römerstraßen gab, befahrbare Wege zu schaffen, die zum Teil uralte Handelswege benutzten, wie die Süd-Nord-Verbindung Augsburg – Nürnberg – Erfurt – Bremen oder ostwärts von Duisburg über Paderborn nach Magdeburg [1].

Zwar waren diese Fernhandelswege als viae regiae, als Königsstraßen, und viae publicae, allgemeine Straßen, klassifiziert, um sie rechtlich zu schützen und ihre Unterhaltung durchzusetzen – aber sie blieben befahrbare Wege – also Erdstraßen, mehr nicht. Angesichts der schlechten oder sogar fehlenden Fahrwege wählten Reisende und Gütertransporte möglichst den Wasserweg. Auch die kleinsten Flüsse wurden ausgenutzt, um Lasten auf Kähnen kräftesparend voranzubringen.

DAS HOHE MITTELALTER: HERRLICHE DOME – ABER KEINE KUNSTSTRASSEN

Das hohe Mittelalter, etwa zwischen 1000 und 1300 war weit mehr als nur ein mittleres Zeitalter zwischen dem glanzvollen Altertum und der fortschrittlichen Neuzeit: Es waren Jahrhunderte des Wachsens der Wirtschaft, der Kultur und nicht zuletzt des Selbstbewußtseins seiner Bürger. Im Jahr 1287 bezeichnete der Bischof von Exeter sein Jahrhundert voller Euphorie als moderni tempores, als moderne Zeiten [3, Bd. 7].

Freilich, beim Straßenbau änderte sich herzlich wenig. Zwar wurde das Straßennetz dichter, denn Städte und Klöster suchten neue Verbindungen auf kürzesten Wegen. Mit wachsendem Wohlstand nahm auch der Fernhandel erheblich zu, so zwischen Venedig als dem Haupthafen für die Verkehrsströme aus dem Orient und den aufblühenden Handelsstädten Augsburg, Nürnberg und Wien oder zwischen den Hansestädten in Deutschland, England und Skandinavien.

Es gab sogar Ansätze, wichtige Fernhandelsstraßen zu verbessern. Gefördert von Rudolf von Habsburg entstand im 13. Jahrhundert die Gotthardstraße, mehr ein Saumpfad mit drei Meter schmalen Abschnitten bei 4,5 Meter Normalbreite. Auch die Brennerstraße wurde abschnittsweise verbessert.

Karl IV. (1346 – 1378), verwandelte den alten Handelsweg Nürnberg – Prag in eine Reichsstraße über Sulzberg, Weiden, Pilsen, die später wegen der großen Werte der Straßentransporte die ›Goldene Straße‹ genannt wurde.

Aber weder die ›Goldene Straße‹ noch die namenlosen Fernstraßen waren als dauerhafte Kunststraßen gebaut – auch jetzt nicht, als enorme Summen in den Bau herrlicher Dome investiert wurden.

Tiefe christliche Gläubigkeit, aber auch die Spendenfreudigkeit aller Gesellschaftsschichten führten zu den hochragenden gotischen Kirchen, zu diesen Bauten für die Ewigkeit. Aber Straßen waren jetzt keineswegs Symbole der Ewigkeit einer Staatsidee, wie noch im alten Rom – Straßen waren lediglich gebahnte Strecken zur Fortbewegung, und man kam mehr schlecht als recht voran!

Aufgeweichte, versumpfte Fahrwege voller Wasserlöcher in Frühjahr und Herbst waren das Grundübel der spätmittelalterlichen Straßen. Wie aus hessischen Regierungserlässen von 1543 hervorgeht, ›zerbrachen die Fuhrleute ihr Geschirr‹, blieben in den Sümpfen stecken und waren dadurch genötigt, neue Beiwege zu suchen. Die Fuhrleute kamen also über benachbarte Wiesen und Waldstücke besser voran als über die zerfahrene, versumpfte Straße.

Die zahlreichen Landesherren erhoben für diese miserablen Verkehrswege sogar noch Zölle, obwohl nur wenig für die Instandsetzung der Straßen geschah. Sie hatten nämlich die Wegelast den Gemeinden als

Der 1963 noch unbefestigte Feldweg im Landkreis Ansbach gibt eine Vorstellung von mittelalterlichen Erdstraßen in regnerischen Zeiten. (Flurbereinigungsdirektion Ansbach)

Ausgefahrener, versumpfter Hauptweg und Beiwege einer typischen Landstraße noch um 1600. Gemälde von Jan Bruegel d. Ä., 1568 – 1625. (Alte Pinakothek München)

Landfolgedienste aufgebürdet. Aber diese kamen auch nur unter fürstlichem Druck den auferlegten Pflichten nach [22]. Denn die Gestellung von Vorspann und die Reparatur zerbrochener Räder und zerissener Geschirre waren ein einträgliches Geschäft.

Als sich 1571 bei Fronhausen zwischen Marburg und Frankfurt ein Loch gebildet hatte, in dem drei Wagen mit Wein verunglückt waren und in dessen Sumpfpfuhle sogar ein Knecht ums Leben gekommen war, befahl der fürstliche Wegmeister der nächsten Gemeinde Reisig zu hauen und mit diesem und Steinen das Loch zu füllen. Alljährlich versenkte man an den europäischen Landstraßen Massen von Holz, Reisig und Steinen in die sumpfigen Stellen, alles was die Bauern bei diesem verhaßten Frondienst neben der Straße fanden.

Offensichtlich fehlte es in diesem Jahrhundert auch an der Sachkenntnis über den Straßenbau und den entsprechenden Fachleuten, so daß selbst neue Straßen ohne die entscheidende Grundlage, den soliden Unterbau, erstellt wurden.

Dort allerdings, wo unüberwindbare Hindernisse für den Reisenden und den Gütertransport vorlagen, an den großen Strömen, da wurden imponierende Steinbrücken gebaut, wie die 1135 – 1146 errichtete Steinerne Brücke in Regensburg über die Donau oder die Karlsbrücke über die Moldau in Prag.

FAHRZEUGE UND STRASSENVERKEHR IM MITTELALTER

Angesichts der miserablen mittelalterlichen Fahrwege ist es nicht verwunderlich, daß die technische Entwicklung der Fahrzeuge stagnierte und geregelte Fahrdienste nach dem Beispiel Roms überhaupt nicht existierten.
Mit langen Reihen von Tragtieren zogen die Säumer über die schmalen Saumpfade der Alpen und die Händler entlang der alten Wege zwischen Donauraum und Ostsee. Mit Packeseln brachten auch die Bauern ihre Produkte in die winzigen Städte. Noch um 1600 boten mangels geeigneter Fahrwege die ›packhorses‹ die einzige Möglichkeit, um Kohlen von den Gruben um Newcastle zu den Schiffen auf dem Flusse Tyne zu transportieren [20].
Die von Pferden getragenen Sänften boten auf den ausgefahrenen Straßen die angenehmste Beförderung. Man genoß die wiegende Beförderung der federnden Pferdekörper, während man in den ungefederten Wagen dieser Zeit durchgeschüttelt und hin- und hergeworfen wurde.
Nachdem stärkere Pferde gezüchtet worden waren, um die Ritter mit ihren Rüstungen tragen zu können, kam es im 13. Jahrhundert zu allmählichen Fortschritten bei den Fuhrwerken. Große pferdebespannte Planwagen verdrängten die Tragtiere und die Ochsenwagen im Güterverkehr. Aber nicht der Komfort der Reisewagen, sondern die Tragfähigkeit, das Ladegewicht wurde erhöht.
Die Mehrzweckwagen der Bauern und Bürger waren noch um 1500 zweirädrige klobige Karren. Daneben gab es einfache, ungefederte vierrädrige Wagen mit Rundbogendach, die in Deutschland ›Gogelwagen‹ hießen und die der römischen Raeda ähnelten. Fürstliche Prunkwagen erhielten zwar reiche Verzierungen, boten aber auf den schlechten Überlandstraßen nur wenig besseren Fahrkomfort. Die Bespannung des altdeutschen Gogelwagens zeigt zugleich die einzige große Innovation im Landtransportwesen des Mittelalters: die Einführung des Kummet-Geschirrs. Nunmehr verteilte ein gepolsterter Holzrahmen den Druck gleichmäßig auf die Brustpartien der Pferde [16], so daß sie höhere Zugkräfte entwickeln konnten.
Was den Personenverkehr betraf, so sollte es noch bis 1660 dauern, bis die Taxis'sche Reichspost erstmalig in Deutschland einen regelmäßigen Personentransport zwischen Leipzig und Hamburg einrichtete, mehr als tausend Jahre nach dem Untergang des Cursus publicus [14]! Die Reisenden des Mittelalters waren also auf Selbsthilfe angewiesen, auf den »Individualverkehr« in dieser Zeit. Wer sich ein Reitpferd

Mittelalterlicher Gogelwagen. Die Pferde sind mit dem Kummet angeschirrt. (Deutsches Museum München)

kaufen oder leihen konnte, der nutzte es auch weidlich aus, um bequem und unbelästigt vom Dreck der Straße voranzukommen. Ginzrot schreibt 1830: »Die Sitte, zwei auf einem Pferde zu reiten, war vor zwei Jahrhunderten zu Paris ganz allgemein geworden« [16]. Und manche Bilder zeigen ganze Familien auf einem einzigen Pferd!

Das Pferd ist somit das älteste und verbreitetste ›Individualverkehrsmittel‹, sozusagen der Vorläufer von Motorroller und Motorrad, wo sich die ›Sitte‹, zu zweit darauf zu sitzen, in unserer Zeit wieder herausgebildet hat. Die Motorradfans, die Nachfahren der privaten Reitersleut? Lassen wir das offen!

Reisen per Wagen konnten sich nur Fürsten, Adel und reiche Kaufleute leisten, und dies ohnehin erst im hohen Mittelalter mit leicht verbesserten Wagen auf häufiger ausgebesserten Fernstraßen. Aber Radbruch und Deichselbruch, Steckenbleiben, selbst Umstürzen des Wagens waren die Risiken dieser Beförderung.

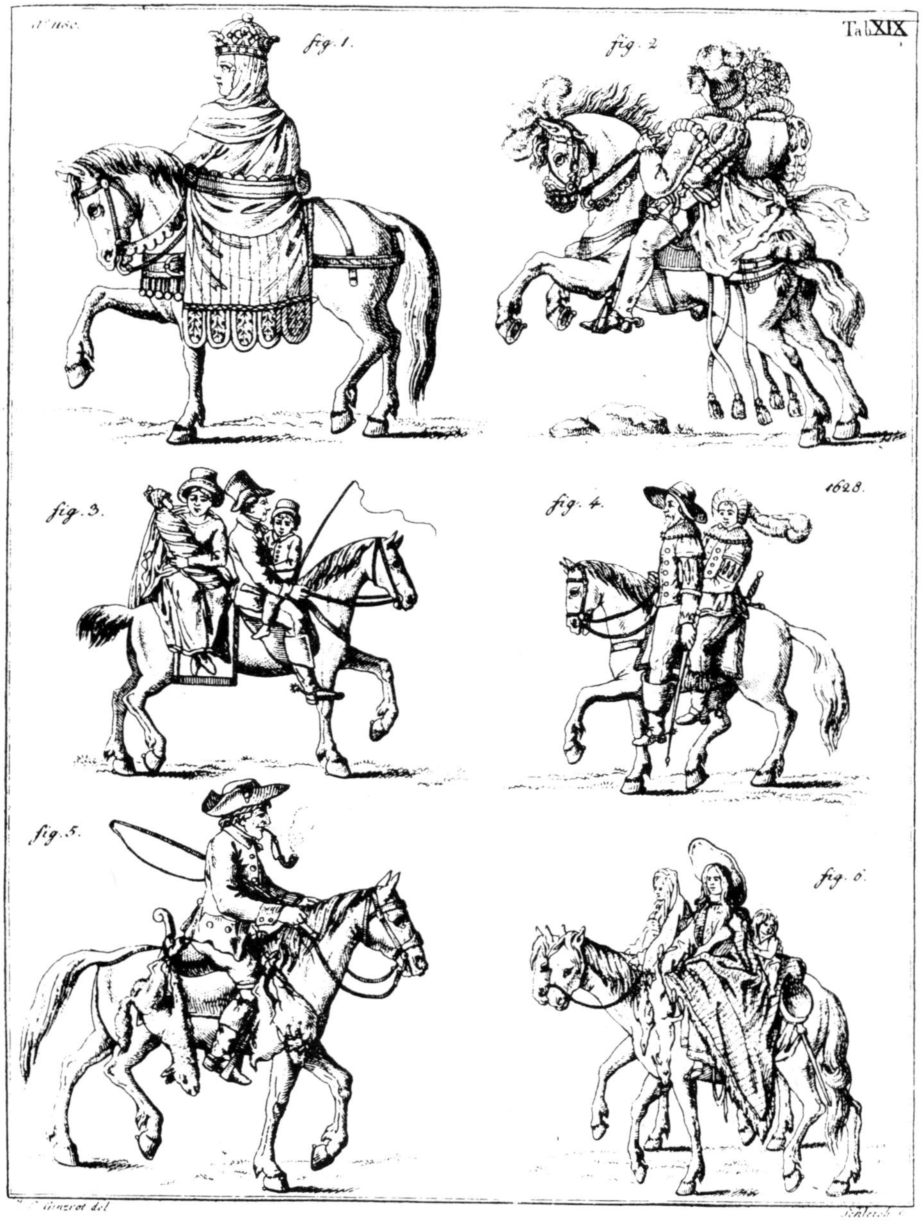

Fünfhundert Jahre „Individualverkehr" zu Pferd, 1180 und 1628, nach Ginzroth. [16]

Der größte Teil der Reisenden ging jedoch zu Fuß. Da begegneten einander Bauersleute auf dem Wege zur Stadt, Mönche und Pilger auf der Wallfahrt, Spielleute und Bettler, Kraxenträger und andere kleine Händler, Landsknechte und Scholaren. In ›Wind und Wetter‹ lief man buchstäblich ›über Stock und Stein‹!

5. Maschinenwesen im Mittelalter und eine Vision vom Auto-Mobil

Das Mittelalter hat – um es gleich vorwegzunehmen – keine bedeutenden technischen Erfindungen hervorgebracht. Wohl aber zwang der Mangel an Arbeitskräften, die Technik des Altertums in größerer Breite einzusetzen, um mit weniger Menschen mehr zu produzieren.
Im Römischen Reich hatten nämlich Sklaven in Hülle und Fülle preiswert zur Verfügung gestanden, deren Muskelkraft für das Antreiben von Mühlen aller Art oder von Hebezeugen mittels Kurbeln, Haspeln oder Tretmühlen ausgenutzt werden konnte. Im Mittelalter gab es solche billigen, ausbeutbaren Arbeitermassen nicht. Deshalb fanden nun die oberschlächtigen Wasserräder als Kraftmaschinen große Verbreitung. Seit dem 12. Jahrhundert gab es auch die Windräder. Ihre Technologie war vermutlich von den Kreuzfahrern aus Griechenland nach dem Norden transferiert worden.
Beide Kraftmaschinen, die Wasser- und die Windräder, verwandelten Primärenergien, also die Bewegungs- und Lageenergie des Wassers bzw. die Bewegungsenergie des Windes, in Dreharbeit. Wenn beide Primärenergien nicht verfügbar waren, mußte man freilich auch im Mittelalter noch auf Muskelkraftmaschinen zurückgreifen.

AGRICOLAS SZENARIEN

Hinter dem latinisierten Namen Georg Agricola verbirgt sich eine höchst vielseitige und kreative Persönlichkeit. Georg Bauer, wie der schlichte deutsche Name lautet, wurde 1494 in Glauchau bei Zwickau ge-

Göpel, Getriebe, Bremsscheibe und Förderschacht nach Agricola. [26, mit freundlicher Genehmigung des VDJ-Verlages]

Das Kammrad an der ſtehenden Welle A. Die liegende Welle B. Das Getriebe C. Die Bremsſcheibe D. Der Seilkorb E. Der Bremsſchuh F. Der zweiarmige Hebel G. Der Bremsklotz H. Der Sturzhaken I.

boren, studierte Philosophie, Philologie und Theologie und wurde 1517 bereits Konrektor, wenig später Rektor der Stadt- und Lateinschule in Zwickau [25]. Agricola startete aus dem Erfolg heraus das Zweitstudium der Medizin in Leipzig und Italien, promovierte, gab Klassiker der griechischen Medizin heraus und wurde 1526 in Joachimsthal als Berg- und Stadtarzt seßhaft, jenem berühmten Zentrum des Silberbergbaus, das dem ›Thaler‹ und damit auch dem ›Dollar‹ den Namen gab.
Agricolas vielseitige Vorbildung und seine scharfe Beobachtungsgabe befähigten ihn, die erste systematische Darstellung der Technik im Berg- und Hüttenwesen zu Papier zu bringen: ›De re metallica Libri XII‹, zu deutsch ›Zwölf Bücher vom Berg- und Hüttenwesen‹. Da im Bergbau die vielfältigsten Maschinen, Transport- und Förderanlagen eingesetzt wurden, vermitteln diese Bücher zugleich einen Überblick über den Stand der Technik im mittelalterlichen Maschinenwesen.

MUSKELKRAFTMASCHINEN

Für geringe Antriebsleistungen von Mühlen waren die von Arbeitern angetriebenen Tretscheiben und die von Ziegen angetriebenen Treträder üblich. Ziegen waren nun einmal billiger als Menschen, aber zäh und kletterfreudig genug, die stumpfsinnige menschliche Arbeit im Tretrad zu ersetzen.
Größere Antriebskräfte und Antriebsleistungen erzielte man mit dem Göpel. In diese Rundlaufmaschine konnten bis zu acht Pferde eingespannt und von vier Treibern im Kreis herum getrieben werden. In England nannte man die Pferde ›gin‹-horses, weil sie wie betrunken ständig im Kreis herum trotten mußten.
Pferdegöpel waren neben Wasserrädern die klassischen Antriebsmaschinen für Mühlen, Pumpen, Hämmer und andere Arbeitsmaschinen, bis schließlich Dampfmaschinen und Motoren als Kraftmaschinen zur Verfügung standen.

PUMPENTECHNIK UND ZYLINDERBEARBEITUNG IN HOLZ

Die Pumpentechnik war nun im Vergleich zur Römerpumpe von Metz wenig fortgeschritten, wenn man an die 1200 Jahre ›Entwicklungszeit‹ denkt. Of-

Mittelalterliche Pumpentechnik und Zylinderherstellung nach Agricola. [26]

Der Sumpf A. Die Rohre B. Das Schachtjoch C. Der Holzstock oder Saugkorb D. Die Löcher des Stockes E. Das Saugventil im Ring F. Das Ausgußrohr G. Die Kolbenstange H. Der Griff I. Der Trichterkolben K. Der Kolben mit runden Löchern L. Der Kolben mit länglichen Löchern M. Das lederne Ventil N. Ein Arbeiter, der die Stämme bohrt und daraus Rohre macht O. Ein Schraubenbohrer P. Ein Löffelbohrer Q.

fensichtlich waren die Pumpenrohre jetzt länger – aber sie waren aus Holz! Das Bild ›Herstellung und Betrieb der Saug- und Hubpumpe‹ zeigt oben das Ausbohren von Holzstämmen mittels Schraubenbohrer oder Löffelbohrer, vermutlich eine ziemliche Schinderei und dazu noch eine Kunst, um gerade Holzzylinder zu produzieren. Freilich lagen noch Welten zwischen diesen hölzernen Zylindern und dem Feinschliff der heutigen Hochdruckpumpen und Automobilmotoren!
Alle Maschinen zeigen Holz als universal eingesetztem Werkstoff. Scheiben, Wellen, Zahnräder, Göpelwerke, Tret- und Wasserräder, ja sogar Rohre und Hänger bestanden aus Holz, obwohl doch längst die Eisenbearbeitung zum Stand der Technik gehörte und bereits phantastische Kunstwerke in Erz gegossen wurden. Nur: Eisen zu transportieren kostete viel Geld, und den Wald hatte man damals noch vor der Tür! Im übrigen war Holz auch leichter zu bearbeiten! Und was berichtete Agricola über Feuer- oder Dampfmaschinen? Die Antwort ist einfach: Nichts!

DIE MATHEMATISCHE REVOLUTION

Voraussetzung und Grundlage für alle Fortschritte in Naturwissenschaft und Technik war die mathematische Revolution, die um 1200 von dem großen Italiener Leonardi Fibonacci in Gang gesetzt wurde. In der Jugend von einem muselmanischen Lehrmeister in Algerien ausgebildet, brachte Fibonacci insbesondere mit seinem ›Buch vom Rechenbrett‹ (1202) die arabischen Ziffern 1 – 9, die Null, das Dezimalsystem und die Rechenmethoden nach Westeuropa. Wenig später folgten die arabische Algebra und ihre Anwendung auf geometrische Probleme [3, Bd. 7]. Wenn auch die arabischen Ziffern erst im 16. Jahrhundert die schwerfällig zu handhabenden römischen Zeichen ersetzten, so hatte die Wissenschaft bereits im frühen 13. Jahrhundert das scharfe Instrument, um der Natur rechnerisch auf die Spur zu kommen.

ROGER BACONS VISION VOM AUTO-MOBIL

Aus der Schar der Männer, die sich allmählich aus der Enge des mittelalterlichen Denkens lösen und – wenn auch vielfach zögernd – Neuland betreten, ragen drei besonders heraus: Adelard von Bath, Albertus Magnus und Roger Bacon. Adelard begeisterte sich an den Möglichkeiten der Naturwissenschaften und an dem Erwachen der ungehemmten Verstandestätigkeit. Albertus Magnus bewegte – wie schon sein Beiname andeutet – ein Riesenwerk an philosophisch und naturwissenschaftlichen Schriften [3 Bd. 7].
Roger Bacon (1214 – 1292) Professor an der Universität Oxford und Mitglied des Franziskanerordens wagte als erster den großangelegten Versuch einer Synthese zwischen der aufkommenden Naturwissenschaft und dem herkömmlichen Denken. Als Verfechter des Experimentes tat sich Bacon vor allem in der Optik mit greifbaren Ergebnissen hervor, und man schreibt ihm auch die Erfindung der Brille zu [17].
Der Erkenntnisgewinn aus Experimenten war damals so unvergleichlich höher als das jahrhundertelange, unfruchtbare Disputieren, daß er Bacon zu einem schier unbegrenzten Fortschrittsglauben mitriß. Zudem befähigte ihn seine Phantasie zu Visionen, in denen er den Sprung vom 13. zum 20. Jahrhundert unternahm:
In der Hamburger Ausgabe von ›Epistola Frat. Rogerii Baconii secretis operibus artis et naturae et de nullitate magiae‹ heißt es: »Currus etiam possunt fieri ut sine animali moreantur cum impetu inestimabile.« Zu deutsch: »Auch wird es möglich sein, Wagen zu bauen, welche sich ohne Zugtiere mit unvorstellbarer Kraft bewegen.« [27, S. 23]
Diese Vision vom Auto-Mobil verschlägt uns – 700 Jahre danach – schier den Atem! Denn wir kennen nun den langen, mühevollen Weg bis zur Verwirklichung. Den fortschrittlichen Ingenieuren der heraufdämmernden Renaissance aber ließ die Vision keine Ruhe!

6. Die Renaissance und die Innovation der Muskelkraftwagen

Gegen Ende des 14. Jahrhunderts kommt ein neuer Geist auf in Europa. Ausgehend von Oberitalien weht er wie ein frischer Wind durch die Gelehrtenstuben, Bauhütten, Künstlerateliers, schließlich auch durch die Staatskanzleien und verdrängt gleichsam die abgestandene Luft des Mittelalters. War die menschliche Vernunft im Mittelalter nur dafür ausersehen, die Wahrheit der kirchlichen Lehre zu beweisen, so entfaltet sich nunmehr das selbständige Denken in der Anknüpfung an die Literatur der Antike in Griechenland und Rom. Wegen der Erneuerung, der Wiedergeburt der Antike, erhält die Epoche den Namen Renaissance.
Am deutlichsten zeigt sich die radikale Änderung der Einstellung beim Baustil. Die himmelstürmende Gotik wird von einem erdgebundenen Stil abgelöst, der menschliches Maß, Klarheit und Einfachheit vereint. Quadrat, Rechteck und Kreis sind die Elemente der neuen Architektur. Mit der Anknüpfung an griechische und römische Architektur ist der Baustil der Renaissance geboren.
In der Landschaftsmalerei bringt die Technik der Perspektive eine bis dahin unbekannte räumliche Tiefe ins Bild. Und die Portraits zeigen den Menschen nicht mehr als Typus seines Standes, sondern als Individuum mit seinem ureigensten Erscheinungsbild.
Damals herrschten in den oberitalienischen Adelsrepubliken jene ›Renaissancemenschen‹, die in der Wahl ihrer Mittel nicht gerade zimperlich waren, wie die Medici in Florenz oder die Sforza in Mailand. Aber die Herrscher beschäftigten für die Befriedigung ihrer enormen Repräsentationsbedürfnisse Scharen von Architekten, Malern und Ingenieuren und ließen sie unvergleichliche Kunstwerke schaffen. Darunter waren Menschen von hoher technischer Qualifikation, die aber zugleich über ein herausragendes künstlerisches Empfinden verfügten und daher heute als Künstler-Ingenieure bezeichnet werden [25].

VON DER IDEE DES AUTOMOBILEN WAGENS ZUR GESTALT

In dieser Zeit, die dem Neuen aufgeschlossen ist, bringen gerade diese Künstler-Ingenieure einen beachtlichen Innovationsschub auf den verschiedensten Gebieten der Technik zuwege. Und das Verwunderliche ist: Schon bei diesem ersten Aufbruch in die Technik der Neuzeit ist die Idee vom Automobil dabei!
Denn in der Fülle der Materialien finden sich Skizzen und Entwürfe für selbstfahrende Wagen. Nach Roger Bacons Prophezeiung sind dies die ersten praktischen Versuche, die Idee vom Automobil zu verwirklichen. Es sollte ein langer Weg über mehrere Jahrhunderte werden, bis die Automobile von Carl Benz und Gottlieb Daimler die verkehrliche Revolution auf der Straße in Gang setzten. Aber gerade, weil die Anfänge in der Renaissance auf den ersten Blick noch so bescheiden und noch so unvollkommen erscheinen, verdienen sie unsere besondere Aufmerksamkeit!

DER STURMWAGEN DES GUIDO DA VIGEVANO

In der um 1350 gefertigten Zeichnung des Guido da Vigevano ist ein mit großen Speichenrädern ausgerüstetes Fahrzeug überliefert, das trotz der militärischen Aufbauten als Wagen zu bezeichnen ist. Und dieser Sturmwagen weist nun nicht antike Treträder als Antrieb auf. Vielmehr zeigt das Bild eindeutig einen von Hand zu drehenden Kurbelmechanismus. Zwar sind die Räder mit Zähnen versehen, doch ist es dem Guido nicht gelungen, die Kraftübertragung von der Kurbel auf die Räder plausibel darzustellen. Unklar bleibt auch, welche Funktion der zweite, unten aufgezeichnete Wagen haben soll. Ist es ein Beiwagen oder ein Schubwagen?

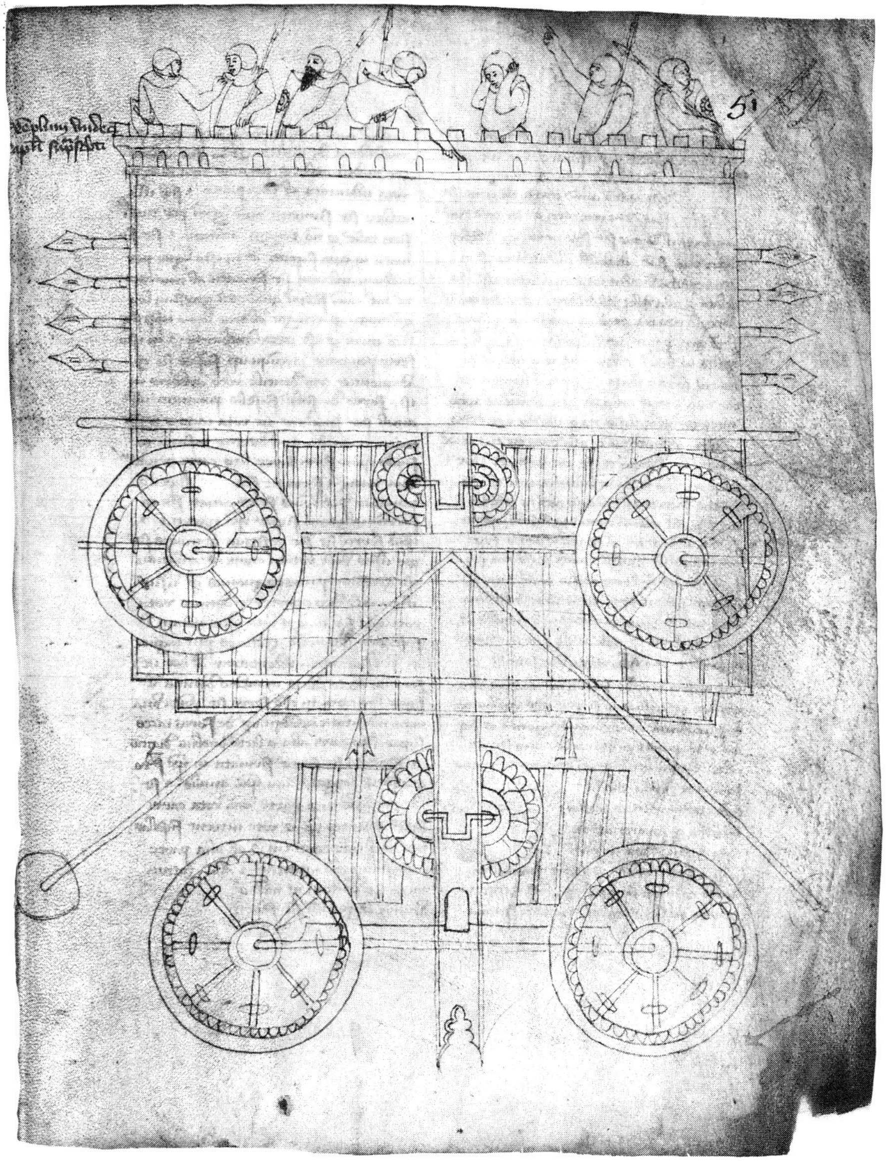

Wie dem auch sei. Guido da Vigevanos Zeichnung ist das älteste Bilddokument über einen selbstfahrenden Wagen ohne Zugtiere, der mit menschlicher Muskelkraft angetrieben wird, kurz das älteste Bild von einem Muskelkraftwagen.

Der Sturmwagen des Guido da Vigevano steht am Anfang einer Bilddokumentation, die von der Firma IBM Italia 1983 unter dem Titel ›Laboratorio su Leonardo, Ausarbeitung über Leonardo‹ herausgebracht wurde [32]. Die Dokumentation bildete das Begleitbuch zu einer herausragenden Ausstellung in Mailand, die den innovativen Ideen und Konzepten des großen Leonardo da Vinci und seiner Zeitgenossen auf dem Gebiete des Verkehrs zu Lande, zu Wasser und in der Luft gewidmet war.

Sturmwagen des Guido da Vigevano von 1350. (Bibliotheque Nationale Paris)

DER ROLLSTUHL DES GIOVANNI DA FONTANA

Daß man kleine Fahrzeuge mit eigener Kraft zu bewegen vermochte und daß es dafür nützliche Anwendungen gab, lernen wir von Dottore Giovanni da Fontana. Fontana war Doktor der Philosophie und der Medizin, lebte in Venedig und entwarf 1420 ein höchst bemerkenswertes Gefährt. Es gleicht einer einsitzigen Sänfte, die unten etwas vorgeschuht und auf vier klobige Räder gesetzt wurde. Der eigentliche Knüller ist der Antrieb. Der einzige Insasse zieht mit seinen – hoffentlich kräftigen – Armen an einem endlosen Seil, das oben über eine Rolle und unten über ein Getriebe geführt wird. Die Stangen des unteren, sogenannten Laternenrades greifen in ein großes hölzernes Zahnrad, das vermutlich über ein Getriebe die Vorderachse antreibt. Da der Fahrer alternativ an je einem vorn oder hinten über die Rolle geführten Seil ziehen kann, ist Vorwärts- oder Rückwärtsfahrt gleichermaßen möglich.

Rollstuhl des Giovanni da Fontana von 1420.
(Bayerische Staatsbibliothek München)

Feldhaus hat das Gefährt als einen ›Kraftwagen für den Krieg‹ bezeichnet [13, S. 1264]. Das dürfte ein Irrtum sein, möglicherweise durch ältere Quellen verursacht. Vielmehr sprechen Gestalt und Abmessungen dafür, daß der Dottore Fontana für einen bemitleidenswerten Behinderten einen Rollstuhl bauen ließ, damit er sich mit diesem Selbstfahrer ohne Hilfe fortbewegen konnte. Und wenn man genauer hinschaut, dann ist kein alter Mensch dargestellt, nein, es kann sogar eine junge Frau sein, der Fontana damals helfen wollte.

ANGRIFFSSCHIRM DES ARCHINGER VON SEINSHEIM

Die Bayerische Nationalbibliothek bewahrt in der Sammlung kostbarer Handschriften unter der Archivnummer Cod. lat. 197 ein merkwürdiges Werk mit zwei Teilheften auf.
Für die Fahrzeuggeschichte ist das erste Heft äußerst interessant, dessen Autor nicht bekannt ist. Hier findet sich auf der Rückseite von Blatt 16 eine Skizze für einen selbstfahrbaren Angriffsschirm. Da hierzu eine der wenigen Textnotizen geschrieben wurde, sind wir über Zweck, Konstruktion, Hergang und sogar über das Datum des Ereignisses informiert.
Der Text lautet: »Item den schirrem hat her arking vor satz gehabt, da gen hundert man wol darunter sicher der haspel ist inwendig. . .« Ins heute verständliche Deutsch übersetzt lautet der Bericht: »Diesen Schirm hat Herr Archinger vor Saaz gehabt. Da stehen wohl hundert Mann dahinter sicher. Der Haspel ist inwendig, und wenn man zu der Stadt kommt, so zieht man den Schirm auf und schießt, und läßt ihn dann wieder zugehen; windet den Haspel wieder hin-

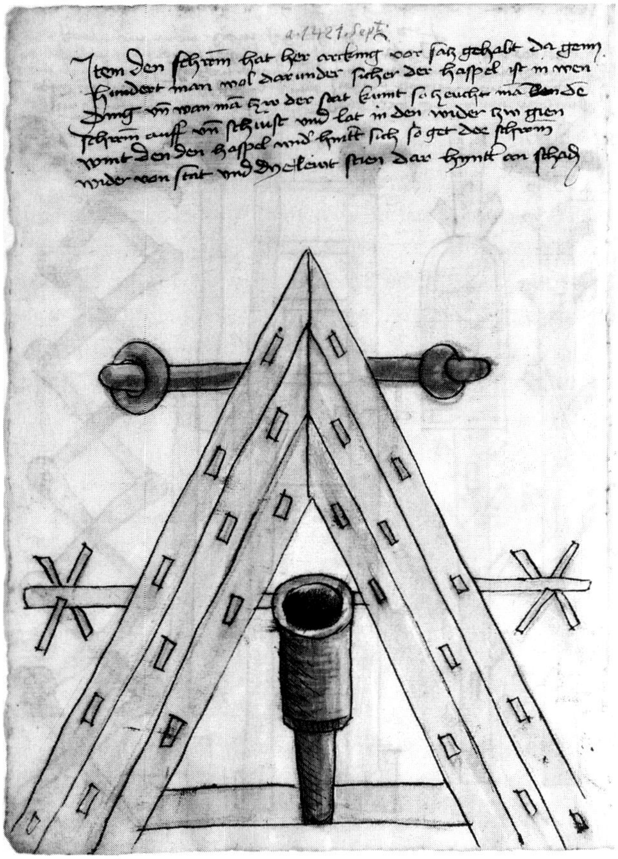

Angriffsschirm des Archinger von Seinsheim von 1421.
(Bayerische Staatsbibliothek München)

ter sich, so geht der Schirm wieder von der Stadt weg und die Leute stehen dahinter ohne Schaden zu nehmen.« [13 S. 283] Eine Bleistiftnotiz daneben nennt als Datum für den Einsatz dieses militärischen Fahrzeuges den September 1421. Der Angriffsschirm wurde demzufolge bei der Belagerung des heutigen Zatec an der Eger benutzt.

Der Angriffsschirm des Archinger von Seinsheim, wie der volle Name lautet, hatte also einen Haspelmechanismus für die Fortbewegung, der durch die Muskelkraft von Soldaten bewegt wurde. Damit enthält der Archivband das erste Dokument über eine tatsächlich stattgefundene Fahrt eines großen Fahrzeuges ohne Zugtiere oder ziehende bzw. schiebende Menschen, über die Fahrt eines Kriegsfahrzeuges mit Muskelkraftantrieb.

Wenige Seiten später bietet der Münchner Archivband ein weiteres exotisches Kriegsfahrzeug mit Muskelkraftantrieb, dieses Mal aus der Kriegswerkstatt der Hussiten, also den Gegnern des Archinger von Seinsheim. So ging das also damals: Baut der eine eine neue Waffe, konstruiert der Gegner etwas Ähnliches. Damals kämpften nämlich die tschechischen Anhänger des 1415 als Ketzer verbrannten Johan Hus, also die Hussiten, gegen ein deutsches Kreuzzugheer unter Beteiligung der Bayern.

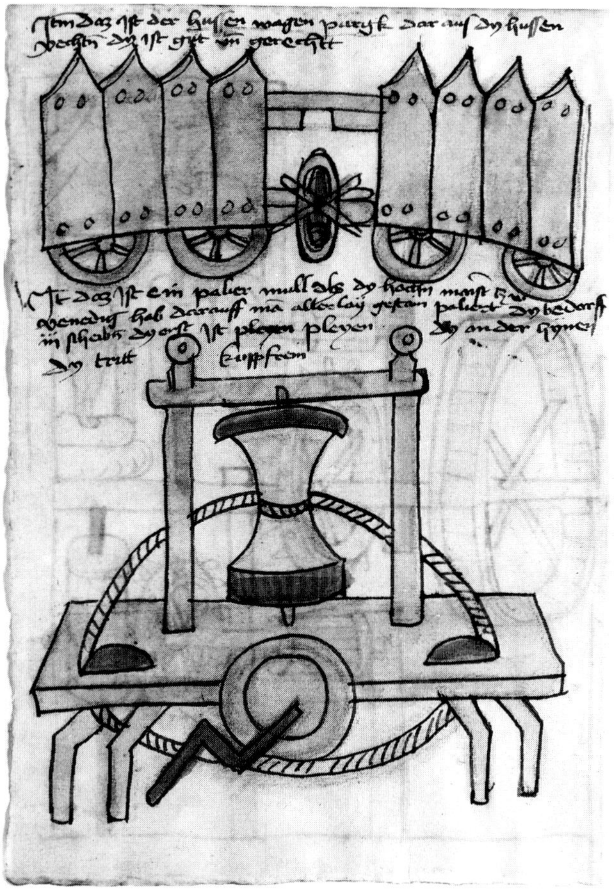

Wagenburg der Hussiten.
(Bayerische Staatsbibliothek München)

Die Beschriftung sagt in diesem Falle wenig aus: »Item das ist der Hussiten Wagenburg, worauf die Hussiten, fechten. Die ist gut und recht.« Also bleiben wir auf unsere eigene Deutung des Bildes angewiesen. Vieles spricht dafür, daß der anonyme Zeichner in der Mitte zwei der Bohlen weggelassen hat, um den ›Knüller‹ dieser fahrbaren Wagenburg offenzulegen, nämlich den Antrieb mittels einer Haspel. Das Bild darunter zeigt eine transportable Mühle.

DIE ERSTE DOKUMENTIERTE FAHRT EINES AUTO-MOBILS

Eigentlich hätte ein Jahr nach dem Hundertsten Geburtstag des Automobils schon wieder ein Ereignis gefeiert werden können, dieses Mal aus seiner Vorgeschichte, nämlich der Fünfhundertvierzigste Jahrestag der ersten dokumentierten Fahrt eines Muskelkraftwagens für friedliche Zwecke.

Die Memminger Chronik berichtet über den Januar 1447: »Am Montag nach dem Neuen Jarstag gieng ein Rechter wagen zum Kalchtor herein bis an den Marckht und weder hinaus ohn Ross, Rindter und Leutt und war wol verdeckht, doch sass der Meister, so In gemacht hett darin.« [nach 13]

Irgend jemand muß unter dem Verdeck an einer Kurbel oder Haspel gedreht haben, um diesen Wagen auf seiner Stadtfahrt anzutreiben. Der Memminger Wagen war zwar ›nur‹ ein Muskelkraftwagen, aber die Fahrt im Januar 1447 ist höchst bemerkenswert.

Hier handelt es sich um die erste dokumentierte Fahrt eines friedlichen selbstfahrenden Wagens mit Datum und Fahrtroute. Was freilich fehlt, sind Informationen oder Zeichnungen über die Mechanik dieses Wagens. Da bleiben wir auf Spekulationen und Vergleiche mit anderen ›Modellen‹ aus dieser Zeit angewiesen.

Wie dem auch sei: »Der Meister, so In gemacht hett«, lenkte diesen Selbstfahrer und genoß als erster Fahrer das ›Fahrgefühl‹ eines Wagens ohne Pferde, die direkte Lenkung, den freien Blick auf die Straße und auch den Fahrerstolz, als die Menge der Schaulustigen das so ungewöhnliche Fahrzeug bestaunte. Freilich wird sich der Meister im Stillen gesorgt haben, ob seine versteckten Muskelmänner auch lange genug durchhalten würden. Im übrigen fuhr er gleich zum nächsten Stadttor wieder herein und in seinen Handwerkerhof, weil die Landstraße viel zu miserabel und die ›Muskelkraftmaschinen‹ erschöpft waren.

Ebensowenige Einzelheiten sind übrigens von einer frühen Kraftwagenfahrt in Pirna bekannt. Die Stadtchronik berichtet 1504 über einen »wagen mit rädern und schraubengezeug. . .der solte ohne pferdt so einer drauff sess und schraubete für sich fahren.« [13]

Doch nun wieder zurück zur Renaissance und zu den Ingenieuren Italiens!

VALTURIOS WINDKRAFTWAGEN IM ERSTEN GEDRUCKTEN TECHNIKBUCH DER WELT

Von dem Ingenieur Roberto Valturio, geboren 1413 in Rimini, stammt das erste gedruckte technische Buch. Dieses Werk von 1460 behandelt die Kriegstechnik im weitesten Sinne, wurde zunächst in mehreren Handschriften vervielfältigt und 1472 mit einer Reihe ganzseitiger Holzschnitte in Verona gedruckt. Was dieses technische Buch noch bemerkenswerter macht, ist die Tatsache, daß es bereits einen selbstfahrenden Wagen enthielt, und zwar ein Fahrzeug besonderer Art. Valturio geht nämlich mit seinem Windkraftwagen gedanklich einen Schritt über die Muskelkraftwagen hinaus: Er möchte mit dem Wind eine Naturkraft zur Transportarbeit heranziehen. Deshalb kann er auch die Antriebsmaschine nicht verstecken, um etwa mit diesem Geheimnis Staunen zu erwecken.

Daß die kleinen Windräder niemals gereicht hätten, den schweren Wagen zu bewegen, liegt heute auf der Hand. Aber Reibungswiderstand, Rollwiderstand, Arbeit und Leistung waren damals noch nicht be-

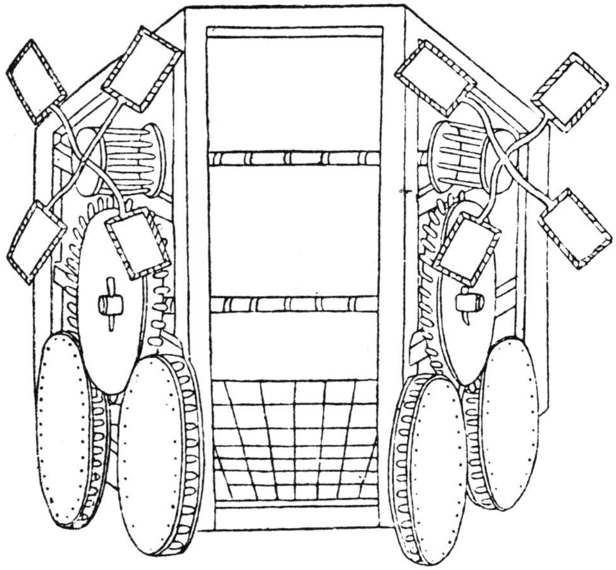

Valturios Windkraftwagen. [13]

kannt. Vielleicht wollte Valturio auch seine tatsächlichen Kenntnisse verschleiern. Wir wissen es nicht. Immerhin bietet er plausible Zahnradgetriebe mit allerdings geringer Untersetzung.
Fortschritte auf dem Gebiet der Kraftmaschinen sollten noch lange auf sich warten lassen. Aber auf dem Gebiet der Mechanik lieferte Francesco di Giorgio Martini ein, zwei Jahrzehnte später bereits erstaunliche Lösungen.

FRANCESCO DI GIORGIO MARTINI – FAHRWERK- UND GETRIEBEFACHMANN DER RENAISSANCE

Die Biblioteca Reale in der Fiatstadt Turin hütet unter ihren Schätzen eine besondere Kostbarkeit, das Buch ›Architettura civile e militare‹ aus der Feder von Francesco di Giorgio Martini.
Martini wurde am 13. September 1439 in Siena geboren und profilierte sich als Architekt beim Bau von Kirchen und Profanbauten. Seine umfassende Bildung und Erfahrung als Künstleringenieur befähigte ihn zu dem erwähnten Buch über das Bau- und Maschinenwesen. Martini starb Anfang 1502 in der Nähe seiner Heimatstadt [33]. Nimmt man die schlichten Skizzen der frühen Selbstfahrer zum Vergleich, so überrascht uns Martini mit äußerst eindrucksvollen Entwürfen für Kraftwagen mit Muskelkraftantrieb.
Zu allererst besticht Martini mit den gekonnten perspektivischen Zeichnungen und einem geschickt gewählten Blickwinkel auf seine Objekte.
Zweitens sind es die umfassenden und überzeugenden Modellentwürfe für hölzerne Muskelkraftwagen, die uns für Martini einnehmen. Man stelle sich nur noch hölzerne Hebel vor, die durch die Vierkantwürfel auf dem Wagendach gesteckt werden, und schon sind die Muskelkraftwagen funktionstüchtig.
Drittens faszinieren uns seine systematisch entwickelten Alternativen für Fahrwerk, Getriebe und Lenkung: Vier Fahrzeugtypen haben die gleiche Fahrwerkskonzeption mit starrer Hinterachse und beweglicher Vorderachse. Drei Wagen weisen Hinterradantrieb auf, einer sogar Allradantrieb. Die Maschinenelemente der Getriebe sind Laternenrad (wie bei Fontana), Scheibenrad mit Zahnkrone, Schnecke und Schneckenrad – alles aus Holz!
Betrachtet man die Lenkung der vier Wagen, so findet man u. a. die gleiche Lenkung, wie sie Daimler in seiner ersten Benzinkutsche verwendete: Senkrechte Lenksäule, Ritzel (hier Laternenrad) und Zahnstange. Auf dem zweiten Blatt links oben wird eine Einzelradanlenkung versucht, aber nicht konsequent durchkonstruiert.
Geradezu atemberaubend kühn sind die Konstruktionsideen von Martini zu dem von vorn einzusehenden Kraftwagen: Sie haben sämtlich Einzelradaufhängung! Das ist aber noch nicht alles. In kühler Systematik entwickelt Martini ein Fahrzeug mit seitlicher Lenkung. Und schließlich zeigt Martini seine fortschrittliche Konstruktionsidee mit den Merkmalen: Bewegliche Einzelradaufhängung, Einzelradantrieb sämtlicher Räder sowie separate Lenkung von

Vorder- und Hinterrädern und dies mit einer Achsschenkellenkung.
Damit hat Martini beinahe sämtliche Grundideen der Fahrwerke moderner Automobile im Rahmen der ihm zu Gebote stehenden Maschinenelemente vorweggenommen. Was für ein kreativer Kopf! Und wir, die wir heute Autos konstruieren, bauen und nutzen, sollten Martini dadurch ehren, daß wir ihn als Vordenker der Automobilfahrwerke, -getriebe und -lenkung in Erinnerung behalten. Es war deshalb eine gute Tat von IBM Italia, einen Muskelkraftwagen in Anlehnung an Martinis Bauarten nachbauen zu lassen. Hierbei wurde ein praktischer Kurbelantrieb oben aufgesetzt.
Martini fand viele Nachahmer bis ins 16. Jahrhundert hinein. Die Kopien seiner Zeichnungen sind zumeist schlechter als das Original und weisen keine wesentlichen Neuerungen auf.

Entwürfe des Francesco di Giorgio Martini.

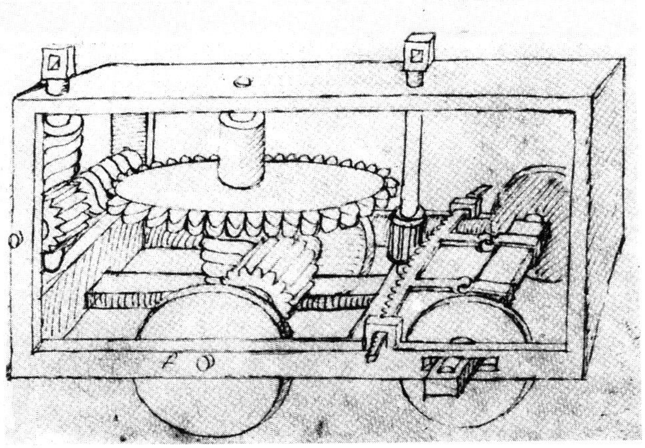

Muskelkraftwagen mit starrer Hinterachse und beweglicher Vorderachse.

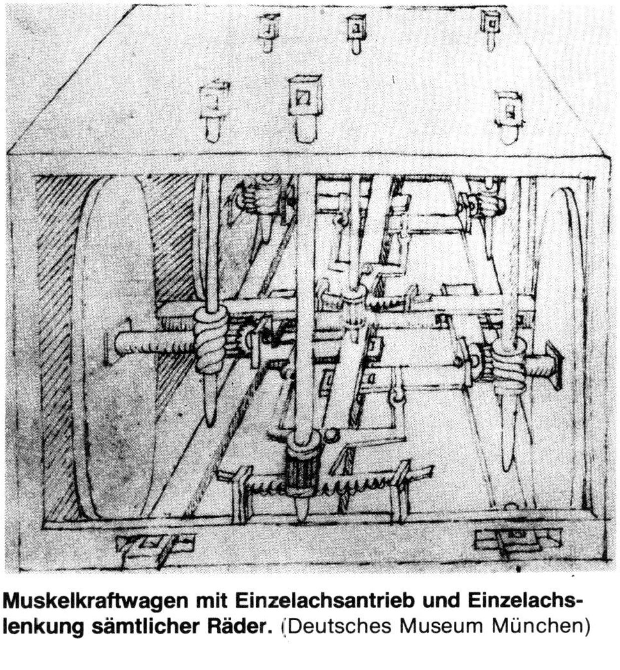

Muskelkraftwagen mit Einzelachsantrieb und Einzelachslenkung sämtlicher Räder. (Deutsches Museum München)

LEONARDO DA VINCIS MUSKELKRAFTWAGEN

Aus der glanzvollen Reihe der Künstleringenieure Italiens ragt Leonardo da Vinci noch weit heraus. Die Bandbreite seiner Fähigkeiten reichte von der Malerei und Graphik über das Bauwesen, die Militär- und Waffentechnik, den Wasserbau bis zur Mechanik und Optik, ja bis zur Anatomie. Leonardo war der einzige Mensch, den man einhellig als Universalgenie bezeichnet hat [25, 30].
Leonardo, 1452 in Vinci bei Empoli geboren, wuchs als uneheliches Kind eines Bauernmädchens und eines Florentiner Notars im Hause des Vaters auf und kam mit 15 Jahren zu dem großartigen Bronzegießer und Künstler Andrea del Verocchio in Florenz in die Lehre. Zwischen 1482 und 1499 stand Leonardo im Dienst von Ludovico Sforza, dem Herzog von Mailand, mit vielseitigen Aufgaben als Künstler und leitender Ingenieur. Nach der Eroberung Mailands durch die Franzosen arbeitete Leonardo in Mantua und Florenz, bald als Generalingenieur des allmächtigen Cesare Borgia. 1506 nach Mailand zurückgekehrt, folgten bald Tätigkeiten in anderen italienischen Städten bis er 1516 auf Schloß Cloux bei Amboise in Frankreich unter Franz I. letzte Geborgenheit fand. Hier starb er am 2. Mai 1519.

Die Fähigkeit, das Wesentliche einer Maschine, eines Muskels oder eines Experimentes mit wenigen, hastigen Strichen aufzuzeichnen und mit knapper Sprache oder Beispielsrechnungen zu kommentieren, beflügelte Leonardo geradezu, ganze Gebiete des Maschinenwesens und der Physik zu bearbeiten. Aber es ging ihm nicht nur darum, den Stand der Technik aufzuzeigen. Vielmehr führten ihn der unbändige Erkenntnisdrang und die geradezu unheimliche Phantasie dazu, in aller Eile von Idee zu Idee und von Verbesserungen zu Erfindungen zu hasten. Wer wollte es einem solchen Genie übelnehmen, wenn angesichts dieser enormen Vielseitigkeit und des Riesenwerkes die Verwirklichung und das Vollenden des Begonnenen zu kurz kamen?
Für die Renaissancefürsten hatte die Sicherung ihrer Adelsrepubliken einen hohen Stellenwert. Deshalb unterbreitete Leonardo 1481 in seinem Bewerbungsschreiben an Herzog Ludovico Sforza unter Punkt VIII folgenden Vorschlag: »Item werde ich sichere und unangreifbare gedeckte Wagen konstruieren, die – wenn sie mit ihrem Kugelregen in die Reihe der Feinde fahren – jedwede noch so große Menge von Bewaffneten aufreiben müssen. Hinter ihnen wird dann die Infanterie mit einem Minimum an Verlusten und ohne, daß man sie aufhalten kann, folgen.« [Cod. Atl. fol. 391 nach 31]
Leonardo da Vinci hatte damit die Waffengattung und die Taktik vorweggenommen, die 1917 bei Cambrai Wirklichkeit wurde, als englische Panzer – genannt Tanks – die deutschen Schützengräben aufrollten, gefolgt von der Sturminfanterie zu Fuß.
Leonardos Panzer sollten natürlich aus Holz gebaut werden, den Ansprüchen dieser Zeit genügend. Skizziert sind Allradantrieb über Kurbel, Laternenräder und Zahnkrone an den Rädern. Die raffinierte Untersetzung eines Martini fehlt hier freilich ganz. Klug bedacht hingegen sind tiefe ›Wanne‹, schräge Wände und schräge Bedachung, die, wie bei modernen Panzern, die Wirkung von Treffern abschwächen sollten. Darüber hinaus hat Leonardo mehrere Skizzen für Muskelkraftantriebe gezeichnet.

Renaissance und Gegenwart: Die Rekonstruktion eines hölzernen Muskelkraftwagens nach einem Entwurf aus der Renaissance vor heutigen Automobilen. (IBM Italia)

LEONARDOS ENTWURF FÜR EIN KRAFTFAHRZEUG MIT EIGENER MASCHINENKRAFT

Leonardo hatte bereits das Phänomen des Reibungswiderstandes erkannt. Er dürfte auch zu der Erkenntnis gekommen sein, daß die menschliche Muskelkraft beim Antrieb von Fahrzeugen nicht viel auszurichten vermochte. Vielleicht waren es solche Überlegungen, die ihn veranlaßten, weiter zu denken.
Im sogenannten Codex Atlanticus findet man unter der Nummer 296 einen höchst bemerkenswerten Entwurf: Die Skizzen Leonardos zeigen die Konzeption für den ersten nicht von menschlicher Muskelkraft, sondern von einer Kraftmaschine angetriebenen Kraftwagen.
Leonardo hatte keinen Motor verfügbar, so tüftelte er an einem kräftigen Federwerk, das den gesamten Fahrzeugboden ausfüllt. Der Grundgedanke ist klar: Per Muskelkraft soll vor der Abfahrt mechanische Arbeit geleistet werden. Die starken Federn werden

Entwurfsskizzen von Leonardo da Vinci für einen Hölzernen Panzerwagen mit Muskelkraftantrieb um 1450. (Reproduced by Courtesy of the Trustees of the British Museum)

mittels Kurbeln angespannt bis sie genügend potentielle Energie in den Federblättern gespeichert haben, um eine kleine Fahrtstrecke ohne jeden Kraftaufwand von Fahrer oder Beifahrer zurückzulegen. Auch heutzutage gibt es verschiedenartige Speicherantriebe, z. B. batteriegespeiste elektrische Fahrzeuge. Und natürlich sprechen wir auch hierbei vom Auto. Leonardo da Vinci stand also kurz davor, ein praktikables Automobil für den Nahverkehr zu verwirklichen – aber eben nur davor!
Schon die Zeichnung ist nicht ganz klar. Gerade noch erkennbar ist, daß die mächtigen Stahlfedern mittels Kurbel, Ritzel und Zahnstange am vorderen Rand gespannt werden sollten. Bei einer Rekonstruktion im Jahr 1958 hat Giovanni Canestrini noch Seile ergänzt, die den Federdruck auf Rollen in den Eckpunkten übertragen, die wiederum das Drehmoment jeweils auf ein Ritzel und ein großes Zahnrad weitergeben. In der unteren Ebene wird die Drehbewegung wie üblich auf das mit Zähnen gespickte Antriebsrad weitergegeben. Inzwischen wurde noch ein zweiter Entwurf Leonardos in der gleichen Handschrift Cod.

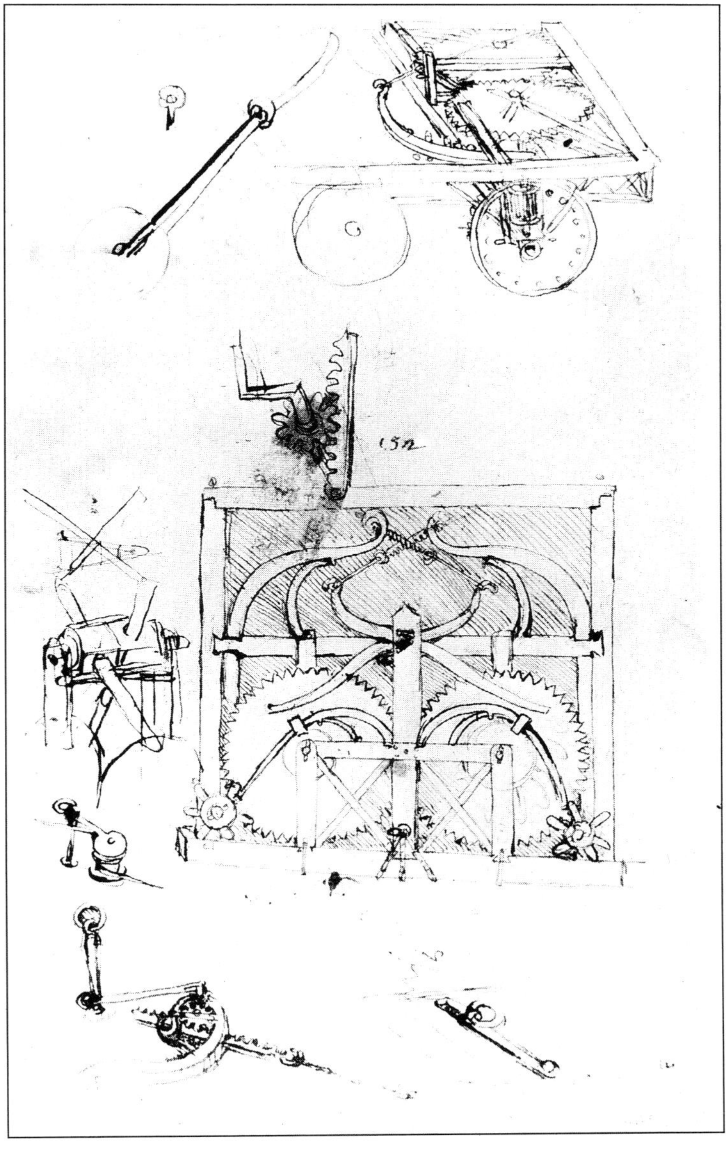

Die ersten Entwurfsskizzen für einen automobilen Wagen mit eigener Kraftmaschine: Federmotorwagen nach Leonardo da Vinci. (British Museum)

Atl. unter 40 v. b. gefunden, freilich in Bleistift und reichlich verblaßt. Augusto Marinoni schreibt hierzu [32 S. 30]: »Die eigentliche Neuheit ist die Spaltung des Wagens in zwei Abschnitte. Der Hintere mit der Triebkraft hat einen dreieckigen Rahmen mit einer Spitze, angelehnt an... den Lenkungsabschnitt der ihr vorausgeht... Darüberhinaus zeigt der zweite Entwurf den Fahrer auf dem Bock sitzend mit überschlagenen Beinen in schräger Stellung, die es erlaubt, mit der rechten Hand die Lenkung zu bewegen und mit der linken Hand die Federn wiederholt aufzuladen.«

Leonardo hatte wohl dringendere Probleme zu lösen, als daß er an die Verwirklichung des Federmotorwagens gehen konnte.

UNGEBÄNDIGTER DAMPF

Ohne Zweifel stand das Universalgenie Leonardo da Vinci mit seinen Experimenten und Erkenntnissen an der Spitze der Naturwissenschaftler und Ingenieure seiner Zeit. Deshalb dokumentieren seine Zeichnungen und Texte auch den Erkenntnisstand an der Wende vom 15. zum 16. Jahrhundert. Und daraus geht klar hervor: Die Dampfkraft war zwar entdeckt, aber niemand wußte, wie sie für eine Kraftmaschine zu bändigen war.

Leonardo stellte Versuche an, »um eine Regel aufzustellen, um wieviel das Wasser wächst, wenn es sich in Dampf verwandelt.« (Leicester Codex Nr. 10) Er experimentierte auch mit dem Dampfgeschütz, das damals Architronito, d. h. Erzdonnerer, genannt wurde und nicht vom Archimedes der Antike, sondern möglicherweise von Tacollo, dem ›Archimedes von Siena‹ erfunden worden ist. Er schrieb zu seinen Skizzen: »Architronito ist eine Maschine von dünnem Kupfer, einer Erfindung des Archimedes und sie wirft Kugeln von Eisen mit großem Geräusche und großer Gewalt.«

Wie bei der Atombombe war zwar eine explosive Kraft entdeckt – aber man wußte noch nicht, wie man die Dampfkraft bändigen und für friedliche Zwecke nutzen konnte. Und für die Nutzung als Fahrzeugantrieb gab es überhaupt noch keine Vorstellungen.

7. Die automobilen Wagen aus Nürnberg

Als Nürnberg 1219 die Reichsfreiheit erhielt, bescheinigte die Königsurkunde den Nürnbergern denkbar schlechte Standortbedingungen. Es hieß da klar und deutlich, daß »die Stadt weder Schiffahrt noch Weinberge besitze und auf hartem Boden gelegen sei.« Aber gerade die miserablen Startbedingungen haben die Nürnberger gezwungen, einfallsreich und geschickt, fleißig, zäh und geduldig zu sein, um nach oben zu kommen[23].

Mit Spürsinn für die Nachfrage und kühler Beschränkung auf das Machbare haben geschickte Handwerker eine ganze Reihe von ›Marktnischen‹ entdeckt und aufgetan. Da man beim Absatz auf den teuren Landtransport angewiesen war, mußten technologisch hochwertige Produkte erzeugt werden, möglichst solche, die wenig wogen und viel Geld brachten. So spezialisierte sich das Nürnberger Gewerbe auf Nadeln, Messerklingen, feinste Drähte, Fingerhüte, Ringe, Borten, Handschuhe, Zirkel und Uhren, aber auch auf kostbare Rüstungen und Waffen. Und all diese Produkte gingen zumindest in den unteren Produktionsstufen durch die von Wasserrädern getriebenen Hammerwerke, Drahtziehmühlen und Schleifereien. Nürnberg stand also mit seinem Maschinenwesen, mit der Kunstfertigkeit seiner Handwerker, den Fähigkeiten seiner Künstler und dem Mut seiner Unternehmer an der Spitze der deutschen Städte.

Dazu kam eine weltgewandte Kaufmannschaft, die nicht nur die Warenströme durch Frankens Mittelpunkt lenkte, sondern auch den Strom von Ideen und Anregungen der Renaissance. Kein Wunder also, daß auch die Idee vom Wagen ohne Pferde in Nürnberg auf fruchtbaren Boden fiel.

DER CORSO AUTOMOBILER WAGEN DES ALBRECHT DÜRER

Der erste Beitrag Nürnbergs zur Idee des automobilen Wagens waren zeichnerische Entwürfe, sozusagen eine Art Blaupausenexport. Denn Albrecht Dürer, der große Sohn der Stadt, hatte aus Wien den ehrenvollen Auftrag erhalten, am ›Triumphzug‹ des Kaisers Maximilian I. mitzuarbeiten – und Dürer entwarf neun automobile Wagen!

Franz Sehestag schreibt hierzu in der Sprache des 19. Jahrhunderts [37]: »Die herrlichen Blüten, welche die deutsche Kunst am Beginne des 16. Jahrhunderts trug, veranlaßte den Kaiser Maximilian I., sich der großen Meister dieser Zeit auch zur Verherrlichung seiner Taten zu bedienen. . .« Das Ergebnis war ein umfangreiches Werk von nicht weniger als 109 Pergamentblättern im Großfolio, die zusammengelegt eine Länge von 54 m ergaben. In der Natur hätte ein solcher Triumphzug eine Länge von nahezu 2 km eingenommen.

Doch ein Triumphzug römischer Art wäre nach einer Stunde der Vergessenheit anheim gefallen. Maximilians Triumph hingegen war von vornherein für ein neues Medium vorgesehen, das diesen Zug noch nach Hunderten von Jahren vielen Menschen vor Augen führen würde, das gedruckte Buch. So wurde der Triumph des Maximilians auch zu einem Triumph des Buches, des höchsten Gutes dieser Zeit [38].

Bis 1516 arbeiteten die Künstler an den ursprünglichen Pergamenten und der farblichen Darstellung. Nach dem Tode Maximilians (1519) ließ Kaiser Ferdinand I. die Darstellungen in Holzschnitte übertragen und in beschränkter Anzahl drucken.

Im Programm des Triumphzuges hatte Dürer die Aufgabe, mit neun Wagen bedeutende Kriegsschauplätze zu präsentieren. Ob der Kaiser, sein Geheimschreiber Treitzsauerwein oder Dürer selbst auf die Idee kamen, für dieses Thema Muskelkraftwagen zu entwerfen, ist nicht bekannt. Man kann nur vermuten, daß mechanische Wagen für die Kriegspräsentation auserwählt wurden, weil sie etwas ganz Besonderes darstellten, wobei es gut paßte, kräftige Landsknechte an den Kurbeln zu zeichnen. Auf diese Weise können wir neun Holzschnitte nebeneinanderlegen, die sozusagen den ersten Corso von automobilen Wagen bilden.
Technisch gesehen bieten diese Muskelwagen wenig Neues. Dürer verwendet demonstrativ außenliegende Antriebe und Getriebe, also Kurbeln, Haspeln und dazu seltsame Antriebsstangen für den Einsatz der Menschenkraft sowie bekannte Getriebe über Laternenräder, Zahnscheiben, Zahnräder und dergleichen.
Daß es Dürer auf das Ungewöhnliche, auf das Herausgehobene ankam, beweist seine ureigenste Erfindung, das rollende Tretrad, wahrhaftig eine Sensation, allerdings ohne praktischen Wert. Der stand ohnehin im Hintergrund, denn die Wagen waren letztlich nur Träger von ausgezeichneten bildlichen Darstellungen. Und diese Kunstwerke waren die Hauptsache. Immerhin muß man dem ›Ingenieur‹ Dürer bescheinigen, daß er, von wenigen Ausnahmen abgesehen, praktikable Mechanik entworfen hatte.
Wie die Wirklichkeit um 1516 aussah, kommt sogar noch im Triumphzuge selbst zum Ausdruck. Den Schluß bildet nämlich eine ganz gewöhnliche Troßscene, worin Wagen und Bespannung, Fußgänger, Straßenverkäufer, Straße und Schuhwerk mit allen Details festgehalten sind, sozusagen der Alltag auf staubigen Straßen!

Vier Muskelkraftwagen von Albrecht Dürer für den „Triumpfzug des Kaisers Maximilian I.", 1516.
(Germanisches Nationalmuseum Nürnberg)

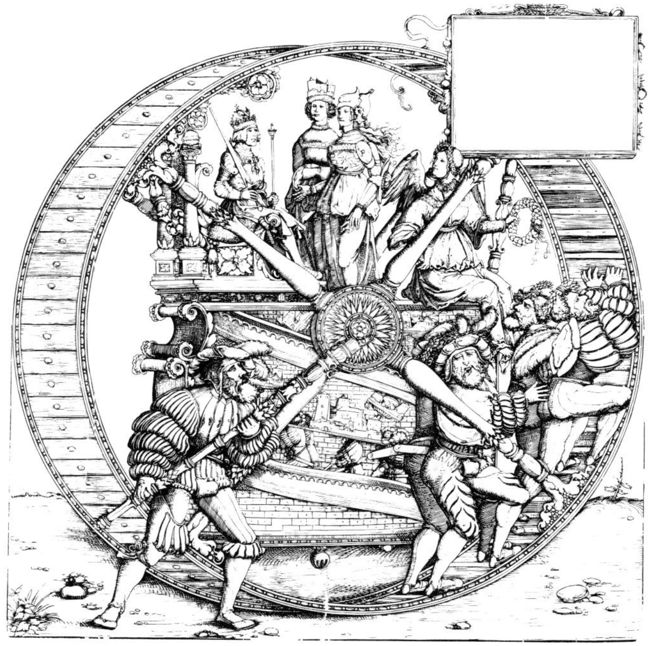

BERTHOLD HOLZSCHUHERS GEHEIME ENTWÜRFE

Eine der bedeutenden Persönlichkeiten Nürnbergs im 16. Jahrhundert war Berthold Holzschuher (1511 – 1582) [36]. Er stammt aus jener alten Nürnberger Ratsfamilie, die den Holzschuh mit den Stelzen im Wappen führte, das unentbehrliche Hilfsmittel für den Fußweg durch grundlose Gassen. Nach jeweils zwölfjähriger Tätigkeit als Richter und als Bürgermeister in Nürnberg widmete er sich voll und ganz seinen Kupferbergwerken in der Steiermark – und seinem ›Hobby‹, nämlich den Konstruktionen von Zahnradkonstruktionen, Mühlenwerken, Greif- und Hebewerkzeugen.

Holzschuher hielt seine Entwürfe Zeit seines Lebens geheim und verfügte, daß sein Manuskript »niemand, dann meinen Eltesten Sohn, der meinen Tod erleben wird« erhalten soll. Das Manuskript befindet sich nunmehr im Germanischen Nationalmuseum in Nürnberg.

Bei einem so kreativen Mann wie Berthold Holzschuher, der sogar dem Reichstag 1566 bereits eine Art Lebensversicherung vorgeschlagen hat, überrascht es kaum, daß sich unter den als Geheimnis gehüteten Entwürfen automobile Wagen befinden. Und wieder einmal ist ein großer Kriegswagen dabei, eine Art Holzpanzer von 15 m Länge, bewaffnet mit acht Kanonen und zahlreichen Hakenbüchsen, alles in allem ein schweres Ungetüm mit spitzem Bug und Heck, sozusagen ein Kanonenboot auf Rädern.

Holzschuher hat uns keine überzeugende Information hinterlassen, wie er diesen Kanonenpanzer bewegen wollte, wohl aber die Zeichnung des sogenannten ›Benetto‹, bei dem er das Geheimnis ein wenig lüftete. Auffallend sind zunächst die über drei Meter hohen Räder, eine sehr kluge Bemessung, denn nur mit diesen Riesenrädern konnte man über Stock und Stein, durch Löcher und Kuhlen fahren, wie sie in den damaligen Erdstraßen anzutreffen waren.

Aber dort, wo es darauf ankommt, beim Antrieb,

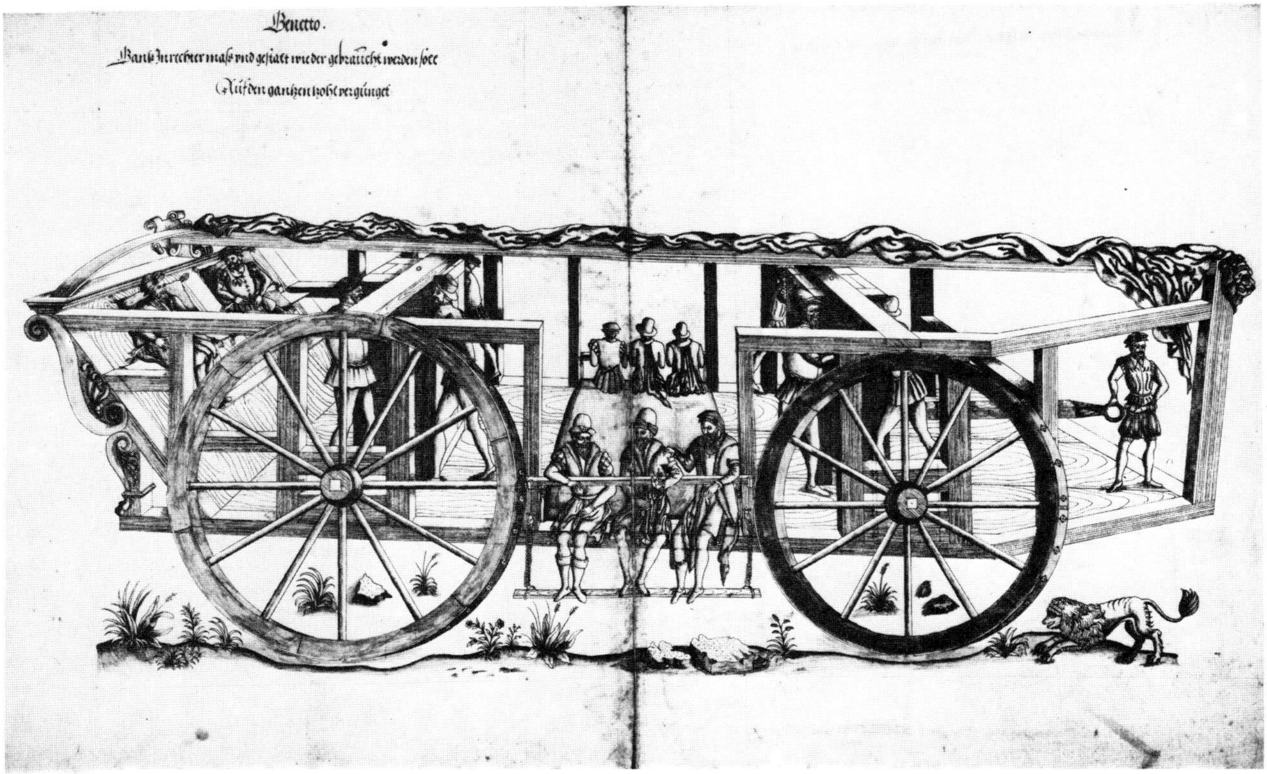

Berthold Holzschuhers Muskelkraftwagen „Benetto", um 1570. (Germanisches Nationalmuseum Nürnberg)

kneift Berthold Holzschuher. Zwar ist erkennbar, daß acht Leute den Wagen fortbewegen sollen, doch hat der Zeichner die gesamte Mechanik geschickt verdeckt oder weggelassen. So bleibt ›Benetto‹ ein phantasievoller Name für ein von Holzschuher entworfenes Auto-Mobil, dem die Hauptsache fehlt: der kräftige Antrieb.

JOHANN HAUTSCH – ERFOLGREICHER AUTO-MOBIL-PRODUZENT

Nach den vielfältigen Skizzen und Entwürfen zu automobilen Wagen von Künstleringenieuren, Künstlern und Hobby-Mechanikern schafft endlich ein Nürnberger Mechaniker den Durchbruch von der Zeichnung zum Fahrzeug: Der Zirkelschmied Johann Hautsch (1595 – 1670). Hautsch gehört seinerzeit zu den Spitzenkräften im deutschen Handwerk, zu jenen Meistern, die nicht nur ihr ureigenes Handwerk souverän beherrschen, sondern mit ihrem Know-how und mit ihren Fertigkeiten auch in Randgebiete vordringen. Und schließlich gilt für Johann Hautsch: Meister ist, wer was ersann!

Längst war Hautsch aus der Enge seiner Zunft ausgebrochen und hatte sich um 1640 durch Bau von Rollstühlen für Gichtkranke bekannt gemacht, »auf welchem man bei geschwinder Umdrehung zweier Kurbeln. . .sich. . .sitzend fortschieben konnte« [39]. Das hierbei gesammelte Know-how über Muskelkraftantrieb, Mechanik und Rollwiderstände ermunterten ihn, den alten Traum vom Wagen ohne Pferde zu verwirklichen. In der Sprache dieser Zeit liest sich das beim Mathematikprofessor Johann Gabriel Doppelmayer so: »Diese Machination gab ihm darauf zu einer anderen und noch größeren Auswirkung Anlaß, indem er einen Wagen mit vier Rädern verfertigte, auf dem man ohne Pferde, auch ohne einigen anderen Anspann. . .sich führen lassen konnte.« [39]. Hautsch verwirklichte Dürers künstlerisches Konzept vom Triumphwagen ohne Bespannung, indem er einen relativ leichten Wagen mit praktikabler Mechanik baute. Und damit wurde Johann Hautsch ein berühmter Mann.

Auf Flugblättern, die sozusagen die Vorläufer der Automobilprospekte darstellten, hat Hautsch zu der Abbildung seines Triumphwagens noch handschriftliche Texte hinzugefügt. Das inhaltlich umfassendste Flugblatt enthält unter der Abbildung des Wagens folgenden Gesamttext [40]: »Abriß vom Triumphwagen, der zu Nürnberg ist gemacht worden von M. Hanß Hautsch, 54 Jahre alt 1649, seines Handwerks ein Cirkelschmidt, ist so groß als ein Landkutschen, wie die Kauffleut mit auf die Meß fahrn, welcher also frey geht, wie er da vor Augen steht, bedarff keiner Vorspannung von Pferden oder anders wie ein ander Wagen, sondern der darauff sitzt, hat in der linken Hand ein Flarrnkopf inhanden, damit kan er den Wagen hinlenken, wohin er will, krum oder grad, hinder sich oder für sich, Berg oder Thal, wie er dann unterschiedlich mal ist die Vestung zu Nürnberg hinauff gefahren, auch zum Thiergärtner Thor hinauß und um die Vestung herumb und geht solcher Wagen in 1 Stund 2000 Schritt, man kan still halten wann man wil, und fortfahren, wann man wil, ist alles von Uhrwerk gemacht, wird alles mit der linken Hand regiert, der Meerdrach kan im fahren Wasser unter die Leut spritzen auch von allerley wolriechenden wassern, den Kopff verdrehen. Item der Meerdrach kan wasser, Bier, Wein, meht trincken, die Engel können im fahren die Posaunen aufheben und blasen; ist in Schweden hinein verkaufft worden. P. 500 fl.«

Demnach war Hautsch nicht nur ein tüchtiger Produzent dieses neuartigen Triumphwagens, sondern auch ein geschickter Verkäufer. Der schwedische Kronprinz Gustav Adolf besichtigte 1650 den Triumph-

Kunstwagen von Johann Hautsch, Nürnberg, und Stephan Farffler, Altdorf, Kupferstich, 1685. (Deutsches Museum München)

wagen in Nürnberg. Die Probefahrt verlief so erfolgreich, daß Gustav Adolf das Fahrzeug kaufte. Bei seiner Thronbesteigung als Karl X. von Schweden war der Triumphwagen eine der Attraktionen im prunkvollen Umzug. Der Wagen machte in Schweden so großen Eindruck, daß Hautsch 1663 einen zweiten Triumphwagen in den hohen Norden liefern durfte, diesmal an den Dänenkönig Friedrich III. Der zweite Wagen war etwas länger, insgesamt auch leichter und gefälliger und soll in der Stunde 3000 Schritt zurückgelegt haben. Das ergibt eine Geschwindigkeit von etwa 2,2 km/h, und das führt zu der Frage, welche Kräfte diesen Wagen vorangetrieben haben.

Die Textstelle, wonach alles ›von Uhrwerk gemacht‹, hat ältere Schriftsteller zu der Annahme verleitet, als ob Hautsch ein Federwerk als Antriebsmaschine benutzt hätte. Der Meister selbst hatte ja das Geheimnis seines mechanischen Wagens nicht preisgegeben. Allerdings hat ihm der gelehrte Nürnberger Ratsherr Philipp Harsdörffer, der Verfasser des ›Nürnberger Trichters‹, 1651 auf den Kopf drauf gesagt, daß die hinteren Räder »von dem darin verborgenen Knaben« mittels Zahngetriebe angetrieben würden [41]. Harsdörffer verwies sogar auf die entsprechende Übungsaufgabe Nr. 24 im 8. Teil seiner ›mathematischen und philosophischen Erquickstunden‹. Aber die wenigsten Leute ließen sich damals wie heute mathematisch ›erquicken‹. So gingen die meisten Zeitgenossen dem Johann Hautsch auf den Leim und ließen sich von dem Geheimnis eines Uhrwerkes bluffen.

DER EINSITZER DES STEPHAN FARFFLER ODER DER ERSTE ALLTAGSKRAFTWAGEN

Not macht erfinderisch! Dieses alte Sprichwort könnte man geradezu als Leitmotiv über das ganze Leben des Stephan Farffler (1633 – 1689) aus Altdorf bei Nürnberg schreiben. Als Kleinkind fiel Farffler rückwärts von einer Bank und war Zeit seines Lebens querschnittsgelähmt, ein ohnehin schreckliches Schicksal, und das in der kalten Welt des Dreißigjährigen Krieges! Ohne auch nur in der Lage zu sein, eine harte Lehre durchzustehen, schien der junge Stephan einem Leben ohne jede Chancen entgegenzugehen.

Daß Farffler nicht als unbekannter Bettler endete, sondern von Prof. Doppelmayer 1730 in sein Werk über die verdienten »Nürnberger Mathematici und Künstler« aufgenommen wurde, die sich um die Mathematik, die Mechanik und andere Künste verdient gemacht haben, verdankt Farffler seinem Einfallsreichtum und seiner Energie.

Der vierrädrige Muskelkraftwagen des Stephan Farffler, der im zweiten Weltkrieg verbrannte. (Deutsches Museum München)

Farffler baute ohne jede Vorbildung Uhren nach, zunächst in Hartholz, spezialisierte sich dann darauf, aus »Bein und Metall viele Zug- und Schlaguhren zu bauen, auch kleine Werke mit Glockenspielen, die er nach Niedersachsen, Hamburg und Braunschweig verschickte.« [39].
Die spektakulärsten Erzeugnisse freilich waren seine kleinen einsitzigen Muskelkraftwagen: »Er machte sich auch erstlich (zuerst) mit drei , danach mit vier Rädern einen kleinen Wagen, auf dem er, vermöge eines von ihm künstlich angeordneten und bewegten Räderwerkes, sich selbsten, ohne eines anderen Beihilfe zur Kirche fuhr.« Damit hatte sich Stephan Farffler selbst die Mobilität in seiner Heimatstadt verschafft.

Vierrädriger Wagen mit Trethebel und Sperradgetriebe, gebaut von Jackmann, London, um 1760. (Deutsches Museum München)

Schon auf den ersten Blick erkennt der Betrachter: Farfflers Wagen waren keine Rollstühle für den Hausgebrauch, es waren vielmehr stabile Straßenfahrzeuge mit verhältnismäßig großen Rädern. Und diese Wagen wurden nicht für so seltene Ereignisse, wie Krönungs- und Triumphzüge gebaut, sondern für den tagtäglichen Gebrauch. Demzufolge gebührt dem gelähmten Stephan Farffler auch die Ehre, die ersten Muskelkraftwagen für den Alltag gebaut zu haben. Daß es nur einsitzige Fahrzeuge waren, schmälerte die Leistung nicht. Vielmehr standen hier Wagengewicht, Last und Antriebskraft in einem vernünftigen Verhältnis, und ermöglichten dem behinderten Farffler, die kurzen Strecken in seiner kleinen Heimatstadt ohne Überanstrengung zu überwinden. Leider verbrannte der über Jahrhunderte aufbewahrte vierrädrige Selbstfahrer 1944 bei einem Bombenangriff auf Nürnberg. Er hätte einen Ehrenplatz im Museum verdient!

GRENZEN DER MUSKELKRAFTWAGEN

Neben den geschilderten Entwürfen und Konstruktionen hat es noch einige andere Muskelkraftwagen gegeben, so 1589 von Gilles de Bom in Antwerpen, 1634 von David Ramsay in England oder 1658 von einem unbekannten Meister aus Bingen am Rhein. Andere Versuche mögen vielleicht noch aus dem Dunkel der Archive auftauchen. Nur ändert das

Velociped-Droschke „Sultan" der Firma Dumstrey und Jungek, Berlin, Holzschnitt, 1889. (Deutsches Museum München)

nichts an der bitteren Erfahrung, die all die alten Konstrukteure machen mußten, wenn sie sich vom Entwurf zum Bau des Fahrzeuges vorwagten: Die menschliche ›Kraftmaschine‹ ist viel zu schwach, um auch nur annäherungsweise die Leistung pferdebespannter Fahrzeuge erreichen zu können.
Der Automobilfachmann Giovanni Canestrini bezeichnet diese Maschine Mensch in thermodynamischer Hinsicht als Verbrennungsmotor, bei dem sich die Verbrennung bei nur 37° vollzieht. Der Brennstoff für diesen Prozeß wird durch die aufgenommene Nahrung geliefert, den erforderlichen Sauerstoff steuern die roten Blutkörperchen bei [87].
Allerdings liefert die Kraftmaschine Mensch keine Kreisbewegung, sondern Hebelbewegungen der Arme und Beine. Also standen die alten Kraftwageningenieure vor dem ersten Problem, wie sie diese Hebelkräfte in Drehmomente umwandeln konnten, und daher kam es zu den vielfältigen Lösungen mit Kurbeln, Haspeln, Stangen oder zu späterer Zeit auch mit Trethebeln. Natürlich war der Wirkungsgrad nicht optimal, wie jedermann beim Drehen einer alten Kaffeemühle selbst erfahren wird.
Das zweite und entscheidende Problem war jedoch die geringe Leistung der Maschine Mensch. Sie liegt je nach Statur bei 0,25 bis 0,3 PS und ist je nach Kondition nach einigen Stunden mit einer Dauerleistung von höchstens 0,2 PS schließlich erschöpft. Insbesondere bei monotonen Kurbelbewegungen braucht der Mensch verhältnismäßig rasch eine Pause. Der Mensch ist eben nicht als Maschine zur Leistung schwerer körperlicher Arbeit konstruiert, sondern sozusagen als denkende Maschine (Alexis Carell).

MUSKELKRAFTWAGEN FÜR SPASS, SPORT UND SPLEEN

Obwohl die Tüftler und Erfinder aller Zeiten immer wieder auf's Neue die Grenzen der menschlichen Antriebskraft erkennen mußten, war die Idee vom Muskelkraftwagen einfach nicht tot zu kriegen, auch dann nicht, als Dampfmaschinen und Motoren als Kraftmaschinen zur Verfügung standen. Freilich verlagerte sich der Zweck von der echten Transportaufgabe immer mehr zu Spaß, Sport und Spleen. Die Zahl der bekannten Muskelkraftwagen ist groß genug, um einen eigenen Bildband zu füllen. Hier seien nur einige wenige Repräsentanten aus drei Jahrhunderten vorgestellt.

Dem Spaß der vornehmen Gesellschaft diente offensichtlich der Kurbelwagen aus einer italienischen Veröffentlichung von 1685. Auch der von Jackmann 1760 in London erbaute Trethebelwagen war ein Vergnügungsfahrzeug, und zwar für den bayerischen Kurfürsten Karl Theodor, der den Wagen von Mannheim nach München mitgebracht hatte, wo er heute im Deutschen Museum zu bewundern ist.

Etwas spleenig wirkt die ›Velociped-Droschke Sultan‹ der Berliner Firma Dumstry und Jungk aus dem Jahr 1889. Die munteren Droschkenkutscher Berlins dürften über diesen Tretwagen dröhnend gelacht haben – und die Automobile von Daimler und Benz hatten schon längst ihre Überlegenheit über solche Spielereien unter Beweis gestellt. Vielleicht waren die Tretwagen aber für den Export in Entwicklungsländer bestimmt.

Dem Sport und Vergnügen hingegen diente wohl das Velocar von 1935, das eigentlich nichts anderes war als ein vergrößertes Kindertretauto. Und in diesen Kinderautos lebt die uralte Idee vom Muskelkraftwagen heute noch munter fort!

Velocar von 1935. (Deutsches Museum München)

8. Frühe Dampfwagenideen und die Entwicklung der Dampfmaschine

Jahrhundertelang war die Menschheit bei der Nutzung der Dampfkraft keinen Schritt weiter gekommen. Das uralte Dampfspielzeug des Heron von Alexandrien, der Aeolsball, wurde immer wieder nachgebaut, und jedesmal staunten die Betrachter, wenn der Dampfstrahl den beweglich gelagerten Ball eine Weile drehte. Eine Kraftmaschine war das allerdings noch nicht.

Modell eines Dampfwagens, im Jahr 1775 nach der Beschreibung von Ferdinand Verbiest aus dem Jahr 1678 gebaut. (Deutsches Museum München)

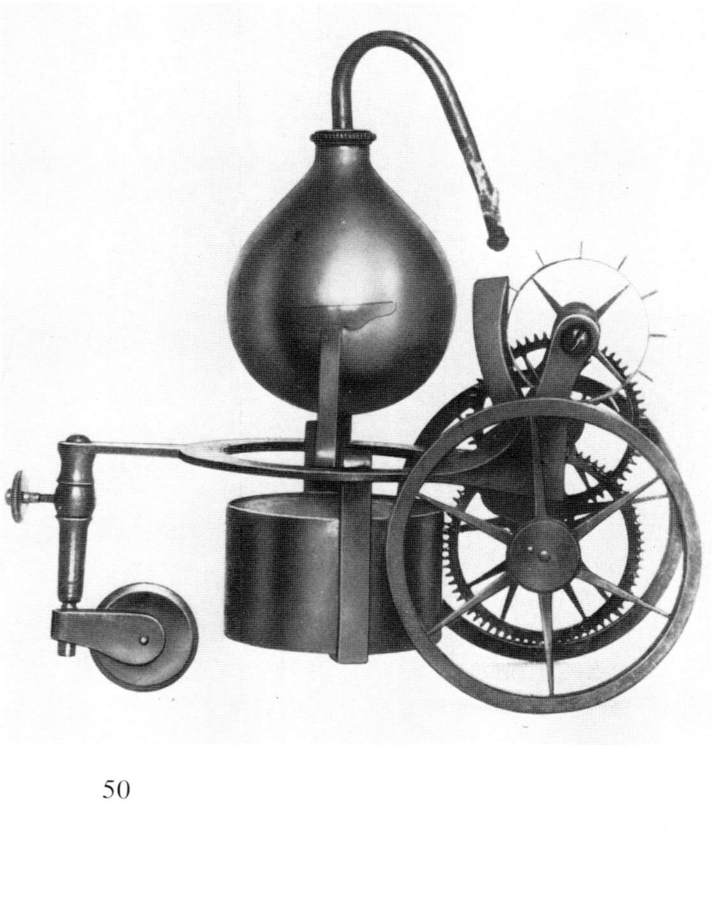

DIE ERSTEN DAMPFWAGENKONZEPTE VON VERBIEST UND NEWTON

Immerhin regte der Dampfstrahl die Phantasie kluger Köpfe mächtig an: Giovanni Branca, Erbauer der Kirche zu Loretto, kam 1629 auf die Idee, den Dampfstrahl gegen ein Schaufelrad zu lenken, um eine Stößelmaschine anzutreiben [43]. Mit seinem Modell hatte Branca das Prinzip der Dampfturbine demonstriert, deren Entwicklung und Anwendung erst zwei Jahrhunderte später folgen sollte.

Eine Generation später vollzogen zwei Persönlichkeiten unabhängig voneinander den kühnen Gedankensprung von der Vision des Roger Bacon zur Idee vom Kraftfahrzeug mit eigener Wärmekraftmaschine: Ferdinand Verbiest und Isaac Newton.

Ferdinand Verbiest (1623 – 1688), Jesuitenpater aus Flandern, war seit 1659 Missionar in China und wurde 1669 Leiter des ›kaiserlichastronomischen Tribunals‹ in Peking. Der hochbegabte Verbiest verfaßte zahlreiche astronomische Schriften in Chinesisch und baute auch astronomische Instrumente. Was ihn jedoch in die Geschichte der Verkehrstechnik eingehen ließ, ist eine sozusagen ganz nebenbei gemachte Erfindung: der Turbinenwagen [44, 45].

In der Metalltechnik der Instrumentenbauer ausgeführt, zeigt das auf Grund seiner Angaben nachgebaute Modell einen kleinen funktionstüchtigen Dampfwagen. Über einem Ölbrenner befindet sich der Dampfkessel. Der erzeugte Dampf wird durch ein enges Rohr auf ein Schaufelrad geleitet. Das Drehmoment des schnellaufenden Turbinenrades wird mittels zweimalig untersetzendem Zahnradgetriebe auf die hintere Achse, die Treibachse übertra-

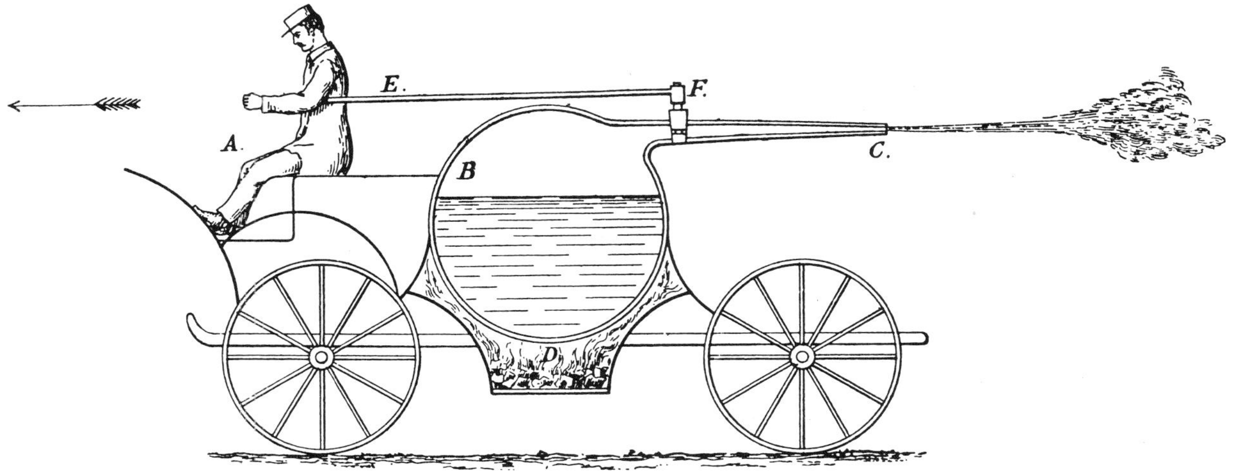

Konzept eines Dampfkraftwagens nach Sir Isaak Newton, 1680. (Verkehrsmuseum Nürnberg)

gen. Das vordere Laufrad läßt sich in beliebiger Lage feststellen. So können wir uns lebhaft vorstellen, wie das Dampfwagenmodell auf dem blitzblanken Fußboden des Kaiserpalastes vor dem Kaiser und den Mandarinen seine Kreise zieht, wie es bestaunt wird und das Ansehen des klugen Verbiest noch weiter mehrt.

War dieser Turbinenwagen auch nur ein Modell, dem kein Nachbau in nutzbarer Größe folgte, so kann der Turbinenwagen des Verbiest dennoch als erstes funktionsfähiges Dampffahrzeug bezeichnet werden.

Vermutlich brauchten Verbiest's Ideen lange Zeit, bis sie überhaupt in Europa bekannt wurden. So dürfte bei den europäischen Zeitgenossen die Ideenskizze des seinerzeit schon berühmten Physikers Isaac Newton (1643 – 1727) weit mehr Beachtung gefunden haben. Newton konzipierte 1680 einen Dampfkraftwagen mit Strahlantrieb [43]. Zwar nahm Newton damit die Idee der heutigen Strahlantriebe für Flugzeuge und Raketen vorweg, doch dürfte der große Physiker das Fahrzeug nicht einmal experimentell zum Fahren gebracht haben. Gleichwie: Newton präsentierte ebenfalls eine Idee zur Umsetzung von Roger Bacons Vision vom Auto-Mobil.

TRIEBKRÄFTE FÜR DEN DAMPFMASCHINENBAU

Drei Faktoren trieben die Entwicklung der Dampftechnologie voran: Erstens neue Erkenntnisse der Naturwissenschaft, zweitens das mächtige Bedürfnis nach einem effizienten Pumpenantrieb in den Bergwerken und drittens die Fortschritte in der Eisenherstellung und im Maschinenbau. Am Ende der langen Entwicklung stand die erste Wärmekraftmaschine der Menschheit und der erste brauchbare Fahrzeugantrieb.

Nach dem Dreißigjährigen Krieg hatte sich die Geisteshaltung Europas verstärkt der Erweiterung des Wissens und der Verbesserung des Lebens zugewandt. Eine glanzvolle Schar neuzeitlicher, rational denkender Wissenschaftler legten die Fundamente zu unserem heutigen naturwissenschaftlichen Gesamtbild.

Die Grundlage der Erkenntnisse bildete weitestgehend das Experiment. Fortschritte bei der Mathematik halfen, die Ergebnisse zu analysieren und in zahlenmäßige Gesetze zu fassen. Akademien der Wissenschaften boten Gedankenaustausch und Anregungen für die forschenden Wissenschaftler, so die

Royal Society in London 1662, die Academie des Sciences zu Paris 1666 oder die Königliche Akademie der Wissenschaften in Berlin unter dem ersten Präsidenten Gottfried Wilhelm von Leibniz 1701.

Savarys Dampfpumpe, 1702.
(Verkehrsmuseum Nürnberg)

Was die Fortschritte in Richtung Dampfmaschine betraf, so hatten Galilei, Torricelli und Pascal mit ihren Arbeiten über Elastizität und Schwere der Luft bedeutende Grundlagenforschung geleistet. Otto von Guericke erfand die Luftpumpe und bewies mit seinen luftleer gepumpten Magdeburger Halbkugeln die Wirkung von Vakuum und äußerem Luftdruck. Die Nachricht über den Demonstrationsversuch von 1657, wobei sich 16 starke Pferde vergeblich bemühten, die durch den atmosphärischen Druck zusammengepreßten Kugeln auseinander zu reißen, ging um die Welt. Das Vakuum ließ die Forscher nicht mehr los! Denn wer das Vakuum auf praktische Weise erzeugen konnte, gewann gewaltige Kräfte!

Aber das stärkste Motiv für den Einsatz der Dampfkraft brachte die erste Energiekrise in England hervor. Jahrhundertelanger Raubbau an den Wäldern für den Heizungsbedarf einer von vier Millionen Einwohnern (1600) auf sieben Millionen (1750) wachsenden Bevölkerung hatte zur Erschöpfung der Primärenergie Holz geführt [3, Bd. 13]. Die Kohle mußte als neue Energie einspringen. Aber das brachte andere Probleme: Die Zechen kämpften mit dem Wasserandrang. Größere Bergwerke benötigten nicht weniger als 500 Pferde für die Bespannung der Göpelwerke, um die Pumpen anzutreiben. Das kostete nicht nur viel Geld, sondern schmälerte auch noch die Nahrungsgrundlage der Menschen.

DIE ENTWICKLUNGSLINIE ZUR KOLBENLOSEN DAMPFPUMPE: EINE SACKGASSE!

In der Mauer von Raglan Castle finden sich Rinnen und Aussparungen, die von den vergeblichen Versuchen des Marquis von Worcester zeugen, Wasser mittels Vakuum von unten anzusaugen und mittels Dampfdruck nach oben hinaufzudrücken.

Nach jahrelangen Experimenten und erheblichem Geldeinsatz erhielt hingegen Thomas Savary am 25. Juli 1698 eine Maschine patentiert, die man am treffendsten als Dampfpumpe bezeichnen kann: Der im Kessel erzeugte Dampf wird mittels handgesteuertem Ventil in den Arbeitsbehälter c geleitet. Schließt man das Ventil und kühlt die Außenseite von c mit Wasser aus i, so verdichtet sich der Dampf durch Abkühlung; es entsteht ein luftleerer Raum, und der at-

mosphärische Druck treibt das Wasser aus der Tiefe bis zu 7,3 m hoch in den Behälter. Schließt man das Saugrohrventil, öffnet das Steigrohr und gibt wieder Dampf in den Behälter c, so steigt das Wasser im Steigrohr empor. Der zweite Behälter arbeitet zeitversetzt.
Savary konnte zwar mehrere Maschinen in nicht allzu tiefen Gruben aufbauen. Der erwartete Durchbruch blieb indessen aus. Spektakulärer Erfolg hingegen war der Entwicklungslinie beschieden, die – ausgehend von Huygens und Papin – zur Kolbendampfmaschine führte. Und die technologische Entwicklung für Kolben, Zylinder und Triebwerke leistete unverzichtbare Vorarbeit für den Verbrennungsmotor.

CHRISTIAN HUYGENS – VORDENKER DER KOLBENMOTOREN

Im Jahr 1680 reichte der berühmte holländische Mathematiker und Physiker Christian Huygens (1629 – 1695) der Französischen Akademie der Wissenschaft ein Papier ein, worin eine mit Schießpulver betriebene Kraftmaschine beschrieben wird. Die Explosion des Schießpulvers bei H im Zylinder A treibt die Luft aus dem Zylinder der mit Auspuffrohren CC nebst Absperrventilen versehen ist. Sobald sich die Verbrennungsprodukte abgekühlt haben, hält die unten befindliche restliche Luft dem atmosphärischen Druck nicht mehr das Gleichgewicht. Der Kolben wird nach unten getrieben und kann über Seil und Rolle Arbeit leisten [43].
Die bereits vor 1680 durchgeführten Experimente waren allerdings nicht gerade erfolgversprechend verlaufen. Wie dem auch sei, seit Huygens war das Prinzip der Kolben-Kraftmaschine Gedankengut der Menschheit. Noch ging es darum, ein Vakuum zu erzeugen, um den atmosphärischen Druck in eine Kraft auf den Kolben umzusetzen und durch Kraft mal Kolbenweg Arbeit leisten zu lassen. Aber im tiefsten Kern schlummerte in dieser Idee zugleich das Prinzip einer jeden Kolben-Kraftmaschine, nämlich das Prinzip, eine Druck*differenz* zu erzeugen, um den Kolben kraftvoll zu bewegen. Demzufolge kann die ›Schießpulver-Maschine‹ von Huygens als die Grundidee aller Kolbenkraftmaschinen angesehen werden.
Darüber hinaus war Huygens der erste, der die Kraftentfaltung durch direkte Verbrennung im Zylinder herbeiführen wollte. Huygens ist also der Vordenker aller Explosionsmotoren, seien es Otto- oder Dieselmotoren. Hierfür war die Technik freilich noch lange nicht weit genug fortgeschritten. Die Entwicklung führte zunächst zur Arbeitsleistung des Kolbens über das Medium Dampf.

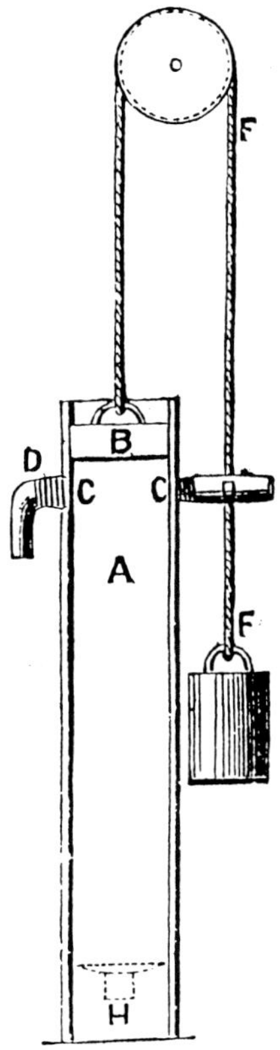

Schießpulver-Maschine nach Christian Huygens (1629 – 1695), Ursprung der Kolbenkraftmaschinen.
(Verkehrsmuseum Nürnberg)

DENYS PAPIN – BEGRÜNDER DER ENTWICKLUNGSLINIE ZUR KOLBEN-DAMPFMASCHINE

Denys Papin (1647 – 1710), ursprünglich praktischer Arzt, war Assistent von Christian Huygens in Paris, ging später zu Robert Boyle nach England, erfand die zweizylindrige Luftpumpe und den Dampftopf. Mit der Aufhebung des Edikts von Nantes verbot Ludwig IV. die Ausübung des reformierten Bekenntnisses. Mit vielen intellektuellen Hugenotten verlor Frankreich auch Denys Papin, der nicht mehr zurückkehrte. Vielmehr übernahm Papin 1687 den ihm

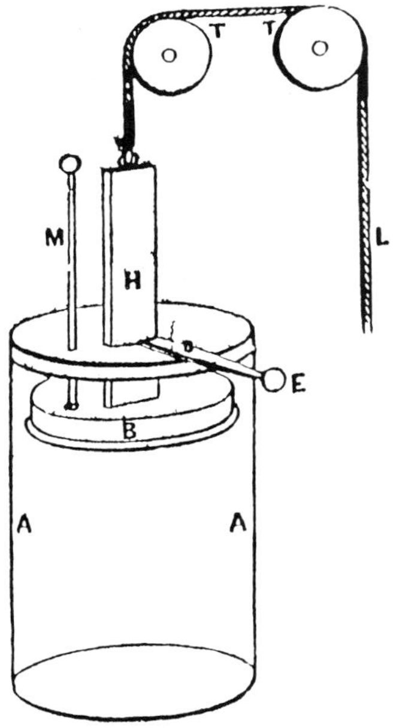

Labormodell von Papins atmosphärischer Dampfmaschine, 1690. (Verkehrsmuseum Nürnberg)

vom Landgrafen von Hessen angebotenen Lehrstuhl für Mathematik an der Universität Marburg.
Im Juni 1690 veröffentlichte der Professor in den ›Acta Eruditorum‹ eine »Neue Methode, eine wohlfeile und bedeutende Betriebskraft zu schaffen.« Papin beschreibt, daß alle Versuche mit der Huygenschen Schießpulver-Maschine erfolglos gewesen seien, weil nach der Pulververbrennung noch immer ein Fünftel des Luftvolumens im Zylinder zurückgeblieben sei. Hingegen würde eine verdampfte Wassermenge bei Abkühlung in den flüssigen Zustand zurückfallen, ohne eine Spur der Dampfelastizität beizubehalten. Beim Versuch heizte Papin eine dünne Wasserschicht auf dem Zylinderboden von außen auf. Der Dampf trieb den Kolben nach oben, wo er mit einem Riegel arretiert wurde. Nach der Kondensation des Dampfes und Entriegelung wurde der Kolben vom atmosphärischen Druck nach unten getrieben.
Damit präsentierte Papin der Welt das Prinzip der ›atmosphärischen‹ Kolben-Dampfmaschine. Bereits als Labormuster arbeitete sie erfolgreich: Bei 63 mm Zylinderdurchmesser machte sie einen Hub pro Minute und hob über eine Seilrolle 27 kg. Papin erkannte jedoch von vornherein die Herstellungsprobleme: »Die Hauptschwierigkeit hierbei liegt in der Herstellung der großen Zylinder.«
Papin entwickelte auch ein Systemkonzept, um von dem Labormuster zur Dampfmaschine fortzuschreiten [47]. Das war aus heutiger Sicht ein recht merkwürdiges, um nicht zu sagen höchst umständliches System, nämlich eine Mehrzylindermaschine mit taktweise auszuwechselnden Zylindern! Papin ließ jedoch jeweils einen Zylinder in der Feuerungsanlage anheizen bis der Kolben mit Zahnstange in die Höhe gegangen war. Dann wurde der Zylinder herausgenommen (!), mit der Zahnstange an ein Getriebe zur Arbeitsleistung angelegt, während der nächste Zylinder ins Feuer gestellt wurde. Papin meinte auf Grund von Versuchen pro Minute 4 (!) Arbeitshübe erzielen zu können [47]. So umständlich das heute erscheint, so lehren uns gerade diese ersten tastenden Gedanken und Experimente, die Leistungen zahlreicher Erfinder hoch zu achten, die die Entwicklung von Dampfmaschinen und Verbrennungsmotoren vorangetrieben haben.

THOMAS NEWCOMEN BRINGT DIE »ATMOSPHÄRSICHE« ZUM LAUFEN

Thomas Newcomen (1663 bis 1729) war Schmied und Eisenhändler in Dartmouth, England, allem Anschein ein exzentrischer Kopf, der sich trotz ungenügender Vorbildung an allerlei mechanische Probleme heranwagte. Savary wohnte nur 25 km entfernt in Modbury, und es gibt Berichte, wonach Newcomen die komplizierten Schmiedearbeiten für Savary ausgeführt haben soll [43].
Bei seinen Versuchen und Überlegungen wurde Thomas Newcomen von dem Glaser John Calley unterstützt. Offensichtlich hatten sich zwei Praktiker gefunden, die sich in ihren Fähigkeiten gut ergänzten. Sie stellten die Idee ihrer Dampfmaschine auf der

Basis der Papin'schen Kolben-Dampfmaschine zunächst dem anerkannten Physiker Robert Hooke schriftlich vor. Obwohl dieser ihnen dringend abriet, ließen sie sich nicht beirren. Im Jahr 1705 war es endlich soweit. Sie erhielten eine Maschine patentiert, die als atmosphärische Dampfmaschine in die Geschichte eingegangen ist. Die schöpferische Leistung der Erfinder bestand aus mehreren geschickten Kombinationen und Zuordnung von Neuem und Bewährtem sowie in zahlreichen Ideen für Konstruktion und Steuerung der Maschine:

1. die Kombination der hundertfach bewährten Gestängepumpe mit einer von Dampf betriebenen Kraftmaschine
2. die Umsetzung des Prinzips der Papin'schen ›Dampfmaschine‹ in die Praxis durch Trennung von Dampferzeugung im Kessel und Herstellung des Vakuums im Arbeitszylinder
3. die Anwendung der Oberflächenkühlung nach Savary zur Beschleunigung der Kondensation im Arbeitszylinder. Deshalb war übrigens Savary am Patent von Newcomen und Calley beteiligt.

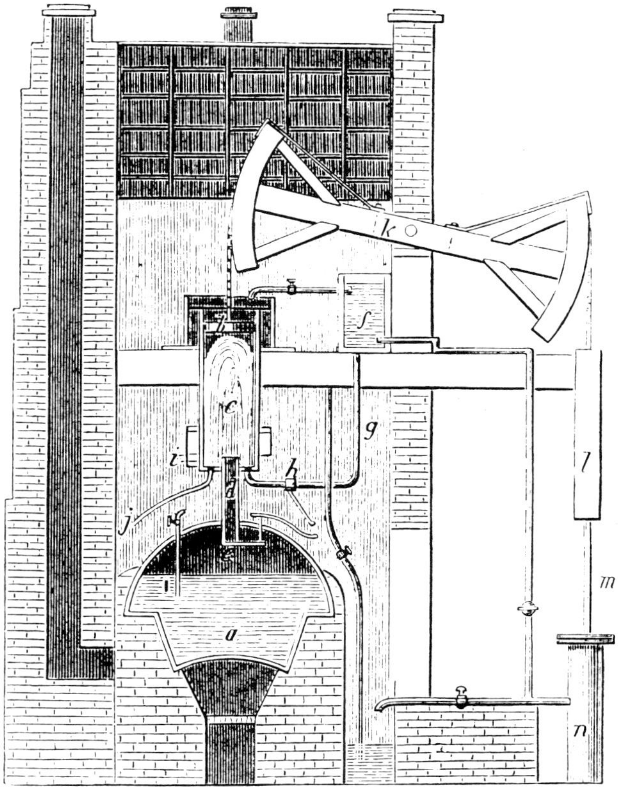

Newcomens atmosphärische Dampfmaschine von 1705.
(Verkehrsmuseum Nürnberg)

Das Bild zeigt Newcomen's haushohe Dampfmaschine von 1705 mit der wenig später eingeführten Kaltwassereinspritzung anstelle der Oberflächenkondensation. Beim ersten Takt wird Dampf in den Zylinder eingelassen und der Kolben unter der Last des Pumpengestänges mittels Balancier gehoben. Nach Einspritzen von Kaltwasser kondensiert der Dampf, und es entsteht ein Vakuum im Zylinder. Sodann drückt der atmosphärische Druck im zweiten Takt, dem Arbeitstakt, den Kolben herunter und hebt das Pumpengestänge mit der Wassersäule empor. Oberhalb des Kolbens ist eine Wasserschicht, um den Kolben in dem grob gearbeiteten Zylinder abdichten zu können. Mit der Einspritzung machte die Maschine 10 – 12 Hübe pro Minute. Ein Schnelläufer war die erste brauchbare Dampfmaschine also nicht!
Mehrere bekannte und unbekannte Meister und Gesellen haben die Maschine nach und nach verbessert. Als Ausnahmefall für zahlreiche, in der Regel von der Technikgeschichte nicht registrierte Verbesserungen kennen wir die Verdienste von Humphrey Potter. Im Jahr 1713 erfand der zur Handbedienung eingesetzte Knabe die erste selbsttätige Steuerung, indem er den Ablauf von Bewegungen und Handgriffen genau beobachtete und danach die Hähne und die bewegten Teile durch Schnüre verband. Damit machte Potter durch Automation – wie wir heute sagen würden – seine eigene Funktion entbehrlich, vermutlich weil ihm die monotonen Handgriffe in stundenlangen Schichten zuwider geworden waren. Die Maschine schaffte jetzt 15 – 16 Hübe pro Minute. Seit Potter ist die automatische Steuerung von Schiebern und Ventilen eine Selbstverständlichkeit. Bereits im Jahr 1767 gab es allein im Kohlenrevier

von Newcastle 57 Dampfmaschinen, die zusammen 1200 PS entwickelten. Jede der größeren Maschinen verbrauchte jährlich Kohlen für 3000 Pfd. Sterling. Selbst für die Bergwerke, die auf der Kohle saßen, war das auf die Dauer einfach viel zu viel. So gab der hohe Brennstoffverbrauch den Anstoß zur nächsten Invention – durch James Watt.
Zuvor ist jedoch noch von John Smeaton zu berichten, daß er 1765 den Plan zu einer transportablen Dampfmaschine entwarf und hierfür einen Kessel vorschlug, der wie ein großer Teekessel aussah und der wahrscheinlich für den ersten Dampfkraftwagen der Welt als Vorbild diente. In der Praxis war freilich auch John Smeaton vom Fahrzeugantrieb weit entfernt. Die von ihm 1775 für die Chasewater-Grube in Cornwall gebaute Dampfmaschine erreichte zwar 76,5 PS. Aber der Zylinder hatte 1,8 m Durchmesser und 2,9 m Hublänge!

JAMES WATT UND DIE INDUSTRIEDAMPFMASCHINE

James Watt (1736 – 1819), geboren im Fischerdorf Greenock in Schottland, entwickelte erst nach dem 14. Lebensjahr seine praktischen und mathematischen Fähigkeiten. Nach der Lehre im Bau mathematischer Instrumente reparierte er für die Universität in Glasgow physikalische Apparate. Erst die ihm 1763 übertragene Reparatur eines Modells der Newcomen'schen Maschine lenkte seine bisher planlos getriebenen Studien auf die Wärmewirtschaft der damaligen Dampfmaschinen. Auf einem Sonntagsspaziergang hatte er einen wegweisenden Gedanken: »Da fiel mir mit einem mal ein, daß der Dampf, da er ein elastischer Körper ist, in einen luftleeren Raum strömen und wenn eine Verbindung zwischen dem Zylinder und einem ausgepumpten Gefäß bestehen würde, in dieses hineinströmen und darin verdichtet werden könnte, ohne den Zylinder abzukühlen.« [43] Der Zylinder brauchte nun nicht mehr abwechselnd aufgeheizt und abgekühlt zu werden. Die Verschwendung von Wärme konnte gestoppt werden!
Nach Bau von Versuchsmaschinen dieser verbesserten atmosphärischen Dampfmaschine war Watt 1765 so verarmt, daß ihm Dr. Roebuck und Professor Black finanziell weiterhelfen mußten, bis er im Jahr 1769 seine richtungsweisenden Verbesserungen der Dampfmaschine patentiert bekam, nämlich die Aufteilung in Dampfzylinder und Kondensator sowie die Anwendung der ›Expansionskraft‹ des Dampfes zum Druck auf die Kolben. . ., »in derselben Weise wie der Atmosphärendruck jetzt bei den gewöhnlichen Feuermaschinen benutzt wird.« [43 S. 106] Das war der Durchbruch zur *direkt* wirkenden Dampfmaschine.
Zu dieser Zeit hatte James Watt in dem einfallsreichen und geschäftstüchtigen Fabrikanten Matthew Boulton den finanzstarken und zukunftsorientierten Partner gefunden. Von jetzt ab ist die Geschichte der stationären Dampfmaschine im wesentlichen eine von Boulton und Watt, und auf der öden Heide von Soho bei Birmingham entstand die Stadt der Dampfmaschinen.
Die erste direkt wirkende Dampfmaschine wurde 1774 als Pumpenantrieb in Kinneil aufgestellt. Sie hatte einen Zylinder von 0,46 m Durchmesser und etwa 1,2 m Hub. Den nächsten Meilenstein markiert Watt's Patent vom 25. Oktober 1781, worin der Hub des Zylinders und die Bewegung der Balancier mittels Planetenradgetriebe in Drehbewegung umgesetzt wurde, während die einfache Kurbel durch ein fremdes Patent blockiert war.
Schlag auf Schlag ging es weiter. Mit Patent vom 27. Juli 1782 wurde die doppelt wirkende Dampfmaschine dokumentiert, bei der der Dampfdruck abwechselnd auf jeder Seite des Kolbens wirkte mit einem praktischen Verfahren, um den Dampfeinlaß bereits nach einem Viertelhub abzusperren und die Bewegung des Kolbens der Expansion zu überlassen. Der Schwungkugelregulator ermöglichte es sodann, die Drehzahl der Dampfmaschine präzise wie bei einer Uhr zu regeln.
Im Jahr 1786 ging als erste Großmühle mit aus-

Federmotorwagen, nach Entwurfsskizzen von Leonardo da Vinci nachgebaut von Prof. Canestrini, 1958. (IBM)

Das erste Kraftfahrzeug der Welt mit eigener Maschinenkraft: Der Dampfwagen von Joseph Nicolas Cugnot, 1770, Rekonstruktion. (Verkehrsmuseum Nürnberg)

Der Blick nach vorne aus der Perspektive des ersten Kraftfahrers. Lenkrad, Fußbremse, Frontantrieb und Dampfkessel von Cugnot's Dampfwagen. (Verkehrsmuseum Nürnberg)

Frontantrieb von Cugnot's Dampfwagen. (Verkehrsmuseum Nürnberg)

Walter Hancocks Busflotte, 1833. (The Mansell Collection Limited)

Der Dampfbus von Dr. Church um 1832.
(Verkehrsmuseum Nünrberg)

The progress of motor car 1828 – der kommende Kraftfahrzeugverkehr in der Karikatur! (Deutsches Museum)

The progress of steam – eine Prophezeihung für das Jahr 1829 aus der Sicht der Karikatur.
(Deutsches Museum München)

Dampfkutsche von Virginio Bordino, Turin, 1854. (Museo d'Automobile Torino)

Der unsterbliche Muskelkraftwagen: The Ladies Hobby in England im 19. Jahrhundert. (Verkehrsmuseum Nürnberg)

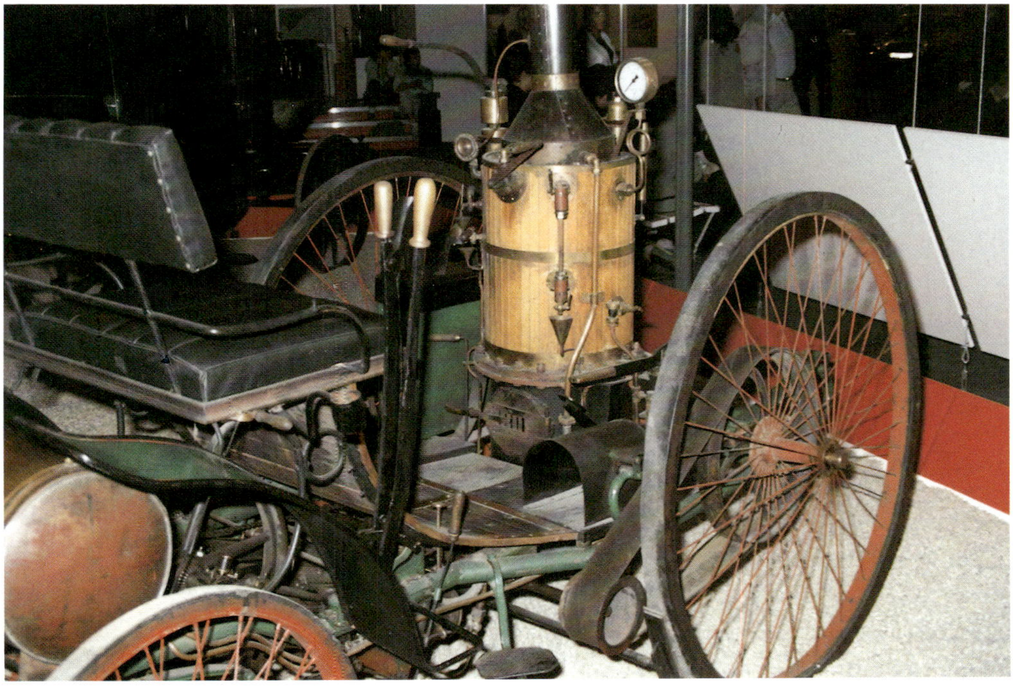

Dampfbus L'Obeissante von Amedee Bollee, 1873.
(Collection et Cliche Musée National des Techniques, G. N. A. M. – Paris)

Der De-Dion-Dampfwagen, 1883.
(Museum für Verkehr und Technik Berlin)

Benz-Patentmotorwagen, 1886.
(Daimler-Benz-Archiv)

Daimler-Motorwagen, 1886.
(Daimler-Benz-Archiv)

schließlichem Dampfantrieb die ›Albion Mills‹ in Betrieb. Doppelt wirkende Dampfmaschinen von je 50 PS bewiesen ihre Stärke und Zuverlässigkeit. Sie wurden Prototypen der Industrie-Dampfmaschine.
In der großen Gedächtnisrede für James Watt hat Franz Arago die Energieeinsparung durch die Watt'sche Dampfmaschine beziffert [46]: »Konnte Savary's Maschine mit etwa 90 Pfund Steinkohlen zwei bis drei Millionen Pfund, die Newcom'sche aber mit demselben Steinkohlenquantum acht bis neun Millionen Pfund Wasser einen Fuß hochheben, so leisteten die besten Watt'schen Maschinen drei bis vier Mal mehr als die letztere. . .« Bis 1823 lieferte die Firma Boulton & Watt 1164 Dampfmaschinen mit zusammen 25 945 PS, davon 283 zum Pumpen und Blasen. Die Energiekrise war gebannt und die industrielle Revolution in vollem Gang!
Wie aber stand James Watt zur Idee des Dampfwagens?

DR. SMALL ODER DER ERSTE BESTELLER EINES DAMPFKRAFTWAGENS

James Watt hat selbst einmal festgestellt, daß der Student Robinson – später als Dr. Robinson Verfasser der ›Mechanical Philosophie‹ – im Jahr 1759 ihm gegenüber die Idee geäußert habe, »die Kraft der Dampfmaschine zur Fortbewegung von Wagen und andere Zwecke« einzusetzen [48].
Um diese Zeit wagte Dr. Erasmus Darwin eine kühne Prophezeiung, die er sogar höchst poetisch einkleidete:

»Soon shall thy force, gigantic steam, afar,
Drag the slow barge, and drive the rapid car;
or the waringswings, expandet bear
the flying chariot through the field of air. . .«

Mit der fliegenden Dampfmaschine ging Darwin wohl etwas weit – aber mit dem rapid car sollte er recht behalten!
Darwin versuchte 1765 Boulton für den Bau eines ›feurigen Wagens‹ zu gewinnen [46]. Aber der hartnäckigste und rührigste Befürworter des Dampfwagens war Watts Freund Dr. Small.
Dr. Small scheint völlig wild danach gewesen zu sein, den ersten Dampfwagen zu besitzen. Am 18. April 1769 berichtete er an James Watt, daß sich ein Londoner Leinwandhändler Moore ein Patent geben ließ »auf einen Wagen mit Rädern, die er durch Dampf treiben will. . . Warum zögern Sie aber auch so!. . . Kommen Sie indessen bald, so will ich recht artig sein und eine Dampfkutsche von Ihnen, statt von Moore kaufen. Aber über die Maßen ärgert es mich, daß ein Mann von so großem Talent wie Sie dieses nicht besser nutzt!«
Watt reagierte kühl und gelassen: »Gebraucht er (Moore) meine Maschinen, so werde ich ihm schon Einhalt zu tun wissen. Doch meine ich, der Mann fliegt zu geschwind, als daß er mir gefährlich werden könnte. . . Sie wollen eine Dampfkutsche haben? Nun, so machen Sie doch eine solche!« Und erschöpft von der mühevollen Entwicklungsarbeit schreibt Watt des weiteren: »Unter allen Dingen, die man in diesem Leben tun kann, ist sicherlich nichts alberner als das Erfinden. . .« [46]
Aber Small ließ die Idee vom Dampfwagen nicht mehr los. Am 5. November berichtete er an Watt, daß er über eine höchst einfache und einleuchtende Art, Wagen mittels einer wechselwirkenden Maschine fortzubewegen nachgedacht habe und »es wird alles gut gehn, sobald ein erträglicher luft- und dampfdichter Kolben beschafft werden kann. Das Gewicht einer Maschine für eine Postkutsche wird Wasser, Kohlen usw. einbegriffen nicht viel über 300 Pfund sein.«
Dem Experten James Watt müssen die 300 Pfund Maschinengewicht wie blanker Hohn erschienen sein, war er doch gerade erst dabei, den Sprung von den haushohen Newcomen-Maschinen zur immer noch 5 m hohen, direkt wirkenden Dampfmaschine mit Drehbewegung zu bewältigen. Aus unserer Sicht aber können wir den Dr. Small nur bewundern. Er hat als erster erkannt, daß leichte Maschinen notwendig waren, um Straßenfahrzeuge zu motorisie-

Doppelt und direkt wirkende Dampfmaschine mit Drehbewegung von James Watt aus dem Jahr 1788.
(Verkehrsmuseum Nürnberg)

ren. Freilich war er damit 1769 der technischen Entwicklung weit voraus.
Erst mit dem Patent vom 27. April 1784 ließ sich Watt das Konzept eines Dampfwagens patentieren [46]. Der Leichtigkeit wegen sollte der Dampfkessel aus hölzernen Faßdauben oder dünnem Metall bestehen und durch eiserne Reifen zusammengehalten werden. Innerhalb des zylindrischen oder kugelförmigen Dampfkessels und ganz von Wasser umgeben, sollte eine eiserne Feuerbüchse angebracht werden. Die Kolbenkraft sollte über Zahnräder und ein Sonnen- und Planetengetriebe auf die Räder übertragen werden. Watt dimensionierte den Dampfzylinder mit rund 18 cm Durchmesser und 30 cm Hub. Mit 60 Hüben/min sollte diese Dampfmaschine ein Zwei-Personen-Fahrzeug antreiben.
Aber Watt hatte gar nicht ernsthaft im Sinn, einen Dampfwagen zu bauen. So schrieb er am 5. Oktober 1786 an seinen Freund Black: »Ich glaube, ich werde bald einige Experimente (mit Dampfwagen, d. V.) damit machen, habe aber schwache Hoffnung, daß sie je sich nützlich erweisen sollten.« Im Gegenteil, Watt blockierte mit seinen Patenten optimistische Ingenieure seiner Zeit. Aber ein kluger Kopf in Frankreich hatte Watt auf dem Gebiet des Kraftwagens ohnehin schon längst überholt.

9. Das erste Kraftfahrzeug mit eigener Maschinenkraft von Nicolas Joseph Cugnot

Im Pariser Musee National des Techniques steht ein seltsames, über zweihundert Jahre altes Fahrzeug, im allgemeinen Sprachgebrauch als Dampfwagen von Cugnot bezeichnet. Aber das wird der Pionierleistung von Nicolas Joseph Cugnot (1725 – 1804) nicht annähernd gerecht! Das ausgestellte Fahrzeug ist nämlich unstreitig das älteste erhaltende Kraftfahrzeug in voller Größe, das durch eigene Maschinenkraft bewegt wurde. Einen ausgezeichneten Nachbau kann man im Nünberger Verkehrsmuseum besichtigen.

BODENEHRS UTOPIE – CUGNOTS INNOVATION

Im Jahr 1769 lag der Siebenjährige Krieg, der die Wirtschaft Mitteleuropas schwer angeschlagen hatte, sechs Jahre zurück. In den vielen Feldzügen hatte es immer wieder an Zugtieren gemangelt, um Kanonen, Munition, Verpflegung und Verwundete transportieren zu können. Kein Wunder, daß die Idee vom Lastwagen oder Kanonenwagen ohne Pferde bei den Militärs auf offene Ohren stieß.
Den Militärs kam Gabriel Bodenehr aus Augsburg mit seiner phantasievollen Zeichnung eines selbstfahrenden Sturmgeschützes sicherlich entgegen. Das Studium der Ideenskizze zeigt freilich, daß Bodenehr von Mechanik wenig Ahnung hatte: Ein einziger Soldat im Heck sollte den Wagen mit seiner Muskelkraft per Kurbelantrieb bewegen. Und der Kommandant sollte das Sturmgeschütz mit dünnen Leinen lenken. Dieses Bild aus der Zeit um 1760 ist freilich auch das letzte in der Reihe utopischer Entwürfe für schwere Muskelkraftwagen. Denn wenig später stellte Joseph

Das Sturmgeschütz des Gabriel Bodenehr – eine Utopie aus dem Jahr 1769.
(Verkehrsmuseum Nürnberg)

Das erste Kraftfahrzeug mit eigener Maschinenkraft: Cugnots Dampf-Lastwagen von 1770 in der Rekonstruktion von 1934 im Verkehrsmuseum Nürnberg.

Cugnot seinen Dampfkraftwagen auf die Räder und eröffnete mit dieser Innovation die lange Reihe betriebsfähiger Kraftfahrzeuge.

DAS ERSTE KRAFTFAHRZEUG MIT EIGENER MASCHINENKRAFT

Nicolas Joseph Cugnot, geboren zu Void in Lothringen, diente nach seiner Ausbildung als Ingenieur in der französischen und in der österreichischen Armee und ging 1763 nach Paris, wo er militärwissenschaftliche Werke schrieb, unter anderem über ›Feldbefestigungen in Theorie und Praxis‹. Cugnot war also bereits ein anerkannter Militäringenieur, als er die Chance bekam, etwas ganz Neues zu verwirklichen [49, 50].
Wie der Generalkommissar der Artillerie L. IV. Rolland 1801 an den ›Bürger Minister‹ berichtete, hatte im Jahr 1769 ein schweizerischer Offizier Planta dem Kriegsminister Choiseul mehrere Erfindungen vorgeschlagen, darunter einen Dampfwagen. Der mit der Prüfung beauftragte General Gribeauval wußte, daß sich Cugnot bereits mit einer ähnlichen Erfindung beschäftigte und bat Planta, das Konzept von Cugnot zu prüfen. Nachdem Planta festgestellt hatte, daß Cugnots Ideen besser waren, beauftragte Gribeauval den Militäringenieur Cugnot, einen Dampfwagen zu bauen [49].
Noch 1769 wurde dieser erste Dampfwagen von Cugnot dem Kriegsminister Choiseul, dem General Gribeauval und zahlreichen Zuschauern vorgestellt. Zwar erreichte dieses erste Kraftfahrzeug mit eigener Maschinenkraft immerhin 4 km/h Geschwindigkeit, dies in der Horizontalen mit vier Personen besetzt. Aber nach jeweils 12 bis 15 Minuten war der Dampfvorrat erschöpft, weil der Dampfkessel »nicht so präzise wie die Zylinder bemessen war« und weil er auch nicht ganz dicht zu bekommen war. Man mußte das Feuer nachschüren, Dampf machen und konnte dann wieder einen Kilometer fahren.
Wenn man bedenkt, mit welchen Ungetümen von

Dampfmaschinen James Watt in England hantierte, dann waren die noch kurzen Fahrten mit diesem Kraftfahrzeug eine Sensation. Jetzt erst war Roger Bacons Vision zum ersten Mal verwirklicht! Wir können uns mit einiger Phantasie vorstellen, welche Gefühle die vier Insassen der ersten Kraftfahrzeugfahrt mit Maschinenkraft bewegten. Schade, daß keiner seine Eindrücke zu Papier brachte.
Wir wissen auch nicht, wie der erste Dampfwagen ausgesehen haben mag. Jedenfalls bekam Cugnot nach der ersten Probefahrt den Auftrag, einen Lastwagen zu bauen, der, mit 8 bis 10 000 Pfund beladen, eine Geschwindigkeit von ungefähr 4 km/h erreichen sollte, und zwar als Lastenträger oder -schlepper für die schwere Artillerie.
Cugnot stellte diesen zweiten Dampfwagen bis Spätherbst 1770 fertig und erhielt hierfür 22 000 Livre ausgezahlt, von denen der größte Teil an die Wagner, Schmiede und Gießer gegangen sein dürfte, insbesondere aber an den Mechaniker Brezin, der vermutlich hohen Anteil an den Innovationen hatte. Die Dampfzylinder aus Bronze mit 12 Zoll Durchmesser und 14 Zoll Hub lieferte die Artilleriewerkstätte Straßburg in hervorragender Präzision.

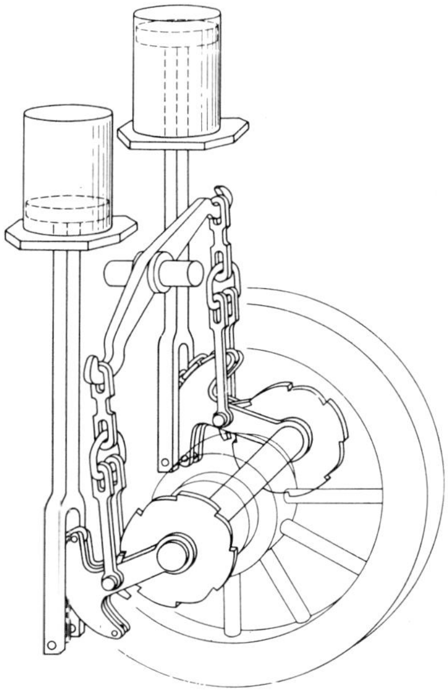

Die Hauptteile von Cugnots Triebwerk. (Deutsches Museum München)

KONSTRUKTION UND FUNKTIONSWEISE DES LASTKRAFTWAGENS VON 1770

Cugnots zweites Fahrzeug war von vornherein als Lastwagen mit offener Ladefläche entworfen. Das erschwerte die Konstruktionsaufgabe ungemein. Man stelle sich nur vor, daß Benz und Daimler das Heck ihrer Motorwagen von 1885 nicht für die Aufnahme des Motors zur Verfügung gehabt hätten. Sie hätten – wie Cugnot – ihr erstes Automobil mit einem Frontantrieb konstruieren müssen! Cugnot hatte es jedoch insofern noch viel schwerer, als er einen Dampferzeuger und eine Dampfmaschine unterbringen mußte und die riesigen englischen Vorbilder waren geradezu entmutigend. Nur für den Dampfkessel gab es ein brauchbares Vorbild von Smeaton.
Cugnot muß ein überaus kreativer und erfahrener Ingenieur gewesen sein, daß er mit seinen Helfern bereits 1770 eine ganze Reihe von Innovationen verwirklichen konnte:

1. die Verkleinerung, ja Miniaturisierung der Dampfmaschine auf fahrzeugkonforme Abmessungen,
2. der Systementwurf von Dampfmaschine, Getriebe und Fahrzeug in Originalgröße,
3. die praktische Anwendung einer Dampfmaschine mit direkter Dampfwirkung auf den Kolben – und nicht mehr die Kraftausübung mittels Vakuum und atmosphärischem Druck,
4. die erstmalige Konstruktion einer Zweizylinder-Kolben-Dampfmaschine mit alternierend arbeitenden Zylindern (2 Zylinder-2 Takt-Maschine) und nicht zuletzt
5. die Verknüpfung all dieser Neuerungen mit einem Frontantrieb.

Cugnots raffinierter Frontantrieb funktionierte folgendermaßen: Nach Dampfeinlaß in einen der beiden Zylinder drückte der Dampf den Kolben und die Kolbenstange nach unten, die über einem Mitnehmer die Antriebsschwinge nach unten bewegte und damit die Sperrklinke in Aussparungen des Klinken-

rades zum Eingriff brachte. Nach einer Viertelumdrehung bekam der zweite Dampfzylinder Dampf. Beim Herabgehen der zweiten Kolbenstange wurde mit Hilfe einer oben querliegenden Schwinge die Kolbenstange des ersten Zylinders samt Antriebsvorrichtung emporgehoben und in die Ausgangslage gebracht.
Cugnots Dampfwagen konnte sogar rückwärts fahren! Hierzu wurde die Sperrklinke F nach Lösen einer Feder nach oben gedreht. Die Kolbenkraft wurde hierbei über die Schwinge in eine nach oben ziehende Kraft umgewandelt.

FAHRVERSUCHE

Und dieser für den damaligen Stand der Technik avantgardistische Dampfwagen hat mehrere Probefahrten absolviert. Halten wir uns zunächst an die geheimen Memoiren von Bachaumont. Am 20. November 1770 findet sich die folgende Aufzeichnung über eine Vorführung des Wagens vor dem Generalleutnant Gribeauval im Arsenal zu Paris [52]: »In der letzten Zeit sprach man von einer Feuermaschine für die Beförderung von Wagen, vor allem aber der Artillerie. Herr Gribeauval, Offizier dieser Waffen-

Cugnots Lastkraftwagen war kaum lenkbar und die direkt wirkende Klotzbremse zu wenig wirksam: Man rammte eine Mauer. (Verkehrsmuseum Nürnberg)

gattung, hat auf diesem Gebiet bereits Erfahrungen gemacht und diese seither noch vervollständigt. Am letzten Dienstag hat dann diese Maschine im Arsenal eine Masse von 5000 Pfund gezogen, in dem sie als Auflager für eine 48er-Kanone diente und hat in einer Stunde eineinviertel Meilen zurückgelegt.« Das waren immerhin fünfeinhalb km/h! Zum Vergleich: Schon vor ein 12-Pfünder-Geschütz mußte man im Krieg 10 Pferde vorspannen.

Grand-Carteret bewertete die Fahrversuche aus dem Abstand von 120 Jahren in folgender Weise [52]: »Wenn man auch von der Konzeption her mit dieser Lokomotive zufrieden sein konnte, ließ sie jedoch in der Praxis zu wünschen übrig. Die Stärke ihrer Bewegungen war derart, daß man nach einigen Vorfällen auf ihre weitere Benutzung verzichten mußte. Einmal riß das Cabriot oder der Dampfrollwagen, wie sie Cugnot nannte, eine Mauer nieder, die in ihrer Fahrtrichtung stand.« Da fehlte wohl eine Servolenkung, um die Last von Kessel und Dampfmaschine mit dem klobigen Vorderrad drehen zu können und die Dampfregelung per Zugstange war nicht gerade gefühlvoll!

Nach den im Arsenal durchgeführten Probefahrten bot General Gribeauval noch einmal im Juli 1771 beim Kriegsminister Probefahrten auf einer Kunststraße beim Park von Meudon an. Allein der Minister fiel zu dieser Zeit in Ungnade, und der Dampfwagen blieb seitdem im Pariser Arsenal, bis er einen Ehrenplatz im Museum fand.

CUGNOTS DAMPFWAGEN – DAS ERSTE BETRIEBSFÄHIGE KRAFTFAHRZEUG

Im Jahr 1896 würdigte der Conte de La Valette Cugnots Dampfwagen auf einer Konferenz des Französischen Automobilclubs. »Wenn der Cugnot-Wagen mit einer etwas vollkommeneren Maschine, mit einem etwas dichteren Dampfkessel und einem etwas stärkeren Feuer auf unseren Straßen nur ein Viertel der Geschwindigkeit erreicht und gehalten hätte, wie unsere heutigen Automobile, bräuchten wir keine Schienen, ja man hätte gar nicht daran gedacht, diese anzuwenden.« [49].

Zwar eine höchst interessante Spekulation, aber sie geht über die Realitäten zu schnell hinweg. Erstens fehlten damals noch die geeigneten Straßen und zweitens waren Cugnot und Brezin mit ihrer noch unvollkommenen Maschine an die Grenzen der damaligen Technik gestoßen.

Daß der Dampfwagen keine Entwicklungslinie einleitete, die direkt zu Daimler und Benz führte, lag vor allem an den Eigenarten des Frontantriebes: Der Kessel ist schlechterdings an der ungeeignetsten Stelle plaziert. Eine Beschickung während der Fahrt ist ausgeschlossen. Mit seinem Gewicht gibt er dem Fahrzeug schlechte Fahreigenschaften, und schließlich ist dieses gefährliche Ding als Puffer nun wirklich nicht geeignet! Wie dem auch sei: Cugnots Fahrzeug war jedenfalls das erste betriebsfähige Kraftfahrzeug mit eigener Maschinenkraft!

10. Vom Modell zur Dampfkutsche des Richard Trevithick

Mit den beiden Dampfkraftwagen von Cugnot hatte Frankreich zwar einen spektakulären Meilenstein der Technikgeschichte gesetzt, aber das Ereignis blieb für die Praxis ohne Folgen. Kehren wir deshalb nach Großbritannien zurück. Hier experimentierten mehrere Fachleute unabhängig voneinander erfolgreich mit Modellen, bis schließlich einem dieser Experten der Durchbruch zum betriebstüchtigen Dampfkraftwagen gelang.

DIE GROSSEN DREI DER DAMPFMASCHINE

Wirkte James Watt hauptsächlich auf den Gebieten der Theorie der Dampfmaschine und der Entwicklung der stationären Industriemaschine, hatte Boulton den Wagemut aufgebracht, Watt's Erfindungen zu fertigen und zu verkaufen, so übernahm William Murdoch (1754 – 1829) noch die wichtige Rolle des Montageingenieurs und – wie wir heute sagen – des Kundendienst-Ingenieurs im Minenbezirk von Cornwall.

Zur Betreuung der nach Cornwall gelieferten Dampfmaschinen blieb Murdoch lange Zeit in Redruth, etwa 90 km westlich von Plymouth. Murdoch war aber auch kreativ an der Weiterentwicklung der Dampfmaschine beteiligt, erfand die oscillierende Dampfmaschine mit beweglichem Zylinder und war ein Pionier der Gasbeleuchtung. Nicht zuletzt verdanken wir Murdoch auch einen Meilenstein in der Vorgeschichte des Automobils – das Dampfwagen-Modell von 1784, das der Nachwelt erhalten blieb.

MURDOCHS NÄCHTLICHE VERSUCHSFAHRTEN

Ausgerechnet in dem Jahr, als Watt sein Dampfwagenkonzept patentiert bekam, brachte William Murdoch bereits ein Dampfwagenmodell zum Laufen. Mit 48 cm Länge, 36 cm Höhe und einem Treibraddurchmesser von 24 cm war es kein Spielzeug, sondern ein handfestes, solides Testmodell, mit dem man ernsthafte Versuche fahren konnte.

In den rechtwinkligen Kupferkessel war ein Dampfzylinder von knapp 2 cm Durchmesser und 5 cm Hub nebst Dampfschieber eingebaut. Die Kolbenstange bewegte den langen einarmigen Hebel und damit die Kurbelstange sowie die Kurbel an der Hinterachse, wobei ein Hinterrad als Losrad lief. Der Dampfkessel wurde durch einen unter dem Kessel angebrachten Spiritusbrenner beheizt.

Von Murdochs Versuchsfahrten ist ein köstlicher Zwischenfall überliefert. Als Versuchsstrecke benutzte er den zur Kirche von Redruth führenden schmalen Weg, der wie ein Gartenweg in einem gewalzten Zustand gehalten wurde und beiderseits von Hecken flankiert war – eine für das Dampfwägelchen ideale Versuchsstrecke – gab es doch 1784 nirgends eine Straße mit gleich guter Oberfläche und ähnlich günstiger Seitenbegrenzung.

In einer biographischen Studie berichtet Mr. Buckle über diese Dampfwagenfahrt [53, S. 147]. »Die Nacht war dunkel, und er machte sich ganz allein mit seiner Maschine auf, entzündete das Feuer, eine Lampe unter dem Kessel und schon startete die Lokomotive mit dem Erfinder in voller Jagd hinterher.

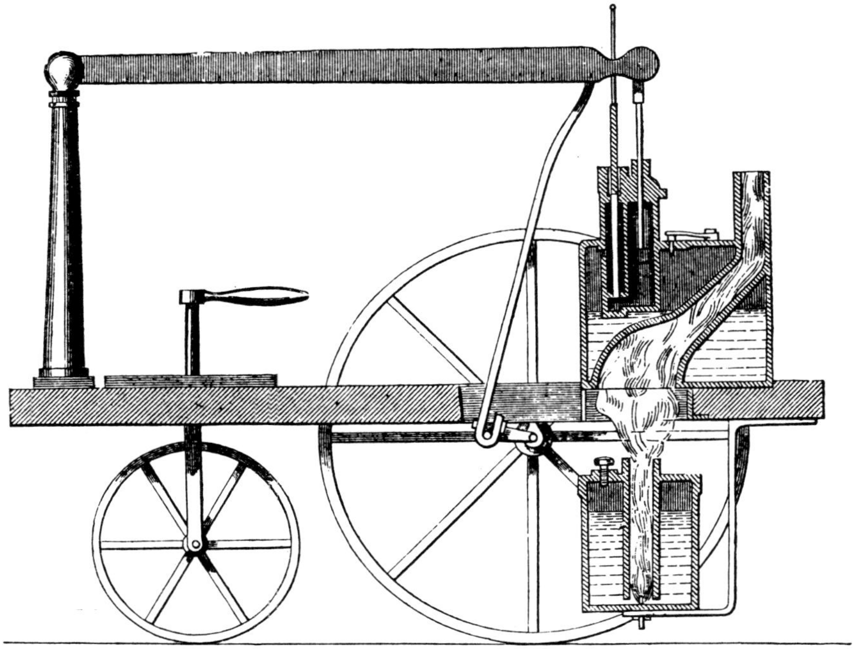

Dampfwagen-Modell von William Murdoch, 1784.
(Verkehrsmuseum Nürnberg)

Kurz danach hörte er vorn verzweifelte Hilferufe; es war zu dunkel um Gegenstände zu erkennen. Aber bald fand er heraus, daß die Hilfeschreie von dem ehrenwerten Pastor kamen, der unterwegs zu Geschäften in der Stadt auf dem einsamen Weg mit dem ungestümen Monster zusammentraf, das er für den Teufel in propria persona hielt – wie er nachher erklärte.« Kein Wunder, denn das große rauchende Modell machte im Schein seines Feuers gut und gerne 13 km/h Geschwindigkeit!
Auch die Pastorentochter konnte sich noch 1869 an die Erzählung ihrer Eltern erinnern, vor allem aber daran, daß Mr. Murdoch gewünscht hatte, das Experiment geheim zu halten. Murdoch hatte das Dampfwägelchen tatsächlich gegen die Meinung von Watt gebaut und ausprobiert [53]. James Watt schrieb nämlich im September 1784 an Boulton [46, S. 272]: »Es tut mir leid, daß W. (illiam) M. (urdoch) sich immer noch mit dem Dampfwagen zu schaffen macht. Ich habe immer noch die gleiche Meinung von der Sache, um aber weitere nutzlose Erörterungen abzuschneiden, will ich sagen, daß ich einen größeren Dampfwagen in Arbeit habe und denselben zu probieren gesonnen bin, so Gott für diese Wagen ein Wunder wirken will. Inzwischen ist es mein Wunsch, daß W. es machen möge wie wir, d. h., daß er sich um die vorliegenden Arbeiten kümmere und Leuten wie Symington und Sadler Phantomen nachjagen und ihr Geld und ihre Zeit verschwenden lasse. . . Es freut mich, daß William jetzt seinen Geschäften nachgeht.«
So hatte die Kraftwagen-Idee den William Murdoch genauso gepackt, wie später Karl Benz und Gottlieb Daimler. Aber es werden wohl nicht nur die Abmahnungen von James Watt gewesen sein, sondern die harte Alltagsarbeit an den immer zahlreicher werdenden Dampfmaschinen, die ihn zwangen, die erfolgreichen Versuche abzubrechen.

WILLIAM SYMINGTONS MODELL EINER DAMPFLIMOUSINE

Hatte Murdoch eine nüchtern-zweckmäßige Versuchsmaschine konstruiert, so präsentierte William Symington (1764 – 1831) in seinem Heimatort

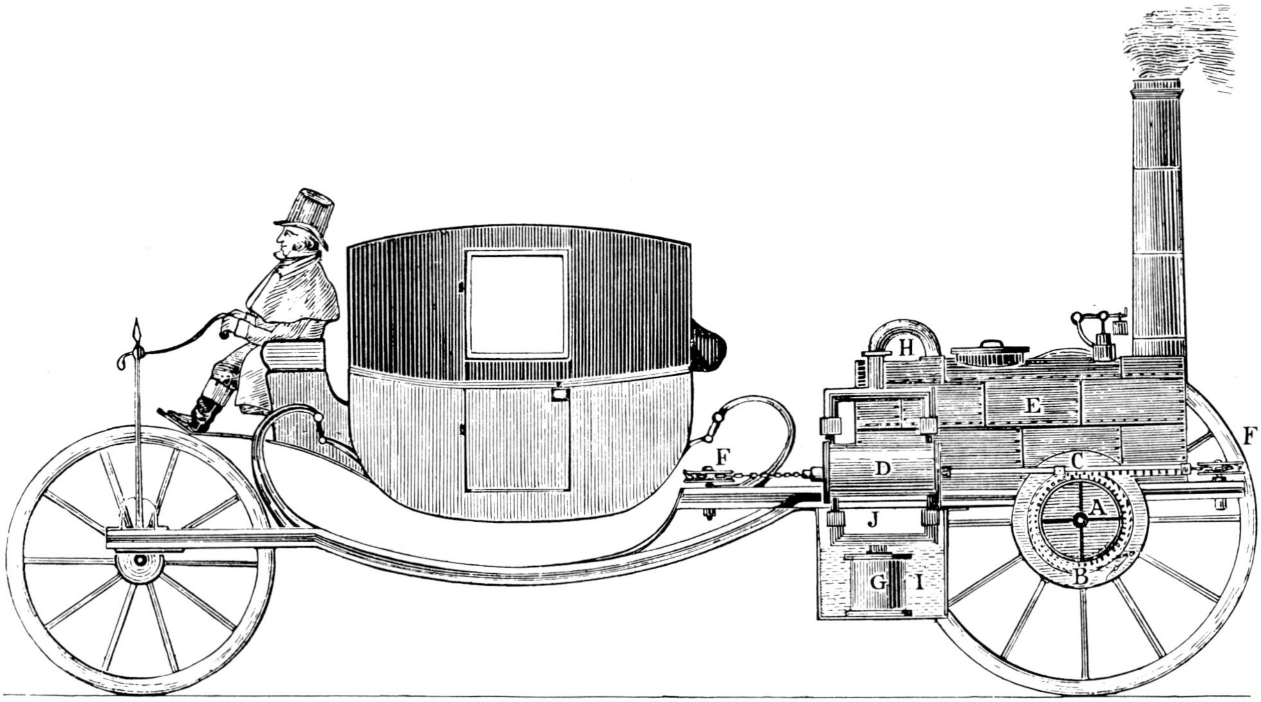

Dampfwagen-Modell von William Symington, 1786. (Verkehrsmuseum Nürnberg)

Leadhills, Lanarkshire gegen 1786 ein elegantes Dampfwagenmodell [51]. Schon das Gesamtkonzept überzeugt. Die Dampfmaschine ist im Heck und über der Hinterachse untergebracht, so daß die Vorderräder im Gegensatz zu Cugnot gut lenkbar bleiben. Der Kutschkasten mit Fahrerplatz ist vorn gefedert aufgehängt, und es bleibt auch genügend Platz für einen Heizer! Die Räder sind ungewöhnlich groß, um über die Unebenheiten der Straßen leicht hinüberzurollen. Dazu kommt noch ein gelungenes Design für dieses erste Modell einer Limousine.

Aber auch Symingtons Dampfmaschine ist der Zeit weit voraus. Man glaubt geradezu einen zylindrischen Eisenbahnlokomotivkessel und seitliche, horizontale Dampfzylinder der Lokomotiven von 1850 vor sich zu haben! Nur die Kraftübertragung von der Kolbenstange auf die Treibräder verrät das frühe Entstehungsdatum. Kolben, Kolbenstange und die anschließende Zahnstange einer jeden Seite sind durch eine umlaufende Kette mit der anderen Seite verbunden. Offensichtlich kann man durch Auflegen der Zahnstange auf das kleinere, zackenförmig gezahnte Rad vorwärts und durch Auflegen auf das größere, gegenläufig gezackte Rad rückwärts fahren, und zwar entsprechend langsamer. Dabei muß die Dampfzuleitung in die Zylinder entsprechend umgesteuert werden.

Williams Vater, Werkmeister im Bergwerk Lead Mining Co, hatte dem Sohn eine gute technische Ausbildung zukommen lassen, und der Bergwerkschef hatte die Versuche mit dem Modell finanziell unterstützt, während ihm der Vater handwerklich beistand. Beide wollten wohl den jungen William ›aufbauen‹.

Nachdem William Symington 1787 sein erstes Patent auf eine verbesserte Dampfmaschine erhalten hatte, bekam er von dem reichen Edinburgher Bankier Patrick Miller den Auftrag, ein Dampfschiff zu bauen [54, 55]. Symington gab seine Arbeiten am Dampfwagen auf und leistete Herausragendes für die Schiffahrt. Nach dem ersten nicht befriedigenden Dampfschiff baute Symington für die Forth & Clyde-

Kanalgesellschaft den Schleppdampfer ›Charlotte Dundas‹, der als das erste betriebstüchtige Dampfschiff gilt und sich 1802 – 1804 auf dem Kanal bewährte [55].

AUSGEREIFTER MODELLBAU – HÜRDEN BEIM MASCHINENBAU

Ohne Zweifel brachten die Dampfwagenmodelle die Entwicklung zum Dampfkraftwagen ein Stückchen weiter. Aber Modelle zu bauen war das eine, und große, nutzbare Dampfwagen zu fertigen, war etwas ganz anderes. Beim Modellbau konnten Materialien und Werkzeuge benutzt werden, wie sie sich seit langem beim Bau physikalischer Instrumente bewährt hatten. Aber für die Konstruktion von Dampfwagen in voller Größe stand man genau vor den Hürden, die dem damaligen Maschinenbau und James Watt die tagtägliche Arbeit erschwerten und den Fortschritt außerordentlich behinderten. Abgesehen von Hammerwerken und groben Bohrmaschinen war noch fast alles Handarbeit: Das Ausschmieden von Blechen und Stangen aus dicken Eisenbarren, das Schleifen und Polieren, das Fertigen von Schrauben und Bolzen und vieles andere mehr.
Trotz aller Sorgfalt und aller Verbesserungen an den Dichtungen waren die bis 2 m langen Dampfzylinder der Watt'schen Maschinen in Dampf gehüllt, und die Maschinen ächzten und stöhnten bei jedem Hub in den Gelenken und Verbänden. Deshalb kann man verstehen, daß James Watt den Ideen zur Verkleinerung der Dampfmaschine für den Fahrzeugantrieb äußerst skeptisch gegenüberstand. Boulton & Watt war kein Forschungsinstitut, sondern eine Fertigungsstätte für dringend gebrauchte, Tag und Nacht strapazierte Dampfmaschinen. Der Kunde war König, und die Kasse mußte stimmen.
Darüber hinaus hatten Boulton, Watt und die anderen Maschinenbauer ohnehin die größte Mühe, gute Meister und Facharbeiter heranzubilden, denn die Arbeiterschaft der Fabriken bestand normalerweise aus Landarbeitern, entlassenen Soldaten, Armen und Waisen. Die handwerklich vorgebildeten und erfahrenen Kleinmeister ließen sich hingegen nicht von ihren hausindustriellen Tätigkeiten weglocken [55].
Wenn ein anderer englischer Maschinenfachmann endlich den Durchbruch zum betriebsfähigen Dampfwagen schaffte, dann hatte das gute Gründe. Auch dieser startete mit Modellen, aber er bewältigte die technologischen Hürden mit Hilfe gestandener Handwerksmeister. Und schließlich brachte er noch viel Neues ein: Das war Richard Trevithick.

RICHARD TREVITHICK

Richard Trevithick (1771 – 1833) wuchs bereits als einer der neuen Generation mit Dampfmaschinen auf, denn sein Vater war Manager einer Bergwerksgruppe in Wales und den damaligen Gepflogenheiten entsprechend der leitende Ingenieur. Dort um Camborne arbeiteten seit Jahrzehnten die ungefügen Newcomen-Maschinen, um das Absaufen der Schächte zu verhindern, und Richard Trevithick sen. verbesserte die alte Carloose-engine der gleichnamigen Grube 1775 durchgreifend, als eine totale Überholung fällig geworden war.
Mit der Schule in Camborne hatte der junge Richard nicht viel im Sinn. Der Lehrer bezeichnete ihn als ungehorsamen, langsamen, aufsässigen, verdorbenen Jungen, eine stattliche Liste von Eigenschaften, die keine große Zukunft erwarten ließen. Aber diese Eigenschaften paarten sich mit Intelligenz, was Richard den Lehrer beim Rechnen durch seine höchst ungewöhnlichen Methoden spüren ließ.
Als Richard dann mit den Maschinen in Kontakt kam, entfalteten sich seine ungewöhnlichen Fähigkeiten in Theorie und Praxis des Maschinenbaus. Mit 21 Jahren wurde er bereits von den Aktionären beauftragt, den spezifischen Kohlenverbrauch verschiedener Dampfmaschinenbauarten zu ermitteln, und mit 24 Jahren errichtete er in Konkurrenz zu Watt und Bull eine Dampfmaschine auf der Wheal Treasu-

ry Mine: Richard Trevithick jun. hatte sich als Fachmann der stationären Dampfmaschinen profiliert. Aber das war erst der Anfang! Denn ab 1796 oder 1797 experimentierte Trevithick mit Dampfwagen-Modellen [53].

DAS KENSINGTON-MODELL

Trevithick entwickelte die Ideen und die Vorstellungen über das Systemkonzept, und William West war der geschickte Modellbauer. Schon beim ersten Modell hatte der Dampferzeuger keine eckige, sondern eine zylindrische Form. Es war nun wirklich ein Kessel, der höheren Dampfdrücken standhalten konnte. Denn Trevithicks Ziel war die Hochdruckmaschine ohne Kondensator. Seine Erfahrungen und Berechnungen hatten ihn zu der Erkenntnis gebracht, daß der Hochdruckkessel nur ein Viertel des Gewichtes einer Watt'schen Niederdruckmaschine erforderte, um die gleiche Leistung zu erbringen. Und Trevithick unterstand eben nicht dem gewaltigen James Watt, der die höheren Drücke, also nach damaligem Stand über 2 bar, aus Angst vor Kesselexplosionen mit Vehemenz verdammte [48].

Das „Kensington-Modell“ von Richard Trevithick, vor 1800.
(Science Museum London)

Da die kleine Hochdruckmaschine so prächtig funktionierte, wagte Trevithick den Sprung zum Fahrzeug, und dieses oder ein folgendes Modell ist als ›Kensington-Modell‹ erhalten geblieben. Das ist nun allerdings keine elegante Dampfkutsche à la Symington, sondern eher eine Tonne auf Rädern. Aber in dem häßlichen Ding steckte die Zukunft!
Trevithick hatte in dem merkwürdigen Modell mehrere eigenständige Erfindungen vereint, die den Durchbruch der Dampfkraft als Fahrzeugantrieb ermöglichten. Es sind dies:

1. der zylindrische Dampfkessel als praktische und produktionstechnisch geeignete Form für höhere Dampfdrücke,
2. der in den Kessel eintauchende, wärmewirtschaftlich günstige Zylinder
3. die Kraftübertragung mittels Querhaupt, Pleuelstange und Kurbel – und
4. der Vier-Wege-Dampfhahn, der von einem Mitnehmerstab automatisch umgesteuert wurde.

Das Kensington-Modell wurde mit erhitzten Metallbarren beheizt, so wie man seinerzeit die Bügeleisen erwärmte. Deshalb fehlen Heizrohr und Schornstein. Da das Kensington-Modell bei der Erprobung bestens funktionierte, bildete es die Grundlage für den Dampfwagen von 1801.
Dieser 1801 gebaute Dampfwagen, die sogenannte ›Common Road Lokomotive‹ war eine konsequente Umsetzung des Modells in volle Größe, allerdings

nun mit zweckmäßiger Feuerungsanlage. Bei diesem Dampfwagen zeigte Trevithick weitere richtungsweisende Entwicklungen:

5. das rückkehrende Feuerrohr, das eine vergrößerte Heizfläche bot und
6. das Blasrohr, das den Abdampf in den Schornstein blies und damit den Luftzug im Schornstein und im Feuerraum stark erhöhte.

Dazu kamen jene Details, die vielleicht als Kleinigkeiten angesehen werden können, die aber Cugnot scheitern und Trevithick erfolgreich sein ließen, nämlich das Wasserreservoir mit Speisepumpe, der von der Führerplattform zu bedienende Regler und die freilich primitive Lenkung per Fußhebel. Schließlich gab es ein Sicherheitsventil und eine Schmelzmetallsicherung gegen Wassermangel und Knallgasexplosion. Der Gebläsebalg erwies sich bald als überflüssig.
Dieser Dampfwagen hatte schnell seinen Spitznamen weg. Die Leute in Camborne nannten ihn ›Captain Dicks Puffer‹, weil die Maschine Dampf und Rauch im Rhythmus der Kolbenhübe herausschleuderte. Weil die Hochdruckmaschine schließlich ihren Siegeszug als Dampflokomotive auf der Eisenbahn antrat, sprachen Generationen von Kleinkindern von der ›Puff-Puff‹ oder der ›Puff-Bahn‹, denn Richard Trevithick hatte der Dampflokomotive für alle Zeiten ihren typischen Sound gegeben, der heute noch die Liebhaber begeistert.
Aber er gab der Dampflokomotive nicht nur ihre Stimme, sondern mit dem Camborner Dampfwagen von 1801 auch die typische Gestalt. Mit dem zylindrischen Kessel ähnelt der Dampfwagen jedenfalls viel eher einer Dampflokomotive als einem Automobil. Cugnot war da im äußerlichen Eindruck einem heutigen Lastkraftwagen näher als Richard Trevithick. Und doch ist Trevithicks Wirkung viel tiefer, lang anhaltender und bedeutender!
Noch vor der Konstruktion des großen Dampfwagens hatte Trevithick übrigens gemeinsam mit Davies Gilbert einen denkwürdigen Versuch unternommen. Sie liehen sich die einzige in Camborne vorhandene einspännige Postchaise um festzustellen, ob die rollende Reibung der Räder ausreichte, das Fahrzeug voranzutreiben. Vor der Stadt spannten die beiden Freunde das Pferd aus und drehten vom Wagen aus die Räder, um die Wirkung einer Antriebsmaschine zu simulieren. Was immer wieder bezweifelt worden war, gelang: Die Reibung reichte, die Räder drehten nicht durch!

TREVITHICKS STRASSENDAMPFWAGEN UND DIE ERSTE KRAFTFAHRZEUGFAHRT AUF ÖFFENTLICHER LANDSTRASSE

Ende des Jahres 1801 war der Dampfwagen so weit fertig, daß die erste Ausfahrt gewagt werden konnte. Eine Reihe ehrenwerter Handwerker war an dem Werk beteiligt. Die Kesselplatten kamen von Coalbrookdale, dem damaligen Zentrum der aufblühen-

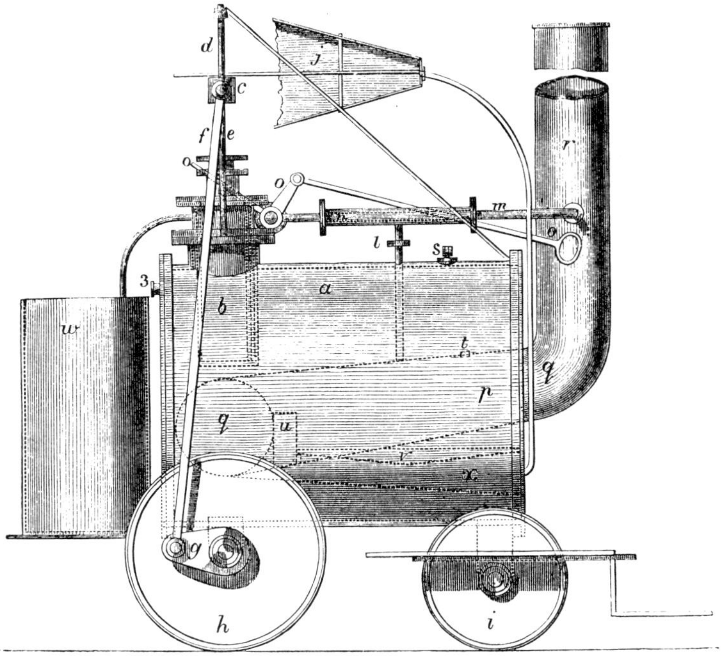

Trevithicks Dampfwagen, die sogenannte „Common Road Lokomotive“ von 1801. (Verkehrsmuseum Nürnberg)

den Eisenindustrie, in der Modernität heute dem Silikon-Valley vergleichbar. Schmiede, Gießer und Mechaniker aus Camborne bearbeiteten die Einzelteile und übernahmen die Montage. Ein Schuhmacher lieferte die Gebläsebälge.

Am 24. Dezember 1801 startete die erste Fahrt. Ausgangspunkt war Tyacks Schmiede, wo die kleineren Teile gearbeitet worden waren. Wir können uns gut vorstellen, wie Tyack, William West, John Hokking und wie die Handwerker alle hießen, voller Spannung die Abfahrt erwarteten.

Der alte Stephan Williams erzählte aus der Erinnerung [53 S. 107]: »Als wir sahen, daß Captain Dick dabei war, Dampf zu geben, sprangen so viele von uns auf, als überhaupt Platz war; vielleicht sieben oder acht von uns. Da gab es einen ziemlich steilen Hügel (Beacon Hill d. V.); aber sie ging ab wie ein kleiner Vogel. . . Als sie eine Viertelmeile gefahren war, kam ein rauhes Straßenstück, das mit losen Steinen bedeckt war. Die Maschine fuhr nicht ganz so schnell, und da ein starker Regenschauer kam und wir eng zusammengepreßt standen, sprang ich ab. Sie fuhr schneller als ich gehen konnte und fuhr weiter hügelauf eine viertel oder halbe Meile weiter, wo man sie wendete und wieder zur Schmiede zurückfuhr.«

Was an diesem naßkalten Dezembertag 1801 geschah, hatte für den Landverkehr die gleiche Bedeutung wie später der erste bemannte Raumflug für die Erschließung des Weltraums. Damals fuhren zum ersten Male schlichte Bürger mit einem Dampfwagen über Land, hügelauf und hügelab und über eine ganz gewöhnliche Straße. Das war die erste dokumentierte Fahrt eines Kraftfahrzeuges auf öffentlicher Landstraße.

Schon beim Weihnachtsdinner am 25. Dezember 1801 einigten sich Trevithick und der finanzkräftige Andrew Vivian auf eine Partnerschaft, ein Zeichen für den Schwung und die Begeisterung nach der gelungenen Testfahrt. Erstes Ziel war ein Patent.

Aber inzwischen hatte den Dampfwagen ein Mißgeschick ereilt. Am 28. Dezember hatte Trevithick einen weiteren Trip nach Tehidy Park unternommen, um sein Fahrzeug dem Lord Dedunstanville vorzuführen, aber die Maschine war auf einer Steigung von dreihundert Meter Länge steckengeblieben. Mr. Gilbert berichtete weiter [53 S. 117]: »Der Wagen wurde in einen Schuppen gestellt und die Gesellschaft begab sich ins Hotel, um sich an einer gebratenen Gans und passenden Drinks zu laben. Man vergaß die Maschine, das Wasser kochte weg, das Eisen wurde rotglühend und es blieb nichts Brennbares übrig.«

DIE LONDONER DAMPFKUTSCHE

Trevithick und Vivian steckten derart voller Ideen, daß es gar nicht einfach war, klare Patentansprüche zu formulieren und die Hauptansprüche in Zeichnungen zu manifestieren. Doch wurde das Patent bereits am 24. März 1802 amtlich erteilt – eine unglaublich schnelle Prozedur, die heutige Erfinder, Unternehmer und Patentanwälte nur vor Neid erblassen läßt.

Kernstück des vielfältigen Patents war die stationäre Hochdruck-Dampfmaschine. Vivian und Trevithick brachten nach den Ungetümen von atmosphärischen Newcomen-Maschinen und den direkt wirkenden Niederdruckmaschinen von Watt nunmehr die dritte Generation von Dampfmaschinen auf den Markt: Kleinere, leichtere, aus Teilen montierbare Dampfmaschinen mit Hochdruck von etwa vier Atmosphären Dampfdruck (= 4 bar) und demzufolge höherer Leistung je Gewichtseinheit.

Trevithick miniaturisierte also die Dampfmaschine, so wie wir es in unserer Zeit mit den elektronischen Rechnern erlebten. Hatte selbst Watt noch mit Mauersockeln und hölzernen Balanciers gearbeitet, so zeigte die Zeichnung zur Patentschrift nur Maschinenteile aus Guß- und Schmiedeeisen. Der zylindrische Dampfkessel mit integriertem Dampfzylinder war die Basis für die leichte Maschine. Ziel war es, mit dieser Maschine in alle Bereiche einzudringen,

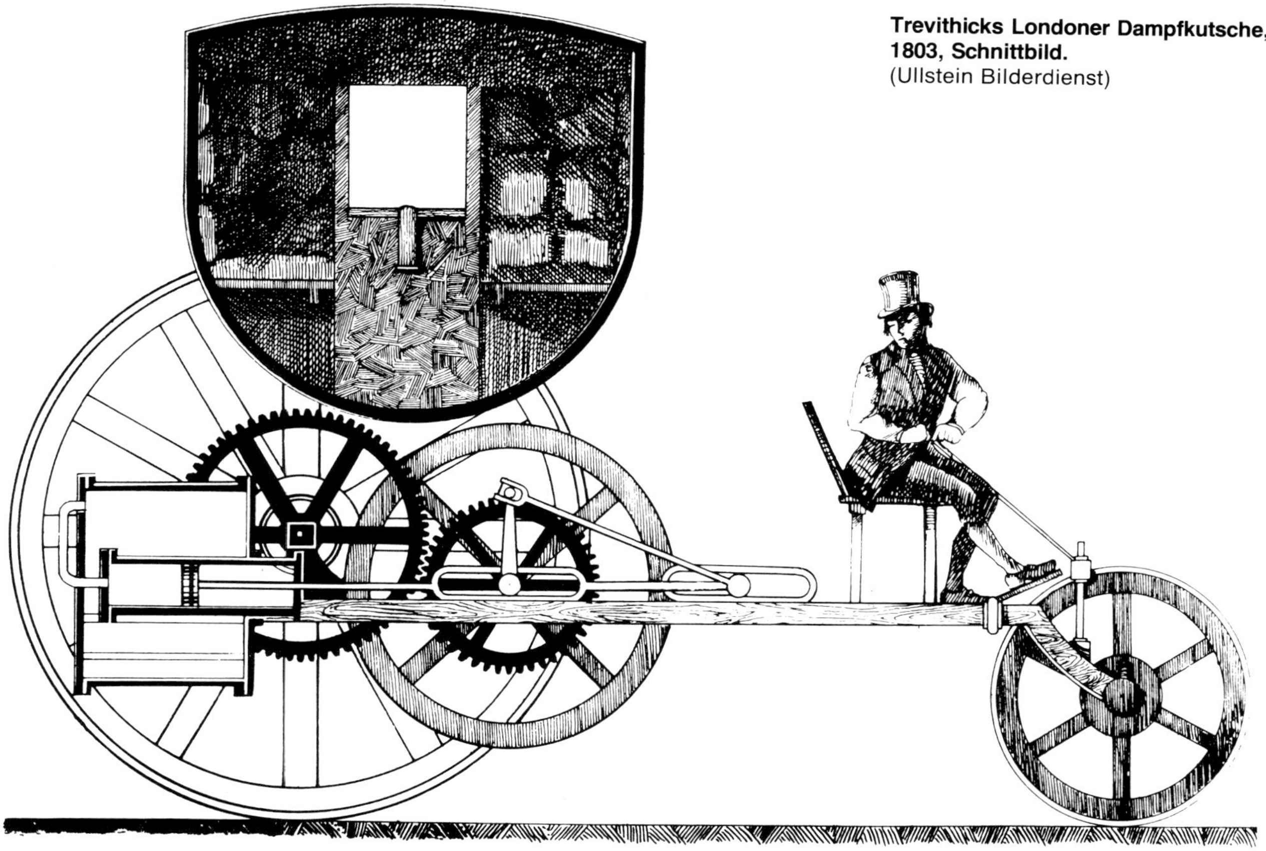

Trevithicks Londoner Dampfkutsche, 1803, Schnittbild.
(Ullstein Bilderdienst)

wo Kraft mit Kohle billiger als von Mensch oder Tier erzeugt werden konnte!
Mitten unter den stationären Maschinen und quer zur Leserichtung findet man den Entwurf für eine Dampflimousine, ein Entwurf, der nicht wie der von Symington nur Papier blieb. Die Zeichnung zeigt [53 S. 129]:

1. einen Heckantrieb, der Cugnots Schwierigkeiten vermeidet und den Motoreinbau von Carl Benz und Gottfried Daimler vom Jahr 1886 vorwegnimmt,
2. eine in Gewicht und Größe angemessene Dampfmaschine mit horizontalem Zylinder, Getriebe und Schwungrad,
3. zweckmäßige 3 m hohe Treibräder für die Überwindung von Schlaglöchern und Steinen der immer noch unbefriedigenden Straßen,
4. eine simple Lenkung für die schwach belasteten Vorderräder und
5. den auf das zweckmäßige ›Kraftfahrzeug‹ oben aufgesetzten traditionellen Kutschkasten – als einzige konventionelle Komponente.

Richard Trevithick und Andrew Vivian waren keine Träumer. Sie wollten gute Erträge sehen, Vivian für sein investiertes Geld und Trevithick für seine Ideen und seine harte Arbeit. Deshalb setzten die beiden in die Dampfkutsche große Hoffnungen. Hatten nicht Dutzende von klugen Männern seit Jahrzehnten nach dem Dampfwagen gerufen? Nun, hier war er!

11. Am Kreuzweg: Straße oder Schiene

Als Erfinder und Finanzier mit ihrer Dampfkutsche durch Londons Straßen rasselten, ahnten sie nicht, daß Erfolg oder Mißerfolg dieses Kraftfahrzeugs eine ganz entscheidende Auswirkung auf die zukünftige Entwicklung des Verkehrswesens haben sollten.

DEMONSTRATIONSFAHRTEN MIT DER DAMPFKUTSCHE – ABER KEINE KÄUFER

William West, der zu einem Fünftel am Patent beteiligt war und als Maschinenmeister der Dritte im Bunde mit Trevithick und Vivian, montierte die Dampfmaschine im Mai 1803 in das von Fenton gelieferte Spezialfahrzeug. West betreute auch die Dampfkutsche während der drei- bis viermonatigen Vorführungen in London.
Die ersten Versuchsfahrten scheinen in aller Herrgottsfrühe stattgefunden zu haben, um das Fahrzeug zunächst auf Herz und Nieren zu prüfen und zu ertüchtigen. Hierüber gibt es einen Bericht von Captain John Vivian, eines Verwandten von Andrew Vivian. Trevithick und John Vivian fuhren frühmorgens die Tottenham Court Road und die damalige New Road entlang. Die Geschwindigkeit betrug im allgemeinen 6 – 8 km/h, aber manchmal schon 13 – 14 km/h! Trevithick hatte John Vivian ans Steuer gelassen und betreute zusammen mit William West die Maschine. Captain Dick, wie Richard Trevithicks Spitzname lautete, lief einmal bei langsamer Fahrt neben John und rief »She is going all right« und John antwortete »Yes, I think we had better go to Cornwall.« [53]
Nach den morgendlichen Testfahrten unternahmen die Erfinder regelrechte Demonstrationsfahrten. Jedenfalls erinnerte sich eine Ladeninhaberin in der Oxfortstreet an eine spektakuläre Fahrt [53 S. 144]: Man hatte die Oxfordstreet extra gesperrt und die Geschäfte geschlossen. Hunderte von Hausbewohnern, Geschäftsleuten und Passanten winkten begeistert, als Trevithick, Vivian und West mit ihrer Dampfkutsche durch diese berühmte Straße und weitere City-Straßen dampften. Ja, sie verstanden etwas von Public relation, und Polizei und Stadtverwaltung hatten offensichtlich mitgespielt.
An Demonstrationsfahrten und spektakulären Veranstaltungen, am Goodwill der Behörden und an Begeisterung der Zuschauer fehlte es also nicht. Doch wo blieb der Käufer? Dr. Small, der Watt wegen des Dampfwagens ständig in den Ohren gelegen hatte, war längst tot. Aber es gab doch in London genügend reiche Leute mit Bedürfnissen zur Selbstdarstellung oder mit ein bißchen Spleen!
Und was war mit den Droschkenkutschen und den Besitzern der Pferdebusse? Wollte denn keiner von denen einen Dampfwagen kaufen? Offensichtlich nicht. Im Gegenteil, die Kutscher warfen sogar gelegentlich mit Kohlköpfen, verdorbenen Zwiebeln oder faulen Eiern nach der neumodischen Konkurrenz.
Da war nun endlich der alte Traum vom Wagen ohne Pferd in Erfüllung gegangen, Roger Bacons Vision im eigenen Lande mit viel Idealismus und großen Anstrengungen verwirklicht, und da fand sich nun kein Käufer!

Trevithicks Dampfkutsche auf der Fahrt durch London, Gemälde von T. Cuneo. (Science Museum London)

UNTERENTWICKELTE STRASSE – UNGENÜGENDES FAHRWERK

An der Fahrzeugtechnik kann es weniger gelegen haben. Jedenfalls nicht an der Dampfmaschine, denn nach Ausbau aus der Dampfkutsche, hat sie jahrzehntelang als Antrieb für ein Bandeisenwalzwerk zuverlässig gedient. Anders war es beim Kessel. Da findet man mehrfach Hinweise auf gelockerte Roststäbe infolge der Erschütterungen bei der Fahrt. Und damit kommen wir zum Straßenzustand. Captain Joseph Vivian, ein anderer Verwandter, soll jedenfalls nach einer Fahrt mit der Dampfkutsche gesagt haben, daß er wahrscheinlich viel eher auf dem Dampfwagen als auf seinem Schiff einen Schiffbruch erleiden würde – und das nach einer Fahrt über vergleichsweise gute Stadtstraßen [53 S. 142].
Hier liegt der Hase im Pfeffer. Auf guter Asphalt-

decke wäre es auch heute noch ein Vergnügen, mit der Dampflimousine durchs Land zu rollen, wenngleich das rohgezimmerte und geschmiedete Fahrzeug kräftig rumpeln und scheppern würde. Auf den wenigen mit Kopfsteinen gepflasterten Plätzen und Straßen Londons war das schon wesentlich anders. Hier wurde das schwere, mangelhaft gefederte Fahrzeug kräftig durchgeschüttelt. Am schlimmsten aber war die Fahrt über unbefestigte Erdstraßen. Selbst wenn die großen Treibräder die Schlaglöcher gleichsam überbrücken konnten und nicht voll in sie hineinsackten, brachten die Unebenheiten die Limousine mit ihrem hohen Schwerpunkt stark ins Schwanken, daß einem im Kutschkasten schon übel werden konnte. Dazu unter dem Kasten der heiße Kessel mit dem Feuerloch, das Zischen am Kolbenaustritt und das Puffen im Schornstein – das alles war wohl nichts für Leute, die gewöhnt waren, mit rassigen Pferden in eleganten, gefederten Kutschen flott dahinzurollen.

Im Spätsommer 1803 mußten Trevithick und Vivian das Handtuch werfen. Sie hatten eine Menge Geld und Zeit in die Entwicklung, Ertüchtigung und Vorführung der Dampflimousine gesteckt. Sie waren am Ende und mußten sich verstärkt dem Geschäft mit den stationären Hochdruckmaschinen widmen. Die Maschine der Dampfkutsche wurde als stationäre Maschine verkauft.

ENTSCHEIDUNG PRO SCHIENE: DIE ERSTE LOKOMOTIVE VON RICHARD TREVITHICK

Der Mißerfolg auf der Straße hatte historisch bedeutende Auswirkungen: Trevithick wandte sich dem besseren Fahrweg zu, und das war die railway oder – nach deutschem Sprachgebrauch – die Eisenbahn. Die älteste Komponente des heutigen technisch-betrieblichen Systems Eisenbahn ist nämlich der eiserne Fahrweg, der ihr den Namen gab. Um 1800 gab es bereits einige hundert Kilometer Werkbahnen mit eisernen Schienen. Diese Waggonways verbanden Bergwerke und Eisenwerke mit schiffbaren Flüssen. Zumeist wurden die vollen Wagen per Schwerkraft über die geneigt trassierten Strecken zum Wasser gefahren, während die leeren Wagen von Pferden gezogen wurden. Es gab auch stationäre Dampfmaschinen und Seilzüge. Und das Wichtigste war: Der Rollwiderstand auf eiserner Bahn betrug nur ein Zehntel bis ein Zwanzigstel desjenigen auf der Straße!

Richard Trevithick war ungewöhnlich flexibel. Er muß die Problematik von Dampfwagen und Straße schon vor dem Ende der Probefahrten erkannt ha-

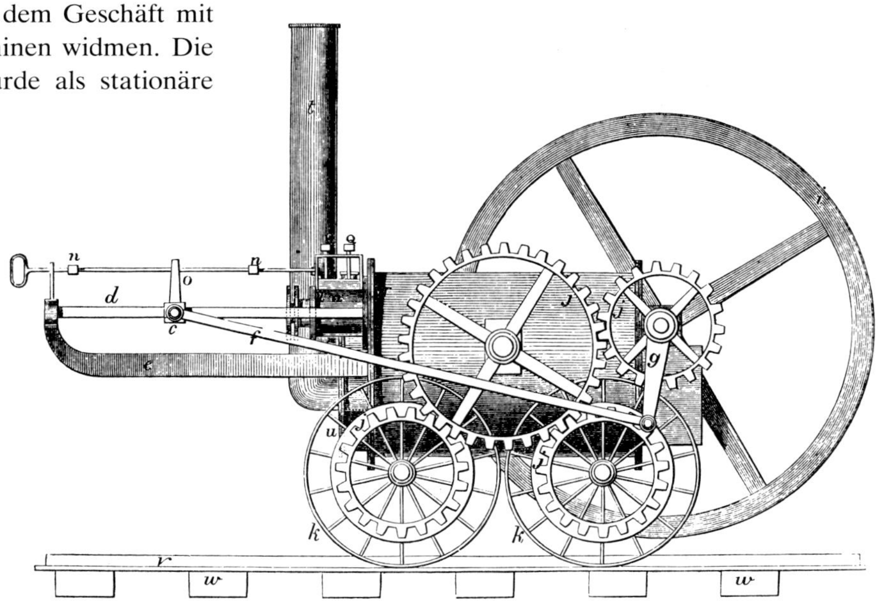

Die erste Eisenbahnlokomotive der Welt von Richard Trevithick, 1804.
(Verkehrsmuseum Nürnberg)

ben. Denn im Oktober 1803 war er bereits mitten drin in der Konstruktionsarbeit – jetzt für die erste Lokomotive der Welt!
Trevithick hatte bereits an die Eisenwerke zu Merthyr Tydfil nördlich von Cardiff eine stationäre Dampfmaschine geliefert. Mit dem Trick einer Wette verschaffte er sich die Möglichkeit, eine Lokomotive auf der Werkbahn von Pen-y-darran zum Hafen ausprobieren zu können. Trevithick wettete mit Mr. Homfray, dem Werksbesitzer, daß er 10 t Gußeisen mit einer Lokomotive über die 14,5 km lange Werkbahn befördern könne. Homfray hielt prompt dagegen und genehmigte die Erprobung.
Nach unbedeutenden Versuchsfahrten kam es bereits am 21. Februar 1804 zu einem historischen Ereignis: Mit Richard Trevithick am Regler und in Begleitung des kritischen Mr. Homfray fuhr der erste von einer Lokomotive gezogene Zug der Welt auf einer Eisenbahnstrecke.
Trevithick schrieb hierüber in einem Brief an Mr. David Giddy einen kurzen, anschaulichen Bericht: »Sir – Gestern setzten wir unsere Fahrten mit der Lokomotive fort; wir beförderten 10 t Eisen, 5 Wagen und 70 Menschen, die darauf die ganze Fahrt über saßen. Es sind etwa neun Meilen, die wir in vier Stunden und fünf Minuten zurücklegten. Wir mußten einige Bäume absägen und einige Felsbrocken aus dem Wege räumen. Während der Fahrt erreichte die Maschine nahezu fünf Meilen (8 km/h) Geschwindigkeit.« [53 S. 161].

Im Grundsatz lehnte sich die Konstruktion der ersten Lokomotive mit einem horizontalen Zylinder an die Dampfkutsche an, freilich mit einem viel größeren Kessel und einem Dampfzylinder von 20 cm Durchmesser und 137 cm Hub!
Übrigens war die Pen-y-darran Werkbahn eine sogenannte Tramroad, die aus Winkelschienen bestand und von Wagen mit gewöhnlichen Rädern befahren wurde.
Trevithick gewann die Wette. Die erste Lokomotive hatte sich bewährt. Aber das war nur der augenblickliche Eindruck der Zeitgenossen. Heute, im Rückblick erkennen wir: Am Kreuzweg zwischen Straße und Schiene war am 21. Februar 1804 eine historische Entscheidung gefallen: pro Schiene!
Obwohl die erste Lokomotive die Schienen der Tramroad zerbrochen hatte und zur stationären Maschine umgebaut wurde, hatte Trevithick für die Dampfmaschine den Einsatzbereich gefunden, wo sie als Fahrzeugantrieb technisch und wirtschaftlich optimal eingesetzt werden konnte: Auf der Eisenbahn für den Transport von Massengütern und für die Beförderung von großen Menschenmengen in starken Verkehrsbeziehungen.
Hierfür konnten große, schwere und leistungsfähige Lokomotiven konstruiert werden, die zunehmend längere Wagenzüge mit steigender Geschwindigkeit schleppten. Für den Einzelantrieb von Kutschen auf der Straße war die Dampfmaschine hingegen noch immer zu unförmig und zu schwer!

12. Oliver Evans, der amerikanische Pionier und Prophet

Auch das klassische Land des Automobils, die Vereinigten Staaten von Amerika, können mit Stolz auf einen leidenschaftlichen Wegbereiter des Kraftwagens verweisen, auf Oliver Evans (1755 – 1819). Wie kaum ein anderer verkörperte Evans den way of life in den Pionierzeiten Nordamerikas.
Oliver Evans wurde am 13. September 1755 in Newport/Delaware als fünftes Kind eines Farmers geboren und lernte nach einer vermutlich privaten Schulbildung mit 16 Jahren das Wagnerhandwerk. Da die Wagner damals in Amerika auch den Bau von Getreidemühlen mit der zugehörigen Mechanik betrieben, fand Evans hier die Basis für die Erfindung von umfangreichen Verbesserungen und für sein erfolgreiches Lehrbuch: ›The Young Millwright and Miller's Guide‹ von 1795, das nicht weniger als 15 Auflagen bis 1860 erfuhr!
Ein Zufall indessen programmierte Evans für die zweite lebenslange Leidenschaft. Am Weihnachtsabend 1772 erzählte ihm sein Bruder von einem gemeinsamen Streich mit dem Sohn vom benachbarten Schmied. Sie hatten in einen Flintenlauf etwas Wasser eingefüllt, sodann den Lauf mit einem Pfropfen fest verschlossen und ihn ans Feuer gelegt. Der Bruder berichtete begeistert, wie der Pfropfen mit einem lauten Knall wie von einer Pulverladung herausgeschleudert worden sei. . . Oliver Evans bezeichnete diesen Bericht als sein Schlüsselerlebnis: »It immediately ocurred to me that there was a power capable of propelling any waggon, provided that I could apply it; and I set myself to work to find the means of doing so.« [59, S. 5]

DAS ERSTE KRAFTFAHRZEUGPATENT DER USA

»Vorausgesetzt, daß ich die Dampfkraft anwenden konnte.« Dieser kurze Nebensatz enthielt freilich das Kernproblem! 6000 km vom Industrieland England und seinen Dampfmaschinenfachleuten entfernt, mußte Evans in der Praxis von vorn anfangen, lediglich gestützt auf ein Lehrbuch über atmosphärische Dampfmaschinen, von denen Josuah Hornblower 1755 die erste in Amerika auf der Schyler Copper Mine in New Jersey in Betrieb gesetzt hatte. Aber Evans wollte höhere Drücke ausnützen, und da fand er nur ein müdes Lächeln. »But I preserved my belief. . .« Evans glaubte an den Erfolg und fand ihn schließlich auch.
Aus vielen Äußerungen von Oliver Evans können wir schließen, daß ihm der Dampfantrieb für Fahrzeuge mehr am Herzen lag als die stationäre Maschine für den Mühlenantrieb. Freilich konnte er nur mit den stationären Dampfmaschinen ebenso wie mit den Lizenzen aus den Mühlenpatenten Geld verdienen, aber nicht mit Dampfwagen. Hier stand Evans Zeit seines Lebens ganz allein!
Am 28. Mai 1787 beantragte Evans erstmalig ein exclusives Patentrecht für alle dampfbetriebenen Wagen. Er bat das Repräsentantenhaus des Staates Delaware um ein »exclusive Right of Propelling all land Carriages by the Power of Steam and the Pressure of the Atmosphere«. Zur gleichen Zeit stellt Evans den gleichen Antrag in Maryland.
Der zuständige Berichter im Parlament von Maryland, Jesse Hollingworth, äußerte, die Genehmigung

könne für Maryland keinen Schaden anrichten, denn er könne sich nicht vorstellen, daß irgend ein Mensch in der Welt an so etwas gedacht haben könne. Deshalb sei hier eine Möglichkeit, daß der Petent etwas Nützliches produzieren könnte.

Nach dieser Empfehlung gewährte der Staat Maryland am 21. Mai 1787 dem Oliver Evans ein Patent für den Einsatz von Dampfmaschinen für Elevatoren, für ›Hopper-boys‹ zum Ausbreiten und Sammeln von Getreide und für ›Steam-carriages‹. Das ist das erste Kraftfahrzeugpatent in den USA, und es ist nur drei Jahre jünger als das Patent, das James Watt am 27. April 1784 erteilt wurde, in dem Watt die Beschreibung einer Dampfwagenkonstruktion patentiert wurde. Evans hatte zwar keine konkrete Beschreibung seines Dampfwagens zum Patent anmelden können, aber er war und blieb ein leidenschaftlicher Verfechter des Dampfkraftwagens.

ERSTER KONSTRUKTIONSVERSUCH

Nach jahrelangen erfolgreichen Arbeiten auf dem Gebiete des Mühlenwesens und vergeblichen Versuchen, einen Finanzier für die Verwirklichung des Dampfwagens zu gewinnen, entschloß sich Oliver Evans 1801, seine »Ehrenschuld gegenüber dem Staate Maryland einzulösen«, indem er den Dampfwagen herstellte. Leicht gesagt, schwer getan!

Jedenfalls ging Evans mit ein paar Handwerkern an die Arbeit. Die Biographen Bathe vermuten, daß Evans 1801 den einzig erhalten gebliebenen Entwurf eines Dampfkraftwagens verwirklichen wollte. Die Zeichnung zeigt einen im Vergleich zu den damaligen Dampfmaschinen erstaunlich kompakten Antrieb an der Hinterachse. Rechts erkennt man einen zylindrischen, für höhere Drücke geeigneten Kessel mit integrierter Feuerbüchse. Links davon befindet sich die seltsame Dampfmaschine mit zwei Kammern. Die Kammern sind mit einer druckfesten Flüssigkeit gefüllt. Wird in eine Kammer Dampf eingegeben, so expandiert dieser und drückt die Flüssigkeit aus dieser Kammer heraus.

Die Flüssigkeitsbewegung wird direkt in Rotation umgesetzt. Nach Arbeitsleistung kann die Druckflüssigkeit wieder von oben in diejenige Zylinderhälfte gelangen, in der sich der Dampf entspannt hat. Unklar bleibt, wie Evans die Druckkraft in Rotationsarbeit umsetzen wollte.

Mitten in der Arbeit kam ihm jedenfalls der Gedanke, daß er Dampfmaschinen viel erfolgversprechender für Mühlenantriebe als für Dampfwagen einsetzen könnte. Evans konstruierte eine kleine Kolbendampfmaschine mit 15 cm Zylinderdurchmesser und 45 cm Hub und hatte Erfolg: Die Maschine war stark genug, um 12 t Gips in 24 Stunden zu mahlen. Hierauf aufbauend entwickelte Evans 1802 bis 1804 eine stehende Hochdruck-Dampfmaschine mit Kreuzkopf und Kurbelwelle von etwa 6 m Höhe.

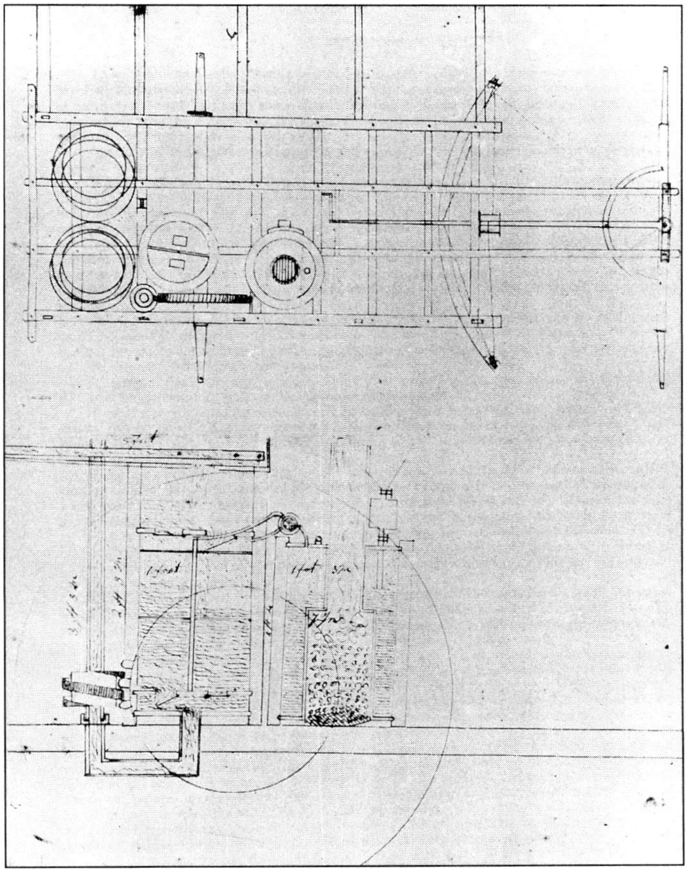

Entwurf von Oliver Evans für einen Dampfkraftwagen aus dem Jahr 1801. [59]

ERSTE WIRTSCHAFTLICHKEITSRECHNUNG PRO LKW UND VERSUCHS-GESELLSCHAFT

Evans Idee, selbst einen Dampfkraftwagen zu entwickeln, ihn dann patentieren zu lassen und anschließend zu verkaufen, war offensichtlich gescheitert, weil Entwicklungsarbeiten zu leisten waren, die über seine finanziellen Kräfte gingen.
Als Ausweg offenbarte Evans in einem Brief an die Lancaster Turnpike Company vom 26. September 1804 seine Motive für das Dampfwagenengagement: Es ging ihm nicht um die Lust am Fahren ohne Pferde, sondern um harte wirtschaftliche Fakten. Was Evans an Mr. Perot, den Präsidenten dieser Straßenbau- und Betriebsgesellschaft schrieb, war nichts anderes als der erste Wirtschaftlichkeitsvergleich zwischen Pferdefuhrwerk und Lastkraftwagen!
Evans veranschlagte die Herstellungskosten des Lastkraftwagens zu 2 500 Dollar, den Preis je Pferdewagen zu 500 Dollar. Er schätzte, daß der LKW 100 barrel Mehl über 64 Kilometer in 24 Stunden befördern konnte, also von Columbia nach Philadelphia in drei Tagen, mit 4,8 km/h in der Ebene und 1,6 km/h auf Neigungen, während für die gleiche Menge Mehl fünf Fuhrwerke mit zusammen 25 Pferden drei Tage unterwegs wären.
Bereits in dieser ersten betriebswirtschaftlichen Rechnung schlugen die Personalkosten zu Buche: Drei Mann Bedienung beim LKW für zwei Tage kosteten sechs Dollar, die fünf Kutscher für drei Tage aber 15! Das Pferdefutter veranschlagte Evans zu 25 Dollar, den Kohlenverbrauch hingegen zu nur 15 Dollar.
Evans setzte – reichlich optimistisch – die Instandhaltungskosten für fünf Fuhrwerke nebst Pferde und für den Dampfwagen gleich hoch an. Bei einer Fracht von einem Dollar 25 Cent pro barrel errechnete er 50 Dollar/Tag Gewinn für den Dampfwagen und nur 18 Dollar 33 Cent/Tag für fünf Fuhrwerke. Der Dampfwagen würde im Stillstand nichts kosten – im Gegensatz zu den Pferden.
Evans kam zum Gesamtergebnis: »The steam wagons would take all the business on the turnpike roads.« Zu deutsch: »Die Dampflastwagen würden alle Transportleistungen auf den Mautstraßen übernehmen.«
Der Erfinder hatte von der Turnpike-Company Geld für die Konstruktion des Dampfwagens erhofft. Die Gesellschaft biß jedoch nicht an. Das Risiko war den hartgesottenen Geschäftsleuten zu groß.
Kaum war dieser Versuch gescheitert, veröffentlichte Evans einen Prospekt zur Gründung einer Dampfwagen-Versuchs-Gesellschaft auf Aktien: ›The Experiment Company‹. Auch hierauf gab es kein positives Echo. Kein Privatmann war bereit, gutes Geld in ein Projekt zu stecken, das offensichtlich seiner Zeit viel zu weit voraus war.

ORUKTER AMPHIBOLOS

Jeder andere hätte es aufgegeben, die Idee des Dampfwagens weiter zu verfolgen. Aber Evans nutzte jede Chance, um ein winziges Stück voranzukommen. So bot er der Gesundheitsbehörde von Philadelphia an, ein mit Dampf angetriebenes Baggerschiff zu bauen, um Schlamm und Müll aus dem Hafen herauszubaggern. Aber er führte noch etwas ganz anderes im Schilde, was er erst später verlauten ließ.
Ende Juni 1805 waren Schiff, Dampfmaschine und Eimerkettenbagger vollendet, und Evans nutzte nun die Gelegenheit, die Kraft der Dampfmaschine für den Transport des Bootes zum Schuylkill River auszunutzen. Endlich – 30 Jahre nach der ersten Idee – war eine Dampfwagenfahrt greifbar nahe, wenn auch mit einem höchst seltsamen Gefährt. Das Baggerschiff wog etwa 15,5 t, und als es auf den vierrädrigen Transportwagen gesetzt war, brachen bei der ersten Versuchsfahrt alle Räder.
Nach Ausrüstung mit kräftigeren Rädern rollte Anfang Juli 1805 der erste Dampfkraftwagen Amerikas die Market Street von Philadelphia entlang zum Center Square. Es war wohl das seltsamste Gefährt, das jemals mit Dampfantrieb über Land gefahren ist, fast

Das Dampfbaggerschiff Orukter Amphibolos des Oliver Evans bei der Fahrt über Land, 1805. (Verkehrsmuseum Nürnberg)

so etwas, wie ein eierlegendes Wollmilchschwein, nämlich ein Amphibienfahrzeug für Fahrt zu Lande und zu Wasser und das noch kombiniert mit einem Bagger!

Am 13. Juli 1805 kündigte Evans in Relf's Philadelphia Gazette an, daß sein Amphibious Digger bei Rundfahrten um den Center Square zu besichtigen sei »auf Kosten der Handwerker, die 25 Cents von jeder freigiebigen Person erwarten«. Aber alle Menschen seien eingeladen. Die Zuschauer kamen, und die mehrtägigen Vorführungen klappten gut. Evans hatte seinen neuesten Typ Hochdruck-Dampfmaschine eingebaut mit senkrechtem Hochdruckzylinder, der auf einen horizontalen Balancier-Balken wirkte. Die Kraft wurde vom Balkenende über Stange und Kurbel auf das Schwungrad und von da mittels einfacher Transmissionen auf Hinterachse und Vorderachse übertragen.

Evans hatte mit seiner Demonstrationsfahrt auch für das spätere Automobilland Amerika ein historisches Datum gesetzt – aber es folgten keine weiteren Versuche. Schließlich hatte ja die Dampfmaschine das 30 Fuß-Schiff fast vollständig ausgefüllt. Die Maschine war für den Landverkehr einfach viel zu groß und viel zu schwer. In realistischer Einschätzung blieb Evans bei der stationären Maschine und bei der Mühlentechnologie.

OLIVER EVANS PROPHEZEIHUNG DES MODERNEN VERKEHRS

Alle Rückschläge konnten Evans unerschütterlichen Glauben an die Überlegenheit des Landverkehrs mit Maschinenkraft indessen nicht erschüttern. Im Jahr 1813 veröffentlichte er unter dem Pseudonym ›Patrick N. J. Elisha, Esq, Poet Laureate‹ seine Visionen vom künftigen Verkehr: »The time will come when people will travel in stages moved by steam engines, from one city to another, almost as fast as birds fly, fifteen or twenty miles in an hour.

Passing through the air with such velocity, changing the scene in such rapid succession, will be most exhilerating, delightful exercise.

A carriage will set out from Washington in the morning, the passengers will breakfast at Baltimore, dine at Philadelphia, and sup at New York, the same day.

To accomplish this, two sets of railways will be laid so nearly level as not in any place to deviate more than two degrees from a horizontal line, made of wood or iron or paths of broken stone or gravel, with a rail to guide the carriage, so that they may pass each other in different directions and travel by night as well as by day; and the passengers will sleep in these stages as comfortably as they now do in stage boats. . .«[59].

Als Evans seine Prophezeiung 1813 zu Papier brachte, war das Leistungsangebot der späteren Dampfeisenbahn noch nicht im entferntesten vorauszuahnen. Aber Evans hatte bereits den Vorzug besonderer Fahrstreifen in möglichst horizontaler Linienführung mit Seitenführung der Fahrzeuge voll erkannt. Und von daher haben die Eisenbahnhistoriker Evans' Prophezeihung für die Eisenbahngeschichte reklamiert. Das ist sicher zu einseitig gedacht. Man wird Oliver Evans am ehesten gerecht, wenn man ihn als Propheten des maschinengetriebenen modernen Verkehrs auf Schiene und Straße anerkennt.

13. Neuanfang im Straßenbau und Überlegenheit der Eisenbahn

Längst hatte die Neuzeit die Welt gründlich verändert. Die neu entdeckten Kontinente hatten den Blick der Menschheit geweitet, die Renaissance das eigenständige Denken angeregt, die Reformation starre Dogmen durchbrochen und die Wissenschaft neue Erkenntnisse gebracht. All diese Entwicklungen hatte der Buchdruck lawinenartig verbreitet. Schießpulver und neue Waffen hatten neue Kräfte verschoben, Politik und Neuentdeckungen alte Verkehrsströme gedrosselt und neue hevorgebracht. Nur die Straßenbautechnik hatte sich nicht geändert!

ERSTE INNOVATION: DIE CHAUSSEE

Den Wendepunkt von der mittelalterlichen zur neuzeitlichen Straße bringt endlich das Jahr 1706: Ludwig XIV., der Sonnenkönig, reorganisiert das Brükken- und Straßenwesen. An die Spitze kommt endlich ein Generalinspekteur, der sein Geschäft nicht nebenher und dilletantisch, sondern als full-time-job betreibt und von einem ›Ersten Ingenieur‹ und zahlreichen weiteren Ingenieuren unterstützt wird [1]. Bereits sechs Jahre später, 1712, erscheint ein buchstäblich wegweisendes Fachbuch ›Traktat von der Anlegung und dem Bau der Wege und Straßen‹ aus der Feder von Monsieur Gautier, seines Zeichens königlich-französischer Ingenieur und Aufseher über die Brücken, Dämme, Land- und Stadtstraßen [62]. Endlich tritt ein Fachmann auf, der sich mit den ersten dauerhaften Kunststraßen intensiv befaßt hat, mit den Straßen der Römer. Gautier schreibt: »Nachdem der Weg mit Furchen, die seine Breite bezeichnen, und der Orte, da die Unterstützungsmau-

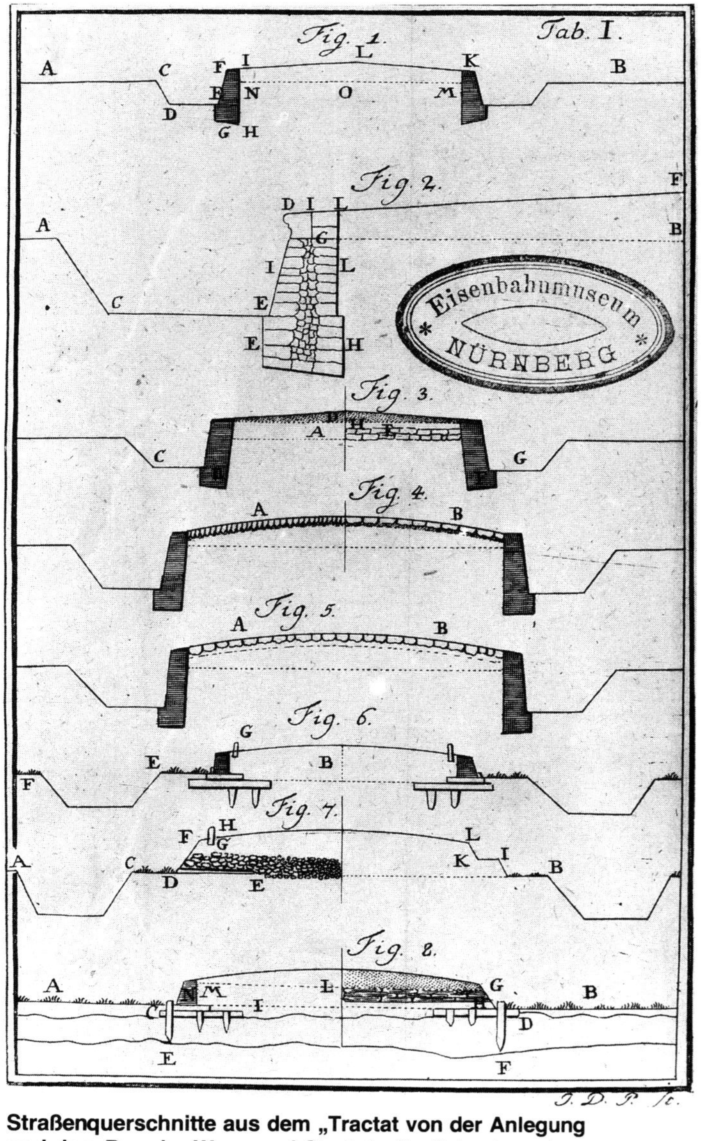

Straßenquerschnitte aus dem „Tractat von der Anlegung und dem Bau der Wege und Stadtstraßen“ des Ingenieurs Gautier von 1712. (Verkehrsmuseum Nürnberg)

Bau einer französischen Fernstraße im 18. Jahrhundert, Gemälde von Cloude Joseph Vernet, 1775. Straßenbau-Ingenieure zu Pferde kontrollieren den Baufortschritt. (Deutsches Museum München)

ern hinkommen sollten, vermarkt waren; so erhob man das Erdreich, um der Chaussee ihre Gestalt zu geben.«

Und hier haben wir das Schlüsselwort für die nächsten zweihundert Jahre Straßenbau: Es lautet ›Chaussee‹. Im Französischen bedeutet das Damm oder Deich. Das heißt nichts anderes, als daß die Fahrbahn aus der Geländehöhe auf einen Damm emporgehoben wird.

Gautier lieferte den Straßenbauern auch ein praxisgerechtes Rezeptbuch. War die Erde »dichte und feste«, so genügte es, seitliche Mauern aufzuführen und das Erdreich aus dem Aushub für die Seitengräben nach innen zu schaufeln bis die Fahrbahnkrone 30 bis 45 cm über Gelände lag. Die Verfestigung ließ er die Straßenbenutzer mit schmutzigen Stiefeln und verkleisterten Rädern und Hufen selber besorgen: »Eine Zeit von zwei bis drei Monaten, etwas Regen und die darüber Reisenden machen sie weit fester, als wenn sie mit der großen Handramme geschlagen worden wäre.«

Dieses Rezept Nummer eins war damit für alle Anfänger im Straßenbau und für die stets geldknappen Kämmerer und Minister das einfachste und billigste und fand daher in Deutschland zunächst weite Verbreitung, auch wenn die Voraussetzung der ›dichten und festen Erde‹ gar nicht zutraf.

Hätte man Gautier genauer studiert und wäre man seinen Empfehlungen für weiche Böden gefolgt, wären manche Fehlschläge vermieden worden. Denn Gautier hatte hierfür einen Querschnitt mit einer Lage Steine und einer darüberliegenden Kiesschicht

aufgezeigt, sozusagen die Anfänge einer Packlage. Aber es mußten wiederum einige Jahrzehnte Erfahrungen gesammelt werden, bis eine Methode für tragfähigere Straßen gefunden wurde.
Immerhin brachte schon die Chaussee mit dem herausgehobenen Straßenkörper wesentliche Verbesserungen. Die Chaussee förderte den Gütertransport mit Frachtwagen, den Reiseverkehr mit der Postkutsche und damit Handel und Wandel.

DER ZWEITE INNOVATIONSSCHUB: NEUE LINIENFÜHRUNG, KIESSTRASSE UND SCHOTTERSTRASSE

Hatten die ersten Chausseebauer mangels ausreichender Gelder und aus Gewohnheit vielfach an der alten Linienführung der Straßen festgehalten und enge Bögen sowie steile Rampenstrecken von 14 bis 20% in Kauf genommen, so zwang der wachsende Fuhrwerksverkehr zum Umdenken.
Bahnbrechend für eine verkehrsgerechte Linienführung wirkte als erster Pierre Marie Jerôme Tresaguet (1716 – 1796), der spätere Generalinspekteur für das Straßenwesen in Frankreich. Am Westrand des Zentralplateaus entwickelte er eine Methode, um die Straßen mit gemäßigten Steigungen an den Berglehnen emporsteigen zu lassen, am Fuß mit 5% beginnend und – unter Einschaltung von Ruheplätzen für die Tiere – am Berg mit 2,5% endend. Ausreichende Fahrbahnbreiten und vernünftige Radien an Kehren und Krümmungen gehörten zu diesem ersten Schritt zu einer modernen Trassierung [1].
Von größerer Breitenwirkung war jedoch die Verbesserung des Straßenkörpers im Flach- und Hügelland. Um 1774 präsentierte Tresaguet erstmals die Kiesstraße mit starker Packlage. Auf das sorgfältig profilierte Erdplanum ließ er eine Packlage von pyramidenförmigen Steinen setzen, die – durch kräftige Steine verkeilt und verzwickt – die untere Tragschicht mit 18 cm Höhe bildeten. Darüber kam die 9 cm hohe obere Tragschicht aus kleinen Steinen. Die Fahrbahndecke bildete eine fest gewalzte Kiesschicht von 9 cm Stärke.
Während Frankreich noch auf die Zentralgewalt und die Frondienste setzte, fand man in England eine neue Methode, um Straßen zu finanzieren: die Turnpike. Erstmalig genehmigte ein Gesetz von 1653 die Unterhaltung einer Fernstraße mit den Erträgen der an drei aufzustellenden Turnpikes (Drehtoren) einzukassierenden Benutzungsgebühren [51].
Da die Gewinnerwartung das Hauptmotiv war, trugen die Turnpikes zunächst nur wenig zur Verbesserung der Straßenbautechnik bei. Im Jahr 1808 konnte nicht einmal eine Postkutsche auf der Turnpike von Shrewsbury nach Holyhead durchkommen.
Innerhalb von 15 Jahren baute sodann der große englische Ingenieur Thomas Telford die Straße nach

Fortschritte im Straßenbau. Bauweisen nach Tresaguet, Telford und McAdam. [nach Eymann in 60]

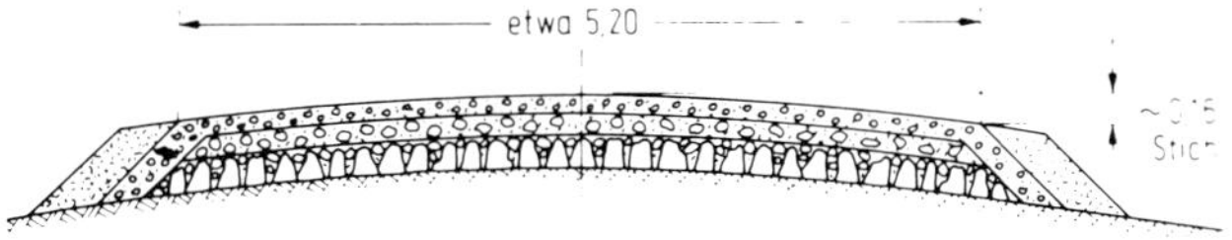

obere Lage ~ 9 cm nußgroße, sehr harte Steine
mittlere Lage ~ 9 cm mittelgroße Steine
untere Lage ~ 18 cm pyramidenförmige Steine, durch kräftige Steine verkeilt und verzwickt
~ 36 cm

Bauweise nach Trésaguet um 1774

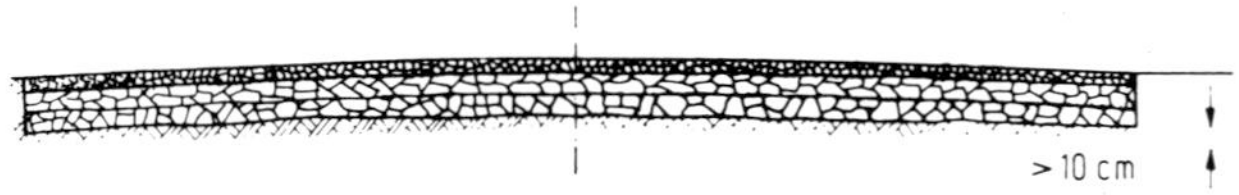

obere Lage ~ 5 cm Schotter: 2,5 cm Korn
mittlere Lage ~ 10 cm Schotter: ≤ 7,5 cm Korn
untere Lage ~ 10 cm Schotter: ≤ 7,5 cm Korn
~ 25 cm
Schotter sorgfältig gebrochen und sortiert

Bauweise nach McAdam um 1815

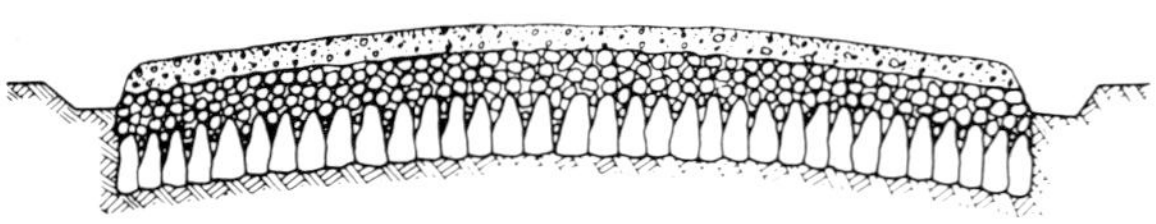

Bauweise nach Telford um 1825

Alte Landstraße mit Pflasterstreifen und Sommerweg noch um 1930 – keine Straße für Automobile! (Motorpresse Archiv Stuttgart)

Holyhead, die ihm nach seinen großen Erfolgen im Brückenbau den Ruf als ›Colossus of the roads‹ einbrachte. Telford baute wie die Römer außerordentlich starke Straßenkörper. Er ließ das Planum sorgfältig zubereiten und entwässern, darauf eine schwere Packlage setzen und hierüber je eine Schicht von kleineren Steinen und von Schotter einbringen.

Die Eisenreifen brachen kleine Partikel von den Schottersteinen ab und walzten sie ständig in die Decke ein. Angesichts der geschlossenen Decke und der starken Querneigung konnte das Wasser gut abfließen und der Deckenkörper weitgehend trocken und fest erhalten werden.

So weit, so gut. Aber 15 Jahre Bauzeit für die Straße nach Holyhead und die hohen Kosten ließen doch erhebliche Zweifel aufkommen, ob man mit Telfords solidem Straßentyp jemals das englische Fernstraßennetz sanieren könnte. Und da griff auch schon ein gewitzter Praktiker des Straßenbaues zur Feder, um für einen weitaus billigeren Straßentyp, für die Schotterstraße ohne Grundbau, zu kämpfen. Das war John Laudon Mac Adam (1756 – 1836).

Sein Buch wurde ein Bestseller der Straßenbautechnik, der bis 1825 in sieben Auflagen erschien: ›Bemerkungen über das gegenwärtige System des Chausseebau's nebst Vorschlägen und Verbesserungen‹ [67]. Mac Adam stellte wenige, prägnante Grundsätze auf [67, S. 39]: »Es ist der ursprüngliche Boden selbst, welcher Chaussee und Fuhrwerke trägt; so lange man ihn in trockenem Zustande erhält, wird er jede Last tragen, ohne nachzugeben. Dieser ursprüngliche Boden muß vorerst ganz trockengelegt und dann mit einer, für Regen undurchdringbaren Decke überzogen werden, um ihn in diesem trockenen Zustand zu erhalten; die Tiefe der Chaussee darf sich nur nach der Quantität von Material richten, welches nötig ist, um eine solche undurchdringliche Decke zu bilden, nie aber Rücksichten auf die eigene Fähigkeit dieser Decke Lasten zu tragen.«

Für viele Straßenbauer war das sensationell: Gute Straßen ohne teure Packlage. Andere trauten diesem kostengünstigen Verfahren nicht. Kurzum es gab einen jahrzehntelangen Streit pro und contra bis man zu einem ausgewogenen Urteil kam, wo eine Packlage nun entbehrlich war und wo nicht.

Für die Fuhrwerke mit Eisenreifen reichte die wassergebundene Schotterdecke aus, nicht jedoch für die Automobile des nächsten, des 20. Jahrhunderts. Die Luftreifen saugten die feinkörnigen Teilchen aus der wassergebundenen Decke heraus, und der Fahrtwind wirbelte sie in heute unvorstellbaren Staubwolken durch die Gegend. Der Schotter verlor seinen Halt, Löcher entstanden, Wasser drang in die Tragschicht

Die Eisenbahn Liverpool – Manchester, Prototyp der großen Innovation „Dampfeisenbahn“: Gestreckte Linienführung, geringe Streckenneigung, zweigleisige Strecke, schienenfreie Kreuzungen, glatte Schienen. (Verkehrsmuseum Nürnberg)

und der Frost zerstörte die Straßen. Als dritter Innovationsschub wurde die autogerechte Straße fällig mit wasserundurchlässigen Decken aus Teer, Asphalt, Bitumen oder Beton. Aber diese kamen erst im 20. Jahrhundert!

DIE ERSTE VERKEHRLICHE REVOLUTION – DURCH DIE DAMPFEISENBAHN

Als endlich mit der wassergebundenen Schotterdekke auf angemessenem Grundbau der zweckmäßige Straßentyp für das Fuhrwerkszeitalter gefunden war, hatte die Innovation Dampfeisenbahn der Straße bereits den Rang abgelaufen. Im Jahr 1830 waren der fortschrittlichste Fahrweg, das Gleis, mit dem fortschrittlichsten Fahrzeugantrieb, der Dampfmaschine, vereint: Die von George und Robert Stephenson in Zusammenarbeit mit anderen englischen Ingenieuren vollendete Eisenbahn Liverpool – Manchester bildete den Prototyp der großen Innovation ›Dampfeisenbahn‹ [56].
In nahezu geradliniger Linienführung und mit geringen Steigungen bis höchstens 1% verband die Bahn die beiden Städte auf kürzestem Wege. Die eisernen Räder auf eiserner Fahrfläche setzten den Fahrwiderstand im Vergleich zur Straße auf 1/10 bis 1/20 herab, und die ›Fahreigenschaften‹ der Eisenbahnwagen erschienen den Reisenden als geradezu faszinierend.
Bereits die pferdebespannte Bahn hatte schon einen Sprung nach vorn gebracht. Aber jetzt wurde noch die erste bewegende Kraftmaschine der Menschheit, die Dampflokomotive, vor die Eisenbahnwagen gespannt. Und die fuhr den schweren Lastwagen, den schnellen Postkutschen, je selbst den sportlichen Jagdwagen auf und davon.
Die erste verkehrliche Revolution kam in Gang! In nur 40 Jahren entstanden in Europa ungefähr 104 000 km Eisenbahnstrecken, das war ein Drittel mehr als die Römerstraßen, und dies in nur vier Jahrzehnten, nicht in sieben Jahrhunderten!
Die Bahn war sprunghaft billiger, besser und leistungsfähiger als alle bisherigen Verkehrsmittel. Sie bot nun jedermann ungeahnte Mobilität zu günstigen Fahrpreisen, und sie ermöglichte jetzt auch den Transport minderwertiger Massengüter zu günstigen Frachten. Die Eisenbahn wurde zum Universalverkehrsmittel. Dem Straßenverkehr aber verblieb nur die Rolle des Zubringers und Verteilers!

14. Josef Božek und der dritte Dampfkraftwagen

Als Böhmen noch bei Österreich war, da gab es dort einen genialen, wagemutigen Pionier des Kraftwagens, den Tschechen Josef Božek. Genau genommen, war Božek nach Josef Cugnot und Richard Trevithick der dritte Hersteller eines betriebsfähigen Dampfkraftwagens. Und das Fahrzeug, das Božek am 24. September 1815 in Prag erfolgreich vorführte, ähnelte den Automobilen von 1890 weit mehr als seine Vorgänger!

Der berühmte Mathematik- und Mechanikprofessor Franz Josef von Gerstner, Begründer des Polytechnikums zu Prag (1800) hatte Božek als Mechaniker gewonnen [54, 79]. Hier war Božek so etwas wie der Prototyp der zahlreichen späteren Institutsmechaniker, die so manche Idee eines hochbefähigten Theoretikers in praktische Lösungen umgesetzt haben, alles Praktiker mit ungewöhnlicher Begeisterung für neuartige, knifflige Aufgaben, ohne die so manche Idee niemals bis zur Erfindung fortgeschritten wäre. Franz Josef von Gerstner war der eifrige Förderer des Technologie-Transfers von England nach dem Festland und hier speziell in den böhmisch-österreichischen Raum der k. u. k.-Monarchie. Božek saugte aus den Informationen aus England den speziellen Honig für den Bau von Dampfwagen. Was er daraus machte, war für den damaligen Stand der Technik auf dem Festland äußerst ungewöhnlich und fortschrittlich.

Mit seinem dreisitzigen Cabriolet auf vier Rädern präsentierte Božek nach Trevithicks selbstfahrendem, dicken Dampfkessel von 1801 und der hochbeinigen Kutsche von 1803 einen Kraftwagen, der am ehesten mit den ersten Benzinautomobilen vergleichbar ist.

Bei der Technik von Antrieb und Vortrieb entwikkelte Božek eine Kombination von Cugnot und Trevithick. Er hing vorn einen kleinen Dampfkessel vor die drehbare Vorderachse, baute dann eine liegende Dampfmaschine

Nachbildung des Dampfkraftwagens von Josef Božek aus dem Jahr 1815.
(Technikmuseum Prag)

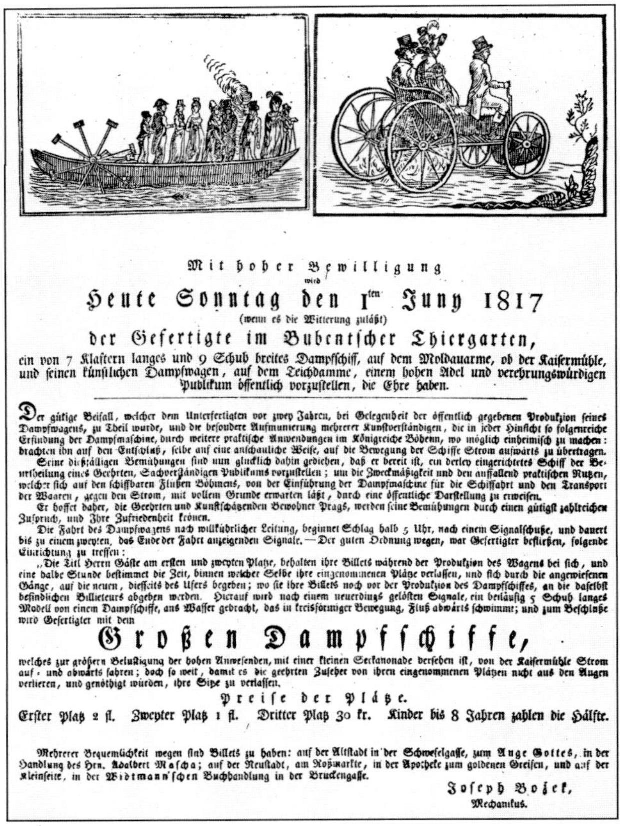

Mit hoher Bewilligung
wird
Heute Sonntag den 1ten Juny 1817
(wenn es die Witterung zuläßt)
der Gefertigte im Bubentscher Thiergarten,
ein von 7 Klaftern langes und 9 Schuh breites Dampfschiff, auf dem Moldauarme, ob der Kaisermühle, und seinen künstlichen Dampfwagen, auf dem Teichdamme, einem hohen Adel und verehrungswürdigen Publikum öffentlich vorzustellen, die Ehre haben.

Der gütige Beifall, welcher dem Unterfertigten vor zwey Jahren, bei Gelegenheit der öffentlich gegebenen Produkzion seines Dampfwagens, zu Theil wurde, und die besondere Aufmunterung mehrerer Kunstverständigen, die in jeder Hinsicht so folgenreiche Erfindung der Dampfmaschine, durch weitere praktische Anwendungen im Königreiche Böhmen, wo möglich einheimisch zu machen: brachten ihn auf den Entschluß, selbe auf eine anschauliche Weise, auf die Bewegung der Schiffe Strom aufwärts zu übertragen.

Seine dießfälligen Bemühungen sind nun glücklich dahin gediehen, daß er bereit ist, ein derley eingerichtetes Schiff der Beurtheilung eines Geehrten, Sachverständigen Publikums vorzustellen; um die Zweckmäßigkeit und den auffallend praktischen Nutzen, welcher sich auf den schiffbaren Flüßen Böhmens, von der Einführung der Dampfmaschine für die Schiffahrt und den Transport der Waaren, gegen den Strom, mit vollem Grunde erwarten läßt, durch eine öffentliche Darstellung zu erweisen.

Er hoffet daher, die Geehrten und Kunstschätzenden Bewohner Prags, werden seine Bemühungen durch einen gütigst zahlreichen Zuspruch, und Ihre Zufriedenheit krönen.

Die Fahrt des Dampfwagens nach willkührlicher Leitung, beginnet Schlag halb 5 Uhr, nach einem Signalschuße, und dauert bis zu einem zweyten, das Ende der Fahrt anzeigenden Signale. — Der guten Ordnung wegen, war Gefertigter beflißen, folgende Einrichtung zu treffen:

„Die Titl Herrn Gäste am ersten und zweyten Platze, behalten ihre Billets während der Produkzion des Wagens bei sich, und eine halbe Stunde bestimmet die Zeit, binnen welcher Selbe ihre eingenommenen Plätze verlassen, und sich durch die angewiesenen Gänge, auf die neuen, diesseits des Ufers begeben; wo sie ihre Billets noch vor der Produkzion des Dampfschiffes, an die daselbst befindlichen Billieteurs abgeben werden. Hierauf wird nach einem neuerdings gelösten Signale, ein beiläufig 5 Schuh langes Modell von einem Dampfschiffe, ans Wasser gebracht, das in kreisförmiger Bewegung, Fluß abwärts schwimmt; und zum Beschluße wird Gefertigter mit dem

Großen Dampfschiffe,

welches zur größern Belustigung der hohen Anwesenden, mit einer kleinen Seekanonade versehen ist, von der Kaisermühle Strom auf- und abwärts fahren; doch so weit, damit es die geehrten Zuseher von ihren eingenommenen Plätzen nicht aus den Augen verlieren, und genöthigt würden, ihre Sitze zu verlassen.

Preise der Plätze.

Erster Platz 2 fl. Zweyter Platz 1 fl. Dritter Platz 30 kr. Kinder bis 8 Jahren zahlen die Hälfte.

Mehrerer Bequemlichkeit wegen sind Billets zu haben: auf der Altstadt in der Schwefelgaße, zum Auge Gottes, in der Handlung des Hrn. Adalbert Mascha; auf der Neustadt, am Roßmarkte, in der Apotheke zum goldenen Greifen, und auf der Kleinseite, in der Widtmann'schen Buchhandlung in der Bruckengaße.

Joseph Bozek,
Mechanikus.

Werbeplakat für die Vorführung von Dampfschiff und Dampfwagen des Mechanikers Josef Božek am 1. Juni 1817 in Prag. (Technikmuseum Prag)

längs unter dem Vordersitz ein und übertrug die Kraft nach aller Vermutung auf die Hinterachse.

Über die erste Präsentation des Dampfkraftwagens in der Öffentlichkeit schrieb die Prager Zeitung am 26. September 1815: »Eine zahlreiche Versammlung von Freunden der Wissenschaft und Kunst nahm an dieser Produktion teil, deren Interesse noch erhöht wird, da uns das Talent und das rege Streben des Herrn Božek verbürgen, daß er alles anwenden werde, durch fortgesetzte Versuche seine Erfindung zur höchsten Blüte zu bringen.« [79]

Die Probefahrten fanden im ›Bubentscher Thiergarten‹ an der Moldau statt, vermutlich deshalb, weil dort die Wege zum Prominieren besonders glatt hergerichtet waren und weil der Park damals ein beliebtes Ausflugsziel darstellte. Wie Friedrich Steiner noch vom Sohne Božeks in den siebziger Jahren des vergangenen Jahrhunderts erfragen konnte, mußte Božek bei jeder Fahrt anhalten, um das Feuer zu schüren und in dem kleinen Kessel Dampf zu machen.

Nach den langen Jahren der napoleonischen Kriege bot dieser warme Septembertag eine friedliche Sensation. Damen und Herren der höchsten Gesellschaft vertrauten sich dem Dampfkraftwagen an, und wir kennen erstmalig dokumentierte Fahrgäste eines Vorläufers des Automobils: Den Grafen und die Gräfin Kaunitz sowie die Grafen Nostiz und Kolowrat fuhr der ›Mechanicus‹ Božek 8 bis 10 Mal auf und ab.

Božek warf sich als nächstes auf den Schiffsantrieb, wohl wissend, daß wegen der schlechten Straßen das Binnenschiff noch immer das wichtigste Transportmittel war und das Wasser den geringsten Bewegungswiderstand bot.

Mit einer regelrechten Werbekampagne warb Božek für die große Demonstration seines Dampfschiffes auf dem Moldauarm im Bubentscher Tiergarten und die Vorführung seines Dampfwagens.

Als das Publikum am 1. Juni 1817 erwartungsvoll herbeigeströmt und die Kassen gefüllt waren, zogen schwarze Wolken auf und ein furchtbarer Platzregen vertrieb die meisten Zuschauer gerade zu der Zeit als Božek mit seinem Dampfschiff vor der Tribüne paradierte. In der Verwirrung bestahlen Gewissenlose die Kassen. Auch die Böllerschüsse von Bord des kleinen Dampfschiffes konnten das Spektakel nicht mehr retten.

Dann wurde Božek mit Rechnungen eingedeckt, für die Musik, für Entschädigungen wegen niedergetrampelter Wiesen und anderes mehr. Zwar gab eine Freimaurloge dem notleidenden Mechaniker etwas Geld. Aber eines Tages griff er entnervt zum Beil und schlug Dampfwagen und Dampfmaschine in Stücke. So endete eine hoffnungsvolle Entwicklung in menschlicher Verzweiflung.

15. Englische Dampfbusse auf großer Fahrt

Während die ›Dampfrösser‹ treu und brav die Kohlenwaggons über die Gleise der englischen Waggon-ways zogen, wurden die Turnpike-roads nach den neuen Erkentnissen im Straßenbau instandgesetzt und mit verbesserten Schotter- oder Kiesdecken überzogen. Auf verbesserten Mautstraßen rollten die farbenprächtigen Mail-coaches in flotter Fahrt dahin. Stolz grüßten einander die livrierten Kutscher mit erhobener Bogenpeitsche, wenn sie einander begegneten und dann im Galopp aneinander vorbeirauschten. Da mußte es doch für Dampfwagen eine Einsatzmöglichkeit geben!

JULIUS GRIFFITH UND EIN ›QUATTRO‹ MACHEN DEN ANFANG

Der erste, der in England wieder den Mut fand, einen Dampfkraftwagen zu konstruieren, war Julius Griffith aus Brompton, Middlesex. Im Jahr 1821, 18 Jahre nach Trevithicks Dampfkutsche, nahm er ein Patent und ließ hiernach einen Dampfkraftwagen bauen. Die Konstruktion übernahm der kreative Joseph Bramah, der als ›Patent-Bramah‹ bereits den Bierdruckapparat erfunden hatte und damit in die Literaturgeschichte eingegangen ist. [51]

Flotte mail-coaches auf staubigen Turn-pike-roads – Standard des englischen Landverkehrs um 1825.
(Postabteilung Verkehrsmuseum Nürnberg)

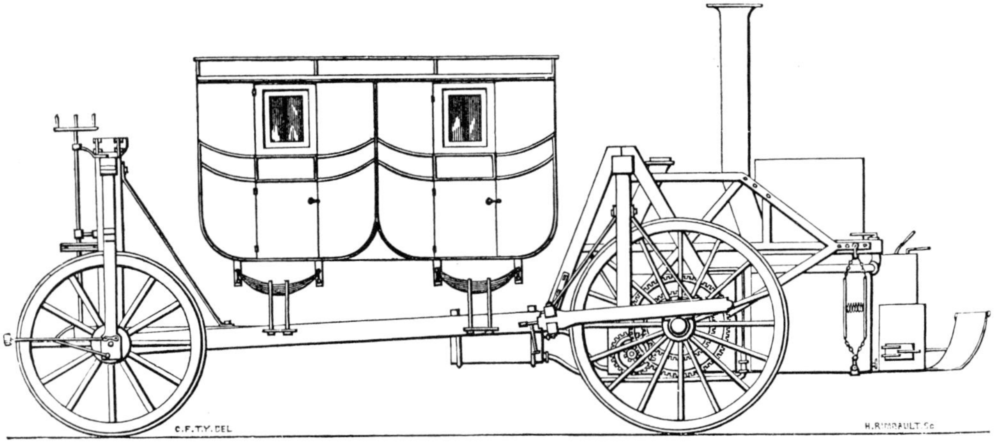

Dampfbus nach Patent von Griffith, 1821 durch Joseph Bramah gebaut. Die Aneinanderreihung von Kutschkästen diente später den Eisenbahnen als Vorbild.
(Verkehrsmuseum Nürnberg)

Griffith und Bramah entwickelten eine Art Dampfomnibus mit zwölf Sitzplätzen. Offensichtlich hatten sie erkannt, daß die leistungsfähige, allerdings schwere Dampfmaschine nur in Verbindung mit einem größeren Fahrzeug sinnvoll war. Sie kamen auf die einfache Idee, zwei serienmäßig gefertigte Postkutschenkästen auf das Untergestell zu setzen. Als 1830 die erste Dampfeisenbahn mit Personenverkehr zwischen Liverpool und Manchester eröffnet wurde, gab es für die 1. Klasse Personenwagen, die aus drei und mehr Postkutschenkästen bestanden. Sie bildeten wiederum die Vorläufer für Tausende von Abteilwagen in aller Welt. Im Design hatten Griffith und Bramah also Nachahmer gefunden. Nicht jedoch beim Antrieb.
Zwar hatte Griffith die Dampfmaschine sinnvollerweise am Heck untergebracht und auch einen fortschrittlichen kleineren Kessel entwickelt. Aber über Probefahrten, zumeist im Hof von Bramahs Fabrik, kam man einfach nicht hinaus, weil die Kesselleistung nicht ausreichte, um genügend Dampf zu erzeugen [51].
Erfolgreicher waren da schon die Herren Burstall und Hill aus Edinburgh und London mit ihrer dampfbetriebenen Mail-coach von 1824. Sie fuhren immerhin mit 5 bis 6 km/h Geschwindigkeit durch die Straßen.
Als Dampfmaschine hatten sie den bewährten ›Grasshopper-Typ‹ gewählt, so genannt, weil die Balancierhebel wie Flügel einer Heuschrecke aussahen. Diese bewährte Dampfmaschine hatten sie verkleinert, zwei Maschinen nebeneinander gesetzt, einfache Kurbeln zur Kraftübertragung gewählt und dann noch eine Innovation erprobt: Den Allradantrieb

Dampfbus mit Vierradantrieb von Burstall und Hill, 1824.
(Verkehrsmuseum Nürnberg)

über eine Art Kardanwelle. Sie hatte Kegelgetriebe an beiden Enden, dazu offensichtlich ein elastisches Element im Drittelspunkt.
Burstalls und Hills ›Quattro‹ war also mechanisch gesehen ein interessantes Fahrzeug, aber das Herz der Dampf-Coach funktionierte nicht zufriedenstellend: Der Kessel war reparaturanfällig. Offensichtlich war wie bei Griffith auch hier das Problem nicht gelöst, wie man aus einem kleinen, leichten Kessel genügend Dampf für die Streckenfahrt erzeugen konnte. Auch William Henry James gehörte zu den frühen Pionieren der englischen Dampfbusse um 1825.

GOLDSWORTHY GURNEY, ERFOLGREICHER VORKÄMPFER DES KRAFTFAHRZEUGES

»In der Anwendung der Dampfkraft als eines Fortschaffungsmittels auf Heerstraßen steht der Name Goldsworthy Gurney, eines Arztes und Chemikers in Cornwall, oben an«. So heißt es in der altertümlichen Übersetzersprache des Standardwerkes von Dr. Dionysius Lardner ›Die Dampfmaschine‹, erschienen zu Leipzig 1836 [80].
Seit 1825 beschäftigte Gurney (1793 – 1875) der Gedanke, einen Dampfwagen zu bauen. Kurz zuvor, 1824, hatte David Gordon ein Patent für den Vortrieb durch künstliche Beine erhalten, ähnlich den Ideen von Brunton, 1813, für den Vortrieb von Eisenbahnlokomotiven.
Auch Gurney nahm 1825 ein Patent für einen Vortrieb mit Hilfe künstlicher Beine und baute dann einen Dampfwagen, bei dem die Beine nur in Aktion traten, wenn die Räder durchdrehten [94]. Schließlich verzichtete Gurney ganz auf einen solchen Klapperatismus und kam mit der Adhäsion der Treibräder auf der Straße aus, so daß auch Gordon seine Versuche aufgab. Aber der Vorgang zeigt, welche heute unbegreiflichen Hemmschwellen beim Übergang vom Fuhrwerk auf Kraftwagen zu überwinden waren [94].

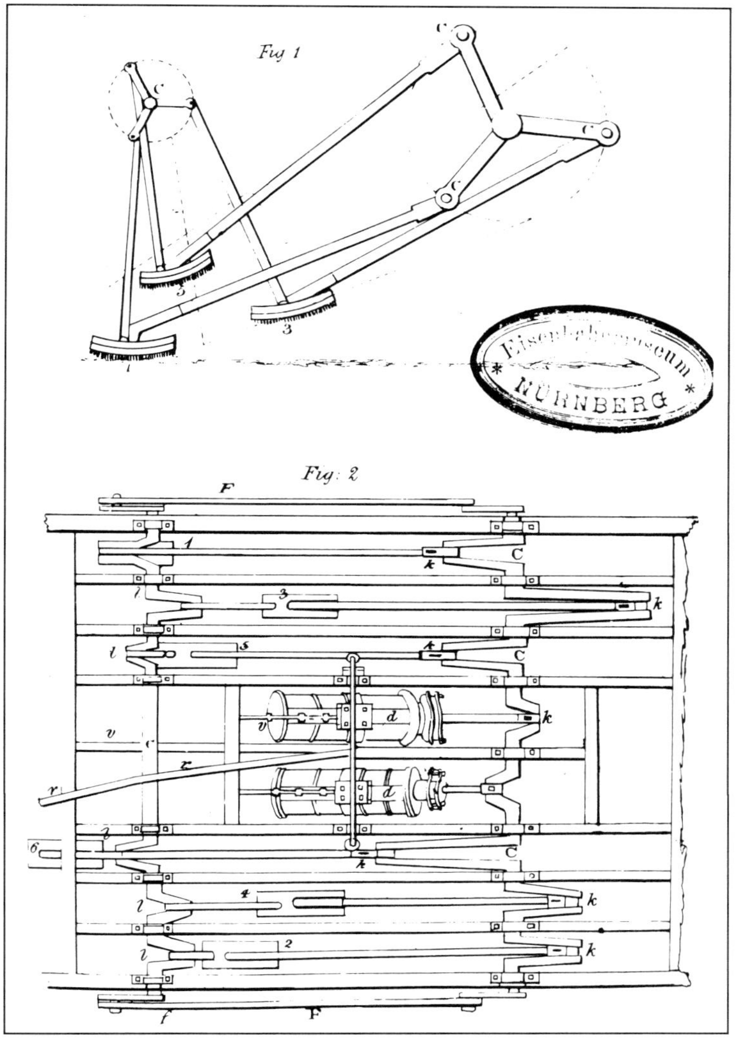

Vortrieb eines Dampfkraftwagens mit Hilfe künstlicher Beine. Patent von David Gordon, 1824.
(Verkehrsmuseum Nürnberg)

Was Gurney schließlich den praktischen Erfolg einbrachte, war ein zuverlässiger und leichter Wasserrohrkessel. Das Prinzip selbst hatte Stevens zwei Jahrzehnte zuvor in den USA entwickelt. Während bisher bei den Lokomotiven das Wasser einen dicken Kessel zu drei Viertel füllte und die Heizgase über ein Heizrohr im Wasserraum abzogen, machte Gurney genau das Gegenteil: Er füllte das Wasser in zahlreiche Röhren und ließ die Flammen und Heizgase diese Röhren umströmen, alles nach der Grund-

Gurneys große Dampfcoach von 1828 im Schnitt.
(Verkehrsmuseum Nürnberg)

idee: Wenig Wasser, wenig Gewicht – viel Heizfläche, also auch viel Dampf und Antriebsleistung! Und bei den Dampfwagen gab man eben nicht Vollgas, sondern da hieß es genau wie beim Dampfschiff: Volldampf voraus!

Gurney hat zwei oder drei Dampfkraftwagen gebaut, darunter einen Dampfschlepper, an die man eine normale Kutsche ohne Deichsel anhängte, so wie heutzutage den Wohnwagen ans Automobil. Gurney's erfolgreichster und populärster Typ war freilich seine ›motorisierte‹ Mail-Coach in der verbesserten Form von 1828.

Das Studium dieses großen Dampfkraftwagens gibt einen interessanten Einblick in die Dampftechnologie und läßt auch schon ein wenig ahnen, weshalb später Carl Benz und Gottlieb Daimler mit dem leichten Motor eine erfolgreiche Entwicklungslinie eröffneten. Hauptteile des Antriebs waren Dampfkessel mit Feuerbüchse und Speisepumpe sowie Dampfmaschine mit Getriebe, Gebläse und Wasserbehälter. Das Fahrzeug erforderte zwei Mann Bedienung, vorn den stolzen Fahrer und hinten den rußgeschwärzten Heizer auf dem weit auskragenden Bänkchen.

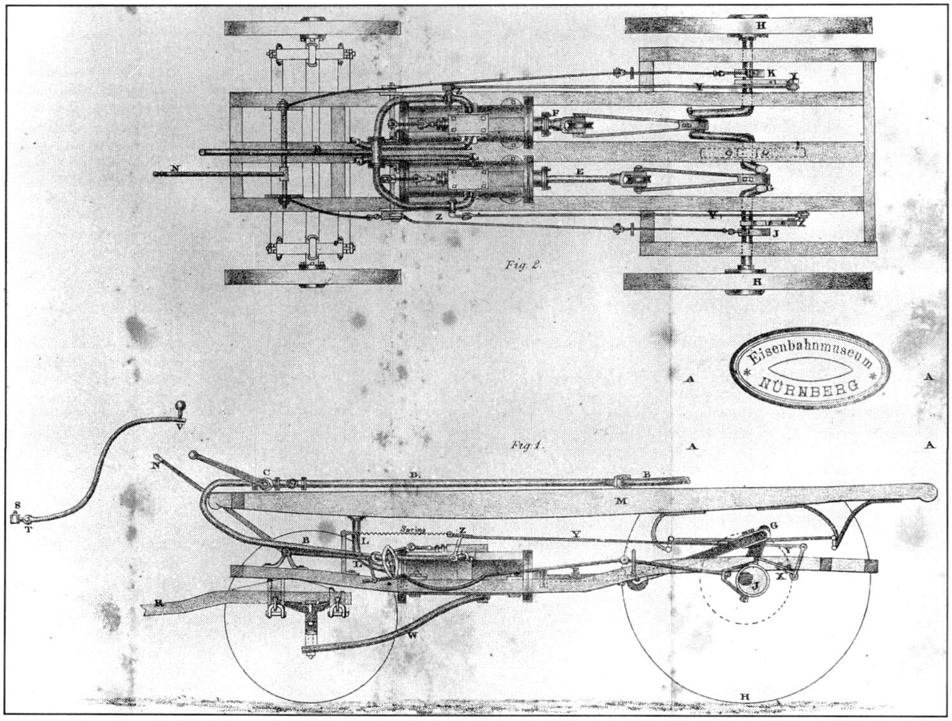

Fahrwerk, Dampfmaschine und Kraftübertragung von Gurneys Dampfcoach nach Alexander Gordon.
(Verkehrsmuseum Nürnberg)

Dampfkraftwagen von Goldworthy Gurney, Modell. (Science Museum London)

Der Wasserrohrkessel wurde von 18 winkelförmigen Röhren aa gebildet, die in die Zylinder bb eingeschweißt waren. Die unteren Rohrhälften bildeten den wassergekühlten Feuerrost. In den oberen Hälften wurde der Dampf erzeugt, der sich im Separator d sammelte und dort mitgerissene Wasserteilchen ausschied. Mit dem Reglerhebel n konnte der Fahrer das Drosselventil o in der Dampfleitung ee bewegen. Der Fahrer gab damit den beiden Arbeitszylindern unter dem Kutschkasten Dampf [43].

Jetzt mußten noch Vor- und Rückwärtsfahrt sowie Leerlauf gesteuert werden. Das besorgte der Fahrer mit dem Hebel m und dem Seilzug ll. Damit konnte er die Kulisse k anheben, in neutrale (Leerlauf)-Stellung bringen oder senken und damit den Ventilschieber für den Dampfeinlaß entsprechend steuern.

Der Kolben der Dampfmaschine gab die Kraft über einen Kreuzkopf und die Kurbel g an die gekröpfte Achse weiter. Der Exzenter h und die Kulisse k steuerten wiederum den Ventilschieber i. Eine Gangschaltung war ebenso wie bei der Eisenbahnlokomotive entbehrlich, weil die Geschwindigkeit über Dampfmenge (Regler) und Ventilschieber (Steuerung) geregelt werden konnte. Gurney verwendete zwei nebeneinander liegende Dampfzylinder.

Als Zusatzeinrichtung wirkte die Speisepumpe n zur Versorgung des Kessels mit Wasser aus dem unteren Vorratsbehälter t. Die Teile 1, 2, 3 markieren das Gebläse zur Feueranfachung. Die Leistung seiner Maschine bezifferte Gurney mit 12 PS [94 S. 68].

Eine Kleinigkeit spricht zusätzlich noch für den Einfallsreichtum von Gurney, nämlich seine simple Servolenkung. Gurney lenkte einfach eine Vorlaufachse, und diese bewegte die Deichsel der Vorderachse in die gewünschte Richtung – wie es bisher die Pferde getan hatten! Da Gurney das Differentialgetriebe für die Hinterachse noch nicht kannte, ließ er lediglich ein Hinterrad antreiben. Das zweite konnte er jedoch bei Bedarf einkuppeln.

GURNEYS ÜBERLANDFAHRT

Wie dem auch sei, Gurney war der erste, der durch ausgedehnte Stadtfahrten in London und Fernfahrten über Land der Welt bewies, daß selbstfahrende Wagen mit Maschinenkraft keine Utopie mehr waren, sondern im Reiseverkehr den pferdebespannten Kutschen ernsthafte Konkurrenz machen konnten. Das zeigte insbesondere seine erste Fernfahrt im Jahr 1828.

Es war eine abenteuerliche Fahrt. Schon am ersten Tag mußte Gurney als Fahrer sein ganzes Geschick beweisen. Just auf der Brücke in Longford kam dem Dampfkraftwagen die vierspännige Postkutsche von Bath im schnellen Trab entgegen. Und ausgerechnet hier war die Fahrbahn durch einen Ziegelhaufen verengt, weil die Brücke repariert wurde, und das Verkehrsschild ›Fahrbahnverengung‹ war natürlich noch nicht erfunden.

Geistesgegenwärtig bremste Gurney sein schweres Kraftfahrzeug und lenkte es in den Ziegelhaufen, um Schlimmeres zu verhüten. So prallte man zwar nicht zusammen, aber der Mail-Coach gingen die Pferde durch, so daß »man sie aus den Strängen schneiden mußte«. Gurney konnte eine Viertelstunde später nach behelfsmäßigen Reparaturen bis Reading weiterfahren und seinen Wagen dort in zwei Stunden für die Weiterfahrt instandsetzen [52].

Um 10.30 Uhr ging es weiter Richtung Bristol. Gurney war außerordentlich vorsichtig und stets besorgt, genügend Wasser im Kessel zu haben, um eine Explosion zu vermeiden. Deshalb nahm er alle 6, 7 km Wasser. Oft hielt er auch schon nach drei oder vier Kilometern an einem Teich oder Bach, aus Furcht, auf längerer Strecke kein Wasser zu finden! Den Brennstoff mußte man in einem bespannten Tenderwagen mitführen. Sozusagen aus Umweltrücksichten verwendete Gurney entschwefelten Koks, der nicht qualmte.

Abgesehen von kleinen Pannen ging die Fahrt gut voran. Die Stimmung stieg mit jedem Kilometer, und gegen 20 Uhr kam Melksham in Sicht: Also hatte Gurney mit seinen acht Fahrgästen und einer Handvoll Ingenieuren und Arbeitern 70 bis 75 km auf leicht holperigen Schotterstraßen zurückgelegt. Angesichts der häufigen Halte erscheint es durchaus glaubwürdig, daß als Fahrgeschwindigkeit knapp 10 km/h angegeben wurden.

In Melksham, wo gerade Jahrmarkt war, bekam Gurney jedoch erstmals Haß und Widerstand zu spüren. Zwar fuhr er ganz langsam durch das Menschengetümmel, aber bald rotteten sich einfache Leute zusammen, beschimpften Gurneys Reisegesellschaft und warfen sogar mit Steinen. Nach Abstellung des Dampfwagens unter Polizeischutz erreichte Gurney am nächsten Tag sein Fahrtziel Bath in der Nähe von Bristol trotz der hügeligen Strecke ohne größere technische Störung.

Gewitzt durch die Erfahrung fuhr Gurney auf der Rückfahrt durch den Industrieort Devisez bei Nacht und mit Pferdebespannung, um bloß niemanden zu reizen! Dann, bei Tage, ging es allerdings mit Höchstgeschwindigkeit weiter, daß die Postpferde einer begleitenden Postkutsche Mühe hatten mitzuhalten und am Ende völlig erschöpft waren. Schließlich hielt die Post extra an, um den Fahrgästen die Beobachtung zu ermöglichen, ob Gurneys Dampfwagen eine vor ihm liegende Steilstrecke überwinden konnte. Gurney schaffte es sogar in zügiger Fahrt, und die Zuschauer applaudierten begeistert [52].

Aber das war noch nicht alles. Gurney fuhr die 136 km von Melksham nach Cranford Bridge in nur zehn Stunden, obwohl er mehrmals zum Wasser- und Kohlefassen anhalten mußte [51]. Die Reisegeschwindigkeit von 13,6 km/h war größer als die der Postkutsche, und in der Spitze konnte Gurneys Wagen 22 bis 24 km/h erreichen – eine respektable Geschwindigkeit für das schwere Fahrzeug auf beschotterten Straßen.

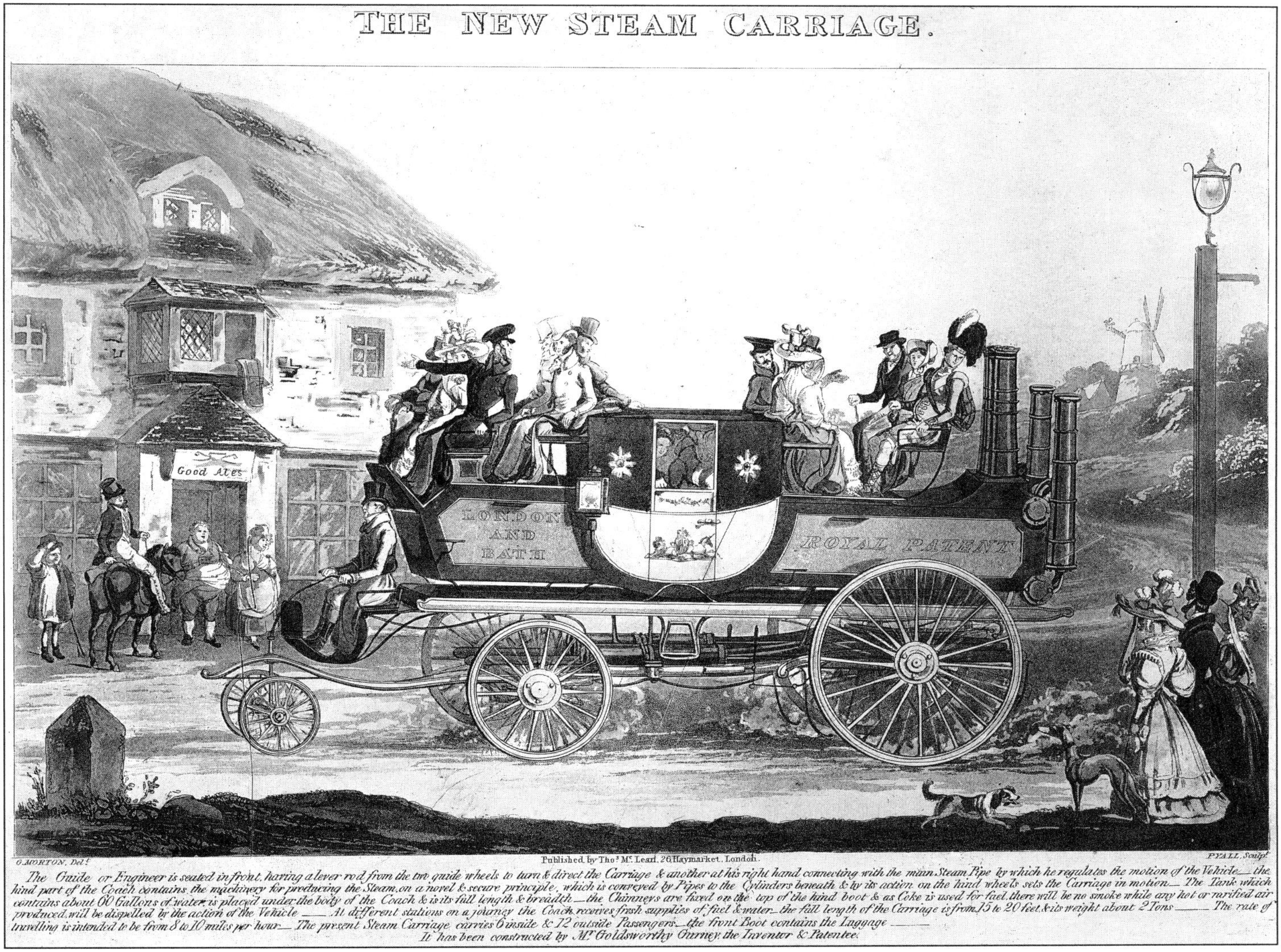

Gurneys „New Steam Carriage“ in voller Fahrt, Lithographie von Pyall. (Science Museum London)

Gurneys zahlreiche Stadtfahrten in London, vor allem aber seine spektakuläre Überlandfahrt nach Bath hatten den Beweis gebracht, daß die Dampfkraft nicht nur auf der Schiene, sondern auch auf der Straße dem pferdebespannten Wagen überlegen war. Und Gurneys große Dampfkutsche wurde ein beliebtes Motiv für Zeichner und Maler.
Goldsworthy Gurney hatte seinen Namensgebern alle Ehre gemacht: Für die Verbreitung und Verfestigung der Idee vom Auto-Mobil war Gurney ›Goldes wert‹!

WALTER HANCOCK, PIONIER DES KRAFTOMNIBUSSES UND BUSUNTERNEHMER

Die Jahre 1828 bis 1830 hatten es in sich! Noch nie hatte man eine solche Dynamik bei den Fortschritten im Landverkehr gesehen. Für die Eisenbahn Liverpool – Manchester entstanden ungewöhnliche Ingenieurbauten, um eine nahezu geradlinige und fast ebene Strecke zu schaffen. Gurney hatte 1828 den Dampfkraftwagen im Überlandverkehr getestet. 1829 folgte das Lokomotivrennen von Rainhill mit

46,7 km/h Höchstgeschwindigkeit der Siegermaschine Rocket, und im Jahre 1830 zog diese Lok bereits einen der Eröffnungszüge zwischen Liverpool und Manchester. »Volldampf voraus« war die Devise für alle, den Neuerungen aufgeschlossenen Engländern. Dabei erschienen um 1830 beide Wege für die Revolution des Verkehrs gangbar, auf Schiene und auf Straße. Einer der Beharrlichsten, der auf die Straße setzte, war Walter Hancock aus Stratford, Essex.
Hancock fing klein an und experimentierte zunächst mit einem dreirädrigen Dampfkraftwagen. Freilich stellte er sich 60 Jahre nach Nicolas Cugnot geschickter an: Er verlegte den leistungsfähigen Dampfkessel nach hinten, weil er keine Kanonenrohre zu transportieren gedachte und wählte einen Frontantrieb durch zwei bewegliche Dampfzylinder, deren Kolbenstangen direkt auf versetzte Kurbeln wirkten. Was dabei herauskam, war einem viersitzigen Automobil von 1890 nicht unähnlich. Später verlegte er den Antrieb nach hinten.
Jedenfalls hatte Hancock ein einigermaßen schickes Fahrzeug für den privaten, individuellen Gebrauch mit ansehnlichen 4 PS gebaut. Daß der Schornstein so dick war, hatte keineswegs funktionale Gründe. Das war reine Angabe, oder sagen wir Geltungsbedürfnis.
Mit seinem Dampfkraftwagen legte Hancock 1829 und 1830 einige hundert Meilen zurück, nach Thurston [43] angeblich ohne Betriebsstörung, tatsächlich wohl, um Erfahrungen zu sammeln und zu verbessern. Jedenfalls war Hancocks privates Fahrzeug ein Vorläufer des Automobils, mit dem er die Freuden des privaten Kraftwagens fast ebenso auskostete wie die heutigen Autobesitzer – vorausgesetzt Hancock hatte seinen Heizer bei sich und fand stets Kohlen und Wasser, wenn die Vorräte sich neigten.
Aber Hancock verfolgte nicht die denkbare Entwicklungslinie zum privaten Automobil. In der Glanzzeit der Postkutsche war es nur zu verständlich, daß er die Zukunft des Dampfkraftwagens bei den größeren Fahrzeugen im öffentlichen Linienverkehr vermutete.

HANCOCKS FORTSCHRITTLICHE BUSKONSTRUKTIONEN

Walter Hancocks erstes für den praktischen Einsatz bestimmtes Kraftfahrzeug war der Dampfbus ›Infant‹ von 1831, sinnigerweise das ›Kind‹ genannt, weil die Entwicklung des Kraftfahrzeuges noch in den Kinderschuhen steckte. Ursprünglich mit oscillierenden (beweglichen) Zylindern ausgerüstet, baute Hancock den Antrieb 1832 auf feste, senkrecht angebrachte Dampfmaschinen um [95]. Damit hatte Hancock für die Anordnung der Hauptkomponenten der Maschinenanlage die Standardform gefunden, die er bei seinen verschiedenen Dampfbussen beibehielt.
Am äußersten Wagenende waren die beiden Kompaktkessel für 21 bar Druck innerhalb des Wagenkastens untergebracht. Auf einem auskragenden Podest befand sich der zugige Arbeitsplatz des Heizers und der Kokskasten. Der Brennstoff wurde über eine Art Schleuse in die Feuerbüchse eingebracht, damit dem Heizer nicht die Flammen ins Gesicht schlugen, denn die Feuerbüchse stand unter dem Luftdruck des unter dem Wagen angebrachten Gebläses. In Fahrtrichtung vor dem Kessel lag der Maschinenraum. Hier waren die Dampfzylinder vom Straßenschmutz geschützt und zum Abschmieren aller beweglichen Teile gut zugänglich. Vermutlich hielt sich der Heizer wenigstens zeitweise im Maschinenraum auf. Eine umlaufende Kette verband die Kurbelwelle der Zweizylindermaschine mit der hinteren Treibachse. Bei dieser Anordnung konnten sämtliche Fahrzeugkomponenten gefedert untergebracht werden, eine

Walter Hancocks „Steam Carriage" von 1829, ein Dampfkraftwagen zum Experimentieren und für den privaten Gebrauch.
(Verkehrsmuseum Nürnberg)

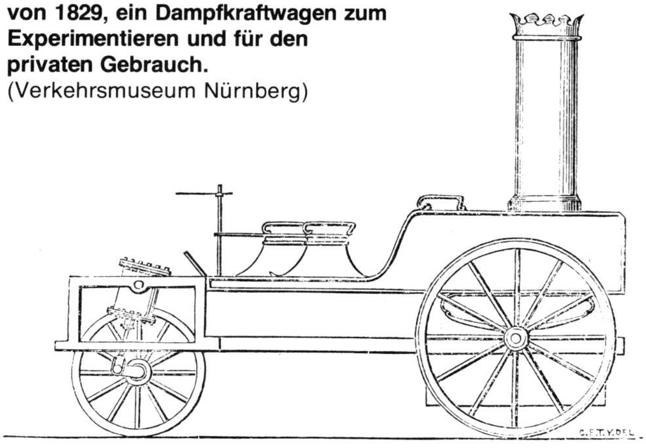

Dampfbusse von Walter Hancock. Oben „Infant" nach dem Umbau von 1832. Unten: „Autopsy" von 1833.
(Verkehrsmuseum Nürnberg)

für die schlechten Straßen unverzichtbare Bedingung.

Auch bei der ›Fahrgastzelle‹ war Hancock enorm fortschrittlich: An die Stelle des fast hundert Jahre alten Kutschkastengebirges mit Sitzen in zwei bis drei Ebenen, zeichnete er ein geradezu modernes Busdesign mit allen Sitzen in einer Ebene.

Der Name ›Infant‹, das Kind, war allein schon wegen des Durchbruchs in Antriebsanlage und Design stark untertrieben. Und dieser Dampfbus bewährte sich auch alsbald im praktischen Linienbetrieb »being the first Steam Coach, that ever carried passengers for hire.«

Im Jahr 1833 brachte Walter Hancock den halbgeschlossenen Dampfbus ›Autopsy‹ und den Dampfbus ›Enterprise‹ heraus, der mit seiner völlig geschlossenen Fahrgastkabine und mit durchlaufendem Fensterband einem heutigen Omnibus am ähnlichsten kam. Dann folgte 1833 noch die etwas mehr konventionell gestaltete Steam Coach ›Era‹, sodann später ein Dampfschlepper für einen Herrn Voigtländer aus Wien und der Dampfbus ›Automaton.‹

Dampfbus „Era" von Walter Hancock.
(Sience Museum London)

DAMPFBUSSE IM NAHVERKEHR UND AUF FERNFAHRT

Nach längerem Experimentieren wagte es Hancock im Februar 1831, seinen ersten Bus ›Infant‹ im Fahrgastverkehr gegen Entgelt zwischen Stratford und London einzusetzen. Hancock war damit aus der Rolle des Konstrukteurs sogleich in die Rolle des Unternehmers geschlüpft, um einen Dampfkraftwagen selbst im Markt zu testen. Vorher hatte er noch den Wagen auf der 1:18 geneigten Straße am Pentonville Hill bei Eisglätte erprobt. Die Pferde fanden kaum Halt. Aber der Infant »did its duty noble« [95].
Am 31. Oktober 1832 brach Walter Hancock mit dem ›Infant‹ und zehn Fahrgästen an Bord zur Fernfahrt von London nach Brighton auf. Man fuhr mit 15 km/h Durchschnittsgeschwindigkeit mit Ausnahme der Steigung von Redhill, die mit 8 – 9 km/h überwunden wurde. Nicht weit vor Brighton mußte man übernachten, weil kein Koks aufzutreiben war, aber am nächsten Morgen fuhr man stolz über die Grand Parade und den Waterloo Place in Brighton ein. Mit 15 Personen, darunter zwei Frauen, ging es am gleichen Tag zurück, und jetzt holte Hancock alles aus der Maschine heraus, was an Reserven noch drin war. Die gestoppte Zeit zwischen zwei Meilensteinen bewies: man hatte trotz leichter Steigung 27 km/h erreicht [94 S. 111]!
Auch die Dauerleistung des ›Infant‹ konnte sich sehen lassen: Im regnerischen November 1832 fuhr Hancock die 91 km von Stratford nordwestlich von London nach Brighton in knapp zehn Stunden wovon zweieinhalb Stunden für Essenspausen und ›Tanken‹ von Koks und Wasser gebraucht wurden.
Nach Gordon [94] betrug die Vorbereitungszeit 20 Minuten, um den nötigen Dampfdruck zu erzeugen. Alle 8 Meilen, also alle 13 km, mußten rund 350 bis 400 l Wasser getankt werden! Auf dieser Strecke wurden durchschnittlich 4 bushel Koks verbraucht. Das entsprach einem Volumen von 145 l oder sieben großen Eimern. Das Fahrzeug selbst war dreieinhalb Tonnen schwer.

Hancocks Ziel war es, die offensichtlich betriebstüchtigen Dampfbusse im Linienverkehr einzusetzen und damit seinen Kraftfahrzeugen einen großen Markt zu öffnen. So hatte er nach den Erfolgen des ›Infant‹ den Dampfbus ›Enterprise‹ für die neu gegründete ›London and Paddington Steam Carriage Company‹ gebaut und, beginnend am 22. April 1833, 16 Tage lang persönlich auf der künftigen Route getestet. Nach den von Gordon [94] veröffentlichten Aufzeichnungen fuhr Hancock die 15 bis 16 km lange Strecke recht zuverlässig in Fahrzeiten zwischen 50 und 80 Minuten, je nachdem wie er durch ›delays‹ in dem lebhaften Stadtverkehr aufgehalten wurde.
Hancock hatte bewiesen, daß sein Dampfbus Enterprise ein sehr zuverlässiges Verkehrsmittel darstellte und erwartete nun nach Übergabe an die Gesellschaft den Auftrag für zwei weitere Fahrzeuge dieses fortschrittlichen Typs. Doch der leitende Ingenieur der Gesellschaft, Mr. Redmund stellte den Wagen ins Depot, zerlegte ihn in aller Seelenruhe in alle Einzelteile und begann selbst ein Fahrzeug nach diesem Vorbild zu bauen. Bei der Lenkung nahm er eine Änderung vor, aber auch dies war nicht seine Idee, entsprach vielmehr Ackermans Patent von 1816, und dies basierte auf dem Konzept von Lankensperger.
Erst nach langem Hin und Her konnte Hancock die Remontage von ›Enterprise‹ erzwingen. Das erhoffte Geschäft war freilich gescheitert. Aber Hancock ließ sich nicht so leicht erschüttern und betrieb immer wieder Nahverkehrslinien auf eigenes Risiko.
So beförderte er 1834 von Mitte August bis Mitte November 4000 Fahrgäste zwischen London und Paddington. Im Mai 1836 zog er seine gesamte Busflotte zusammen und unternahm in fünf Monaten über 700 Fahrten zwischen City, Paddington und Islington, womit 12 761 Fahrgäste anstandslos befördert wurden [95]. Mehr noch. Aus der Zeit um 1891, also der ersten Automobile, stellte Sir Frederick Bramwell seinerzeit fest: »Es ist ganz sicher, daß im Hinblick auf die Geräuschlosigkeit der Fahrt und die Vermeidung von Ärgernis für andere Straßenbenut-

Walter Hancocks Dampfbus „Enterprise“ ähnelte bereits mit dem durchgehenden Fensterband und geschlossenem Fahrgastraum einem heutigen Omnibus. „Enterprise“ bot 14 Sitzplätze auf Längsbänken. (Deutsches Museum München)

zer, Hancocks Coaches aus der Zeit vor fünfzig Jahren alles Heutige übertraf!« [95]

MACERONIS SCHNELLER KOMPAKTWAGEN

Unter allen Pionieren der Dampfkraftwagen war Francis Maceroni so etwas wie ein Außenseiter. Schon der Name klang in England durchaus fremd, und in der Tat war Maceroni der Sohn eines in England lebenden Italieners. Auch sein Leben verlief recht ungewöhnlich. Im Jahr 1814 war Maceroni Adjutant des Königs zu Neapel, also des früheren napoleonischen Reitergenerals Murat. Vielleicht hatte sich Maceroni als Reiteroffizier hochgedient, jedenfalls wird er später als Colonel tituliert. Und es paßte zu diesem Manne und seinem flotten Leben, daß er eben nicht die großen Wagen von Gurney oder Hancock kopierte, sondern einen schnelleren und kleineren Dampfkraftwagen konstruierte.

Ziemlich verarmt aus einem Abenteuer in der Türkei nach London zurückgekehrt, fand er Mr. John Squire, der ein Modell für einen kleinen Dampfwagen gebaut hatte, und einen nicht genannten Gönner, der ihm Geld für die Anmietung einer Werkstatt und den Kauf von Werkzeugen und Material zur Verfügung stellte.

Wieder einmal stand ein neuer Kessel am Anfang der

Entwicklung, dieses Mal ein Röhrenkessel mit nicht weniger als 81 senkrechten Röhren [95]. Mit 10,5 bar brachte Maceronis und Squires Patentkessel von 1833 ausreichend Druck, um einen schnellen Wagen zu verwirklichen.

Bereits während der Bauzeit des Dampfkraftwagens machte der clevere Maceroni geschickte Reklame. Und was Maceroni und Werkmeister Squire mit Gehilfen konstruierten und bauten, konnte sich durchaus sehen lassen: Ein Dampfkraftwagen mit gediegenem Design, viel kleiner als Hancocks Busse, viel gefälliger als Gurneys Coach – alles in allem eine flotte Dampflimousine und so etwas wie der erste Kompaktwagen. So empfanden das jedenfalls die Zeitgenossen. »It appears to be the simplest and most compact steam carriage that has yet been tried in public.« So stand es zum 5. Oktober 1833 in der Zeitung zu lesen [95].

Aber der Kompaktwagen war nicht nur gefällig anzusehen, er war auch schnell, sozusagen der richtige Wagen für einen wagemutigen Kavallerieoffizier. Nach Alexander Gordon waren Geschwindigkeiten von 29 bis 32 km/h nichts Ungewöhnliches. Und Maceroni schonte seinen Wagen nicht. Im Oktober hatte er bereits 1700 Meilen zurückgelegt, angeblich ohne Reparaturen.

Maceroni und ebenso Squire waren draufgängerische Fahrer. Steilstrecken und rasante Abfahrten waren ihnen gerade das Richtige! Sie schafften nicht nur die gefürchtete Steilstrecke hinauf nach Bushy Heath in Middlesex, sondern wagten auch die Abfahrt nach Watford: »We went thundering down the hill at the

„Steam Carriage for common roads" von John Squire und Francis Maceroni, patentiert am 18. Juli 1833 – eine schnelle, kompakte Dampflimousine. (Science Museum London)

Sir Charles Dance auf Testfahrt mit einem von Gurney gelieferten, möglicherweise umgebauten Dampfschlepper und angehängten Pferdebus, 1833. (Verkehrsmuseum Nürnberg)

rate of thirty Miles an hour. Mr. Squire was steersman, and never lost his presence of mind« [95]. So donnerten die beiden mit 48 km/h zu Tal. In Watford starrten die Männer sprachlos auf dieses Wunder, und die Frauen klatschten in die Hände.

Kein Zweifel! Maceroni und Squire waren die schnellsten Kraftfahrer dieser Zeit und die ersten Männer, die schneller als mit einem rassigen Pferdegespann vor leichtem Wagen auf der Straße gefahren waren, und dies im Jahr 1833, gut fünfzig Jahre vor Daimler und Benz!

Leider war der flotte Maceroni finanziell bald am Ende. Zwar baute er noch einen größeren Dampfwagen für 16 Personen, offensichtlich, weil sich der neunsitzige Kompaktwagen nicht verkaufen ließ. Doch dann zerfiel die Partnerschaft von Maceroni und Squire.

In dieser Zeit erscheint eine schillernde Persönlichkeit auf der Bühne der technischen Entwicklung: Signore d'Asda, ein Italiener. Angesichts der Geldknappheit stimmt Maceroni dem interessanten Plane zu, die beiden Dampfwagen auf dem Kontinent vorzuführen. So kamen 1835, im Jahr der ersten deutschen Eisenbahn, die beiden Maceroni-Wagen aufs Festland, der eine nach Brüssel, der andere nach Paris. Während jedoch d'Asda Ehre und Geld kassierte, erhielt Maceroni keinen Schilling [95].

DAMPFBUS-PIONIERE DER DREISSIGER JAHRE

Nachdem Gurney bis Februar 1831 drei Dampfwagen an Sir Charles Dance geliefert hatte, startete dieser Gentleman einen regelmäßigen Liniendienst zwischen Glocester und Cheltenham [94]. Dance bot täglich zwei Fahrten je Richtung mit erstaunlich guten Ergebnissen. Die Fahrzeit für die neun englischen Meilen = 14,5 km, lag – wie der ›Account of the Journeys‹ ausweist – bei durchschnittlich 55 Minuten. Bei insgesamt 315 Fahrten hatte es nur bei einem Dutzend Fahrten bedeutende Fahrzeitverlängerungen durch Reparaturen gegeben.

Dance beförderte insgesamt 3000 Personen und schrieb am 3. Februar 1832 an Mr. Gurney ›. . .Dampfwagen können in der Weise gewinnbringend eingesetzt werden, daß die Fahrgäste zum halben Preis der gegenwärtigen Pferde-Coaches befördert werden.‹ [94, S. 83]

Dance hatte sich 1831 alsbald mit der Opposition von Farmern, Kutschern, Postboys, Kutschenbauern und Pferdezüchtern auseinanderzusetzen. Aber dann kam es ganz dick: Am 22. Juni wurden große Haufen von Steinen 40 cm hoch auf die Straße geschüttet. Bei der dritten Fahrt brach die Achswelle. Aber selbst das hätte Dance nicht entmutigt, wenn nicht die Mautgebühren der Turn-pike-roads für die Dampfwagen geradezu unverschämt erhöht worden wären [94]!

Wie dem auch sei: Sir Charles Dance unternahm immer wieder höchst bemerkenswerte Testfahrten, von denen sogar Fahrtenprotokolle erhalten sind, die auf die Sekunde (!) genau die Vorbeifahrt an Meilensteinen festgehalten haben. So fuhr Dance am 21. September 1833 die 52 Meilen (83,7 km) von Brighton nach Lambeth in fünf Stunden 55 Minuten 30 Sekunden. Abzüglich vier Halte für Ergänzung von Wasser und Koks mit 56 Minuten betrug die reine Fahrzeit vier Stunden 59 Minuten 30 Sekunden und die durchschnittliche Fahrgeschwindigkeit damit 16,8 km/h [94 S. 92]. Für diese Fahrt hatte er einen von Gurney gelieferten, möglicherweise leicht verbesserten Dampfschlepper vor einem Pferdebus als Anhänger eingesetzt.

Im Jahr 1831 machten auch Summers und Ogle viel von sich reden, obwohl ihre Dampfkutsche gegenüber Trevithick und Gurney hinsichtlich Platzgewicht und Aufteilung der Aggregate eher einen Rückschritt, denn einen Fortschritt brachte. Wassertank, Kessel und Gebläse nahmen nämlich die halbe Wagenlänge ein, so daß nur neun Sitzplätze übrig blieben. Allerdings taten sie sich mit vergleichsweise hohen Geschwindigkeiten bis 40 km/h hervor. Mr. Ogle behauptete sogar, daß die größte Geschwindigkeit, die er auf einer ziemlich nassen Straße mit Flickstellen aus Kies erreicht habe, 32 bis 35 Meilen/Stunde betragen habe [95]. Aber da hatte wohl Mr. Ogle, wie auch zeitgenössische Kritiker meinten, den Mund zu voll genommen.

Bei Künstlern fand der Dampfwagen von Dr. Church aus Birmingham wegen seiner Größe und seinem

Dampfbus von Dr. Church, 1833.
(Verkehrsmuseum Nürnberg)

Dampfwagen und Dampfpferde im Jahr 1942 (!) im Prater in Wien. Satire aus „Bäuerles Theaterzeitung“ Satyrische Blätter, Wien 1842. [75]

fantasievollen Design größte Aufmerksamkeit. Da die Originalstiche auch mit dem Text ›Der Dampfwagen von London nach Birmingham‹ versehen waren, hat man dem Dampfwagen später unterstellt, daß er längere Zeit im Linienbetrieb eingesetzt worden wäre. Das aber ist, folgt man Fachleuten wie Young [51] oder Fletcher [95], leider ein Märchen.

Richtig ist vielmehr, daß Church zwischen 1832 und 1835 mit Dampfwagen experimentierte und dabei auch einige bedeutende Innovationen zuwege brachte. Church war der erste, der sich systematisch mit dem Leichtbau des Fahrzeugrahmens befaßte. Er ließ sich breite Eisenräder mit elastischen Felgen patentieren, die sich unter der Last abflachen und die Unebenheiten der Fahrbahn besser als die üblichen Holzräder auffangen sollten.

Aber ganz im Gegensatz zu den so überzeugenden Künstlerbildern funktionierte der überschwere Dampfwagen schlechter als die von anderen Konstrukteuren.

Zwar hatte sich frühzeitig die ›London and Birmingham Steam Carriage Company‹ gebildet, um den Linienverkehr zwischen den beiden Großstädten aufzunehmen. Doch Church kam mit dem Bau seines

Dampfwagens nur langsam voran. Als endlich der Dampfbus mit 40 Personen an Bord über die Coventry Road rollte, erreichte man immerhin 15 Meilen/Std. oder 24 km/h. Allerdings erwies es sich als unmöglich, die von Church angestrebten 32 km/h zu erreichen, ohne daß dieses oder jenes Teil auf den unebenen Straßen zu Bruch ging. Auch die nachfolgend gebauten Wagen versagten einer nach dem anderen [95].
Schließlich lieferte Dr. Church eine Arbeitszuglokomotive für die im Bau befindliche Bahn zwischen London und Birmingham und bezeugte mit dieser ersten Tenderlokomotive der Welt, daß er in der Eisenbahn die größeren Erfolgschancen sah.
Im Jahr 1834 erbaute John Scott Russell, der spätere Konstrukteur des berühmten Überseedampfers ›Great Eastern‹, sechs Dampfkraftwagen und setzte sie im Linienverkehr auf der 12 km langen Strecke zwischen Glasgow und Paisley ein. Zunächst funktionierten die Dampfbusse mit bemerkenswerter Regelmäßigkeit und Zuverlässigkeit. Dann ereignete sich jedoch am 29. Juli 1834 der erste ernste Unfall eines Dampfkraftwagens in Großbritannien: Nach einem Achsbruch explodierte der Dampfkessel und fünf Fahrgäste wurden getötet [88].
Vermutlich war dies überhaupt der erste ernste Unfall eines Kraftfahrzeuges mit Maschinenkraft. Wie dem auch sei: Die Linie wurde durch Gerichtsbeschluß eingestellt! Da half es nichts, daß jährlich viel mehr Menschen infolge durchgehender Pferde ums Leben kamen.
Im Dezember 1833 waren allein in London 19 Dampfkraftwagen in Betrieb oder im Bau begriffen, darunter fünf von Hancock. Alle übrigen Wagen waren Einzelstücke ihrer Hersteller und meistens von Young [51] als ›experimental one‹, also Versuchsfahrzeuge bezeichnet, so die von Mister Frazer oder Palmer.

KARIKATUREN UND VISIONEN VOM MOTORISIERTEN VERKEHR

Bereits nach dem Erscheinen der ersten Dampfkraftwagen hatte ein flinker Karikaturist 1828 die Vision einer Motorisierung per Dampf im Spottbild zu Papier gebracht: Im dichten Gewimmel dampfen und qualmen die seltsamsten Dampfkraftwagen die Regent-Street entlang. Jung und alt sind unterwegs; man rast und stürzt, gibt an oder schaut grimmig ins Fahrzeuggetümmel. Die Phantasie des Künstlers hat Witziges und Visionäres zugleich geschaffen.*
Da gibt es alle heutigen Fahrzeuggrößen vom ›Dampfroller‹ oder Motorrad über den Kleinwagen bis zur großen Limousine. Und damit war der Karikaturist seiner Zeit um hundert Jahre voraus. Wahrscheinlich hat er aber gar nicht ernsthaft an eine derartige Motorisierung geglaubt. Den Schalk erkennt man am Detail: Die kleinen Dampfautos sind dreirädrige Fahrzeuge mit einem verkleideten Kasten, worauf die Fahrer rittlings sitzen, eine bildhafte Darstellung vom Dampfroß. Und wo beim Pferd der Schwanz sitzt, hat der Künstler einen Auspuff angebracht. Welch eine sinnige Anspielung!
Auf solch einem Dampfroß sitzt auch der kecke Bursche, der auf einem Spottbild von 1829 an zwei aufgeputzten Ladies qualmend vorbeirauscht. »Pfui, dieser schmutzige Bursche«, sagte die eine Dame. Und sie fährt fort: »Der arme Teufel füttert sein Roß mit gewöhnlichen Kohlen.« Und deren starker Qualm stank nach Schwefel. Im Hintergrund sieht man übrigens eine Kohlentankstelle mit drei Preisklassen. Und so ähnlich sollte es ja auch kommen: Normal, Super und Diesel.
Auch für den Prater in Wien sah ein Karikaturist in ›Bäuerles Theaterzeitung‹ ein enormes Gewimmel von Dampfkraftwagen voraus – für das Jahr 1942!

* siehe Farbbild Seite 61

16. Optimismus und Rückschläge, Herrenfahrer und Red Flag Act

Als die Patente auf Dampfkraftwagen seit 1821 einander immer rascher folgten und sodann die ersten Versuchsfahrten bewundert werden konnten, hatte sich bereits in manchen Kreisen ein Optimismus entwickelt, der dem Wagen ohne Pferde auf den Landstraßen eine große Zukunft voraussagte. So schrieb die Revue Britannique bereits 1827, also noch vor Gurneys großer Überlandfahrt: »England geht in dem es kennzeichnenden Überschwang bereits daran, die Anspannvorrichtungen bei Tausenden auf die Straße abgelassenen Wagen zu entfernen und die das ganze Land durchschneidenden Kanäle zuzuschütten.« [nach 52]. Während hierbei eine gute Portion Ironie mitschwang, fuhr die Zeitschrift ernsthaft fort: »Welches Verkehrsmittel kann in Wirklichkeit der Konkurrenz der neuen Wagen standhalten, die 20 bis 25 Personen, beträchtliches Gepäck über gewöhnliche Straßen vorwärtsbringen, ohne Pferde, mit einem einzigen Führer und ohne jede Kosten als ein wenig Kohlen?«

SONDERAUSSCHUSS PRO DAMPFKRAFTWAGEN

Nach den spektakulären Fahrten von Gurney und Hancock stieg die Stimmung pro Dampfkraftwagen in fortschrittlichen Kreisen Großbritanniens noch ganz erheblich. Ebenso aber verstärkte sich die Gegnerschaft bei den Straßengesellschaften und den Fuhrleuten. Der Dampfkraftwagen wurde daher zu einem derart bedeutenden Thema in der Öffentlichkeit, daß es dem englischen Unterhaus im Jahre 1831 notwendig erschien, einen parlamentarischen Sonderausschuß einzusetzen.
Zu untersuchen war, »der gegenwärtige Stand und

Im Gegensatz zu den Dampfbussen gewannen die Dampfschlepper ein beachtliches Einsatzfeld. Im Bild ein Dampfschlepper von Boydell, 1857, mit der Besonderheit des „endlosen Gleises“.
(Science Museum London)

die zukünftigen Aussichten des Landverkehrs mittels Räderfahrzeugen, die auf gewöhnlichen Straßen durch Dampf oder Gas angetrieben werden.« [69]
Das Ergebnis ließ auf eine leuchtende Zukunft der Dampfkraftwagen schließen. Der Ausschuß berichtete, daß die Einführung der mechanischen Kraft für Straßenfahrzeuge eine der wichtigsten Verbesserungen darstellte, die jemals für die interne Kommunikation eingeführt worden sei. Der Ausschuß war der Ansicht, daß die praktische Brauchbarkeit der Dampfkraftwagen erwiesen sei [69].
Im einzelnen stellte der Ausschuß fest [43 S. 187], daß

»1. Wagen auf Landstraßen mittels Dampf mit einer Durchschnittsgeschwindigkeit von zehn Meilen pro Stunde betrieben werden können;
2. dieselben bei einer solchen Geschwindigkeit über 14 Passagiere befördert haben;
3. ihr Gewicht, einschließlich Maschine, Personal, Brennstoff und Wasser unter drei Tons (3000 kg) betragen kann;
4. bedeutende Steigungen in beiderlei Richtung leicht und sicher überwunden werden können;
5. die Passagiere in keiner Weise gefährdet sind;
6. daß diese Wagen, wenn richtig konstruiert, das Publikum durchaus nicht zu stören oder zu belästigen brauchen;
7. der Betrieb mittels Dampf zugleich schneller und wohlfeiler ist als mittels Pferdekraft;
8. die Wege durch die hier zulässigen breiteren Radkränze mehr geschont werden;
9. die auf dem Betrieb der Dampfwagen lastenden Zölle, wenn sie fortbestehen sollten, für mehrere Linien geradezu prohibitive Wirkung haben würden.«

Der konsequente Vorschlag des Ausschusses, das neue Verkehrsmittel gegen überhöhte Zölle (Mautgebühren) zu schützen, und zwar mit möglichst geringer Verzögerung, wurde vom Parlament nicht aufgenommen. Im Gegenteil, ein entsprechendes Gesetz wurde zurückgewiesen.
So sehr der Ausschuß auch die Vorzüge der Dampfkraftwagen anerkannt hatte, so versagte das House of Commons bei der historischen Aufgabe, dem jungen automobilen Verkehrsmittel die willkürlich errichteten Hürden aus dem Weg zu räumen!
Genau das Gegenteil traf Gurney, Hancock und die anderen Vorkämpfer für Dampfkraftwagen auf das Härteste: Die willkürlich und maßlos überhöhten Mautgebühren der Turnpike-Trusts. So hatte Gurney vor dem Ausschuß ausgesagt, daß er auf der Ashburton and Totnes road für seinen Dampfwagen 2 £ zu bezahlen habe, während für eine vierspännige Kutsche nur 5 Schilling zu entrichten seien. Auf der Liverpool and Prescot road war es noch schlimmer. Mit 2 £ 8 s zahlte er für den Dampfwagen das achtfache (!) einer Kutsche.
Charles Young sah den Hauptgrund für diese geradezu diskriminierende Gebührenpolitik der Mautstraßen-Gesellschaften darin, daß »ein großer Teil der Gesellschaften von einer Clique von Postkutschern, Kanalbesitzern und anderen gehalten wurden, die alles andere, nur keine Konkurrenz auf den Straßen tolerierten.« [51]

Der private Dampfkraftwagen des Marquis of Stafford, 1859.
(Verkehrsmuseum Nürnberg)

Richetts Dampfkraftwagen. Mit diesem oder einem ähnlichen Fahrzeug ging der Earl of Caithness auf Fernfahrt!
(Science Museum London)

Dennoch ließen sich die Erbauer der Dampfwagen anfangs nicht entmutigen. Aber dann folgte die Eisenbahnmanie! Nach dem spektakulären Erfolg der Dampfeisenbahn Liverpool – Manchester und der Verdoppelung der Aktienkurse, schossen die Bahngesellschaften wie Pilze aus dem Boden. Das Kapital nahm den Weg zu den Eisenbahnen, die hohe Erträge erwarten ließen und nicht zu den Dampfkraftwagen auf den Straßen. Und je mehr Bahnen gebaut wurden, um so mehr wuchs die Zahl derer, denen Wettbewerber auf der Straße zuwider waren. Der Zug war abgefahren!
So wurde es immer stiller um die automobilen Wagen auf den Straßen, und nach 1840 gab es so gut wie keine Versuche mehr, Dampfbusse im öffentlichen Linienverkehr einzusetzen.

HERRENFAHRER ANNO 1860

Wenn auch gegen 1840 die Dampfbusse verschwanden, so waren die Vorteile der Dampfmaschine viel zu groß, als daß sie auf die Anwendung in Fabriken und auf Eisenbahnen beschränkt bleiben konnten. Einfallsreiche Köpfe entwickelten die ›locomobile engine‹, zu Deutsch als ›Lokomobile‹ bezeichnet. Man setzte den Langkessel auf vier starke Räder mit drehbarer Vorderachse. Auf den Kessel montierte man ›huckepack‹ die Dampfmaschine und schon war die bewegliche Dampfmaschine fertig. Mit Pferden bespannt konnte sie auf großen Landgütern an verschiedenen Stellen und zu verschiedenen Zwecken verwendet werden, so zum Antrieb von Dreschmaschinen, Holzsägen oder Häckselmaschinen.

Von da aus war es nur ein einziger Entwicklungsschritt zum selbstfahrenden Dampfschlepper, der nun beides konnte: Antreiben von Arbeitsmaschinen und dazu noch schwere Lastwagen schleppen. Also war man auf dem Umweg über die Lokomobile wieder bei Dampfschleppern angekommen, wie sie auch Gurney und Hancock versucht hatten. Freilich waren die nunmehr für die Landwirtschaft entwickelten ›Straßenlokomotiven‹ stärkere und schwerere Maschinen, die mit ihrem Langkessel den Eisenbahnlokomotiven ähnelten. Sie waren ›locomotive engines‹, also fortbewegende und nicht nur ›locomobile engines‹, d. h. ortsbewegliche Dampfmaschinen.

Angesichts diesen Trends zu schweren, langsamen Dampftraktoren und Lokomobilen ist es sehr bemerkenswert, daß um 1860 , also nach zwanzig Jahren Pause, endlich wieder einige leichtere und schnellere Dampfwagen auf den Straßen auftauchten, diesmal nicht als motorisierte Kutschen oder Dampfbusse, sondern als Dampfkraftwagen für den privaten Gebrauch. Nach allem Anschein hatten diesmal nicht Idealisten und erfindungsreiche Ingenieure die Fahrzeuge um des Fortschritts willen entwickelt. Vielmehr waren es adlige Herren, reiche Grundbesitzer, die sich einen automobilen Wagen bauen ließen, um damit ganz persönlich nach ihren Bedürfnissen umherfahren zu können.

Die Besteller, die Nutzer waren da! Aber wer konnte die gewünschten Dampfwagen bauen? Schaut man sich den ersten dieser Wagen an, den des Marquis of Stafford von 1859, dann fällt die Erklärung leicht. Das umfängliche Fahrzeug mit steifem Eisenrahmen und dickem Dampfkessel verrät nur allzu sehr die Herkunft aus einer Lokomobil-Fabrik. Und dennoch war dieses dreisitzige Kabriolet trotz Kessel und Eisenchassis gar nicht so schwer. Leer wog es 969 kg und betriebsbereit mit Wasser und Kohlen 1525 kg. Hunger und Durst dieses Dreisitzers waren allerdings beachtlich. Pro Kilometer – wohlgemerkt nicht pro hundert – verbrauchte der Dampfkraftwagen 3,8 – 4,4 kg Kohlen. Jede Minute verdampfte er 4,5 Liter Wasser, das waren in einer halben Stunde bereits 135 Liter. Ohne Heizer ging das nicht. Der hockte im Heck des Wagens vor dem Feuerloch, ein verrußter, fleißiger Nachfolger des steif und gelangweilt hinter dem Kutschkasten stehenden Lakaien!

Preis und Wirtschaftlichkeit spielten bei dem Besitzer dieses Dampfautos freilich keine Rolle: Dem Marquis of Stafford kam es nämlich allein auf das Fahrgefühl im Wagen ohne Pferde an, auf die Freizügigkeit, wie im heutigen Automobil und wohl auch ein bißchen auf die Demonstration des Außergewöhnlichen. Und da hatte er sich nicht verkalkuliert.

Am 11. Februar 1859 schrieb kein geringeres Blatt als die Londoner Times »Der Marquis of Stafford besitzt eine neuartige Dampfmaschine für die Straßenfahrt. Sie wiegt wenig mehr als eine Tonne und ist in der Lage 23 bis 26 km/h* schnell zu fahren. . . Das System scheint neu zu sein in diesem Bezirk und wird ohne Zweifel ein Feld für weitere Erfindungen dieser Art eröffnen« [nach 51]

Am Montag, dem 7. März fuhr dann ›Lord Stafford and party‹ sogar über Land von Buckingham nach Wolverton. Die Zeitung berichtete: »Seine Lordschaft haben wiederholt gesagt, daß der Wagen mit größter Leichtigkeit und Präzision gelenkt werden kann. In der Tat hat ihn Lord Sefton, der noch niemals mitgefahren war, mehrere Meilen gesteuert.« [51] Die Herrenfahrer waren unterwegs und unter sich, vierzig Jahre vor den stolzen Automobilisten der Jahrhundertwende!

Ein Jahr später, am 1. August 1860, berichtete die Times vom nächsten englischen Herrenfahrer, dem Earl of Caithness. Zusammen mit der Gräfin wagte sich dieser frischgebackene Kraftfahrer auf seinem Dampf-Pkw ins städtische Verkehrsgewühl von Invernes: »Wegen des Markttages waren die Straßen mit Fahrzeugen aller Art und Pferden dicht belegt. Aber der Dampfwagen fuhr ohne jede Beeinträchtigung des allgemeinen Verkehrs und ohne die Pferde zu beunruhigen mitten hindurch. . . Sie fuhren nach Beauley, 22 Kilometer* in einer Stunde und zwanzig

* von Meilen umgerechnet

Ein Beitrag Nordamerikas: Der rassige Dampfkraftwagen von J. K. Fischer, 1859.
(Verkehrsmuseum Nürnberg)

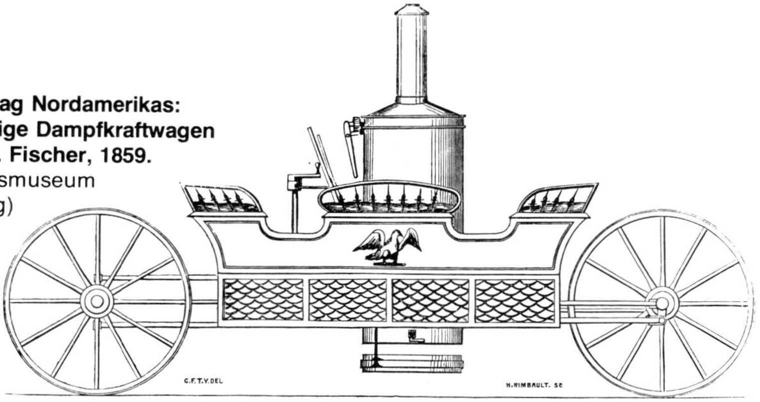

Minuten, einschließlich 15 Minuten für Wasseraufnahme und zahlreiche andere Halte. Sobald es eine ausreichende Länge gerader Straße gab, wurden 29 km/h* mit Leichtigkeit erreicht. . . Der Wagen ist über die steilsten Straßen in Schottland unterwegs und fährt nach Barrogil Castle über eine Entfernung von 128 km.«

Die Zeitschrift schloß: »Seine Lordschaft hat diesen kühnen Schritt getan, den Dampf als Antriebskraft für Wagen auf gewöhnlichen Straßen auf jede beliebige Entfernung anzuwenden, und das Ergebnis des ersten Tages hat die Erwartungen seiner wärmsten Befürworter mehr als erfüllt und keinen Zweifel gelassen, daß die Anwendung nicht nur brauchbar, sondern nützlich ist.«

Um die gleiche Zeit stellte Mr. J. K. Fisher in den USA einen eleganten Dampfkraftwagen vor. Fisher hatte seit 1840 immer wieder Versuche mit Dampfwagen angestellt, wobei er die Technik der englischen Röhrenkessel der dreißiger Jahre weiterentwickelte. So konnte er 1859 seinen Dampfkraftwagen mit einem vergleichsweise schlanken senkrechten Kessel ausrüsten. Mit den feingliedrigen Rädern und geschwungenen Linien der Karosserie schuf Fisher in Anlehnung an das spritzige Design der amerikanischen Kutschen den rassigsten Dampfkraftwagen dieser Jahrzehnte. Und Fishers Fahrzeug war auch schnell: Es erreichte 36 km/h auf einer Meßstrecke von einer Meile – dies auf einer Schotterstraße mit ziemlich loser Oberfläche [51]!

Fisher war nicht der einzige amerikanische Dampfwagenpionier. Vielmehr gehören hierzu Dyer (1830), Dixon, Porter, James (1834), Battin, Dudgeon, Fawkes, Grise und Long.

DIE ROTE FLAGGE STOPPT DEN FORTSCHRITT

In zwei Wellen hatten also Idealisten, Ingenieure, Landlords und wagemutige Bürger Erfindergeist, Kraft und Geld für die Verwirklichung von Dampfkraftwagen investiert, 1830/40 in Dampfkutschen und Dampfbusse für Linienverkehr und um 1860 in kleinere Dampfkraftwagen für den privaten Gebrauch. Jedesmal waren die Fahrleistungen erstaunlich. Jedesmal gab es zustimmende Äußerungen

Der Dampfkraftwagen der Firma Tangye, Carret und Mackenzie von 1862 wird von der Red Flag Act gestoppt. Wird der Export funktionieren?
(Verkehrsmuseum Nürnberg)

in der Öffentlichkeit. Warum aber ist es nicht 1840 oder 1860 zu einer Motorisierungswelle auf der Grundlage der Dampfmaschine gekommen?
Da war zuallererst die Bevorzugung der Eisenbahnen in der öffentlichen Meinung. Und die hatte einen ganz entscheidenden sachlichen Grund: Der Fahrweg der Eisenbahn, die glatte eiserne Schiene auf Schwellen und Schotter in gestreckter, fast horizontaler Linienführung war den besten Schotterstraßen dieser Zeit um ein Vielfaches überlegen. Während das Gleis zwischen 1840 und 1860 noch weiter vervollkommnet wurde, gab es auf der Straße keine wesentliche Verbesserung als diejenige, daß die Technik der Schotterstraße auch auf verbliebene Erdstraßen angewandt wurde.
Dennoch hätten die dampfbetriebenen Fahrzeuge ihre Zuverlässigkeit als ergänzendes Verkehrsmittel und Zubringer zur Eisenbahn beweisen können, wären die Mautstraßengesellschaften von ihren maßlos überhöhten Gebühren für Dampfkraftwagen abgerückt. Weil sie eisern an den diskriminierenden Gebühren festhielten, entzogen sie den Dampfwagen-Unternehmen jede wirtschaftliche Grundlage!
Inzwischen war die Dampfmaschine in den landwirtschaftlichen Bereich in Form der Lokomobile und des Dampfschleppers eingedrungen. Als aber diese schweren Traktoren mit mehreren Anhängern auf den Straßen auftauchten, verabschiedete das Parlament die sogenannte Locomotive Act von 1861, das erste Gesetz, das sich mit Kraftfahrzeugen befaßte.
Naturgemäß standen damals die schwerfälligen Dampftraktoren zur Debatte. So wundert es nicht, daß die zulässige Geschwindigkeit mit dem Blickpunkt auf diese Fahrzeuge recht niedrig angesetzt wurde; nämlich zu 10 Meilen/h oder 16 km/h auf der freien Strecke und 5 Meilen/h oder 8 km/h in Ortschaften. Das zulässige Gewicht wurde auf 12 t begrenzt. Fatal war allerdings, daß das Parlament überhaupt nicht nach Fahrzeugtypen differenzierte.
Hancock und Zeitgenossen hatten bereits vor 1840 die Gewichte von Dampfbussen unter 3 t gedrückt. Die Dampfkraftwagen der Lordschaften von 1859/60 wogen nur wenig mehr als 1 t und hatten die Verträglichkeit mit dem allgemeinen Straßenverkehr bewiesen. Es hatte auch nicht an Vorkämpfern für den Fortschritt auf der Straße gefehlt, die das Parlament mit Fakten zu überzeugen suchten, so beispielsweise der Civil Engineer Charles Frederic T. Young mit seinem Werk ›The Economy of Steam Power on Common Roads‹, das 1861 gedruckt wurde [51], dessen Fakten aber sicherlich vorher in die Diskussion eingebracht worden waren. Das alles half nichts gegen den Interessenfilz der Fuhrwerksunternehmen, Pferdezüchter, Pferdehändler, Wagner, Mautstraßenunternehmer – und gegen die ewig Gestrigen!
Es sollte noch schlimmer kommen! Das Nachtragsgesetz von 1865 zur Locomotiv Act von 1861 verschärfte die ohnehin restriktiven Regeln für die Kraftfahrzeuge noch mehr: Die zulässige Höchstgeschwindigkeit wurde auf der freien Strecke von 10 auf 4 Meilen/h, also auf 6,4 km/h, in Ortschaften auf 3,2 km/h herabgesetzt. Außerdem – und das war das Schärfste – mußte jedem Dampffahrzeug ein Mann mit einer roten Flagge rund 55 m

Carretts Dampfwagen von 1862 der als »Fly by Night« berühmt wurde. [95]

vorausgehen um die entgegenkommenden Fahrzeuge zu warnen [69]. Daher die Bezeichnung »Red Flag Act«.
Daher lohnt es sich, den Text zu lesen [103]: »Firstly, at least three persons shall be employed to drive or conduct such locomotive, and if more than two waggons or carriages be attached thereto, an additional person shall be employed who shall take charge of such waggons or carriages. – Secondly, one of such persons, while such Locomotive is in motion, shall precede such Locomotive on foot by not less than sixty yards and shall carry a red flag constantly displayed, and shall warn drivers of horses and riders of the approach of such Locomotive and shall signal the driver thereof when it is necessary to stop and shall assist horses, and carriages drawn by horses, passing the same.«
Bis zur heiß erkämpften ›Magna Charta‹ der Autofahrer von 1898 blieb die Red Flag in Kraft. Da nutzte es auch nichts, daß die überhöhten Wegegelder gesenkt wurden und schließlich ganz verschwanden. Der Fortschritt auf dem Gebiete der automobilen Wagen wanderte aus: nach Frankreich.
Die Red Flag Act hatte also die Anfänge einer Entwicklungslinie zum privaten Dampfkraftwagen abgewürgt. So mußte die Firma Tangye, Carret und Makkenzie die Absicht aufgeben, ihr Dampfauto ›Cornubia‹ in Serie zu bauen. Dabei hatte sich die einfache und robuste Konstruktion auf hunderten von Meilen bewährt und mehr als 32 km/h Geschwindigkeit erreicht.
Aber einer gab nicht auf und trotzte der Red Flag Act und der Polizei. Das kam so: Im Auftrag von George Sall, einem reichen Mühlenbesitzer, baute die Firma Carrett, Marshall & Co, Leeds, ein viel beachtetes Dampfauto, das 1861 und 1862 auf bedeutenden Ausstellungen in Leeds und London viel bewundert wurde. Freilich hatte der etablierte Mr. Sall keine Lust, sich nach den Schikanen der Red Flag Act mit den Behörden anzulegen und wollte den an sich nutzlos gewordenen Dampfwagen verkaufen. Das Unerwartete geschah: Mr. Frederick Hodges aus

Kraftwagen-Impressionen 1862. Die englischen Gentlemen vor der Fahrt mit dem von T. W. Cowan konstruierten Dampfkraftwagen, der auf der Londoner Weltausstellung 1862 prämiert wurde. (Ullstein)

Kent kaufte den Wagen – und trotzte dem unsinnigen Gesetz geradezu mit Vorsatz. Zu nächtlicher Stunde brauste er über die Landstraßen von Kent. Bald war Hodges in aller Munde, und die Leute nannten sein Fahrzeug ›Fly by night‹! In sechs Wochen kassierte er sechs Strafmandate für überhöhte Geschwindigkeit, eines davon für die damals unerhörte Geschwindigkeit von 48 km/h [103].
Nichtsdestoweniger gab es die eine oder andere Neuheit in England, so die ›Steam wagonette‹ von Catley und Ayres aus dem Jahr 1868. Die Idee vom privaten Kraftfahrzeug war offensichtlich nicht mehr tot zu kriegen!

Die „Wagonette" von Catley und Ayres, 1868, kann beinahe schon als elegant bezeichnet werden. (Science Museum London)

17. Frankreich – Heimstatt der Dampfkraftwagen

Als das englische Parlament die technische Weiterentwicklung der leichten automobilen Wagen mit der Red Flag Act gestoppt hatte, fand der technische Fortschritt in Frankreich offene Tore, kreative Ingenieure und ein aufgeschlossenes Publikum. Dabei war die Ausgangslage lange nicht so günstig, wie in der damals immer noch führenden Industrienation England.
Nach Joseph Cugnots Dampfwagen hatte Frankreich bei der Entwicklung der Dampftechnologie eine Denkpause eingelegt. Allerdings hatte Napoleon mit seinem gewaltigen Straßenbauprogramm unbewußt bedeutende Wegbereiterdienste für die kommenden automobilen Wagen geleistet. Als sich Frankreich nach Revolution, Diktatur und Krieg schließlich wieder friedlichen Aufgaben widmen konnte, tauchten bald einige technische Entwicklungen auf, so auch Dampfkraftwagen von eigenwilliger Konstruktion.
Am 18. Dezember 1823 wurde das erste französische Patent für ein ›voiture de vapeur‹, für einen Dampfwagen an die Messieurs Revon und Mouliné erteilt. Das Patent schützte einen Wasserrohrkessel, worin eine Doppelschlange von Röhren das Feuer umgibt [52]. Das zweite an Monsieur Salomon Fehr 1825 gewährte Patent erhielt wieder einmal verschiedene Getriebe zur Übertragung der Muskelkraft aus Hand- oder Trethebeln, doch dann folgten mehrere Patente für den Einsatz von Kraftmaschinen im Verkehr [49, 52].

PECQUEURS LASTKRAFTWAGEN MIT DIFFERENTIAL

Einen bedeutenden Beitrag Frankreichs zum technischen Fortschritt im Straßenverkehr nach Cugnot lieferte Monsieur Onésiphore Pecqueur mit seinem Patent 3524 vom 25. April 1828 – denn dieses Patent enthielt mehrere zukunftsträchtige Ideen und Konzepte.
Pecqueur war seinerzeit Chef der Werkstätten des Conservatoire des arts et metiers, also der Lehranstalt für Kunst und Gewerbe zu Paris und baute für Professor Pouillet ein Modell von Cugnots Dampfwagen, um den Studenten den Mechanismus dieses ersten Dampfwagens der Welt demonstrieren zu können.
Pecqueur hatte offensichtlich mit Scharfblick die Schwachstellen von Cugnots Dampfwagen erkannt. Das waren der überhängende schwere Kessel, das einzelne Vorderrad, die eigenartige Kraftübertragung und die schwerfällige Lenkung. Aber Kritik ist gut, und Innovation ist besser, allerdings schwieriger. Und gerade das schaffte Pecqueur mit seinem Patent. Erstens entwarf Pecqueur den Prototyp aller Lastkraftwagen. Der vordere Fahrerplatz läßt Raum für die große hintere Ladefläche, die bereits von einem niedrigen Seitenbord begrenzt wird. Vor dem Fahrerplatz befindet sich ein Wasserrohrkessel mit dem Dampf-Drosselventil – also sozusagen dem Gashebel

Der Straßenpersonenzug von Charles Dietz um 1833. [49]

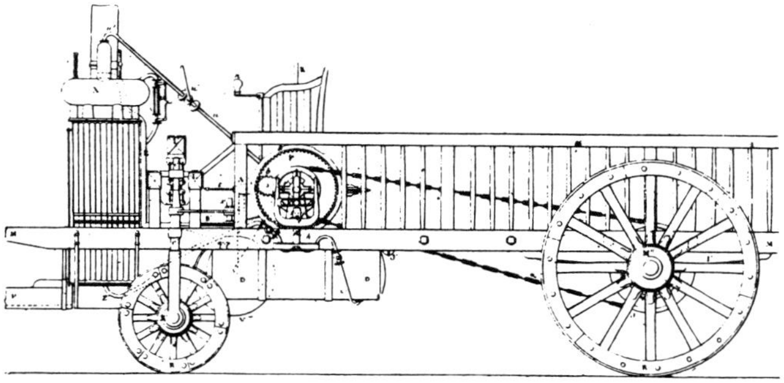

Ein fortschrittliches Lastkraftwagen-Konzept: Der Dampf-Lastwagen aus der Patentschrift von Pecqueur von 1828!
[52]

– in Reichweite des Fahrers. Die Dampfmaschine ist unter dem Fahrerplatz angeordnet und treibt ein Ritzel, welches wiederum über einen Zahnkranz eine Scheibe bewegt, von wo die Antriebskraft über eine umlaufende Kette auf die Hinterachse übertragen wird. Dort, wo sich heutzutage der Dieseltank befindet, plazierte Pecqueur den Wasserbehälter.

Zweitens konzipierte er für beide Vorderräder eine Achsschenkellenkung in Anlehnung an die Erfindung des Münchner Hofwagners Georg Lankensperger vom Jahr 1816 mit Führung der Vorderräder in drehbaren Gabeln.

Drittens schließlich gelang Pecqueur ein großer Wurf für ein Bauteil, das in Millionen späterer Automobile unverzichtbar werden sollte: das Differential oder Ausgleichsgetriebe in der Hinterachse [49]. Der Erfinder legte seine Antriebskette auf die große mittlere Seilscheibe (an der Nut erkennbar).

In diese Seilscheibe lagerte er ein kegelförmiges Ausgleichsrad ein, das sich rechtwinklig zur Scheibe bewegen konnte. Bei Geradeausfahrt blieb das Kegelrad in Ruhe und bewegte gleichmäßig beide, nach rechts und links zu den Hinterrädern führenden Achsen. Bei Kurvenfahrt hingegen vergrößerte das äußere Treibrad seine Umfangsgeschwindigkeit gegenüber dem inneren Treibrad. Dabei drehte sich das Ausgleichsrad um die eigene Achse. Auf diese Weise konnten die beiden Treibräder bei Kurvenfahrt schlupffrei abrollen.

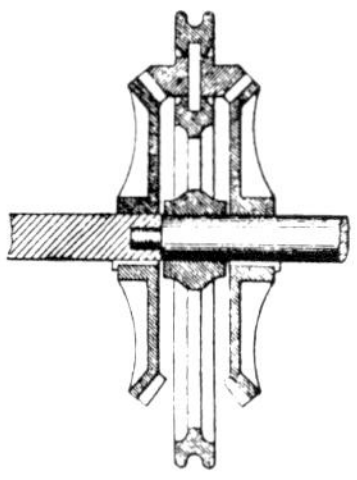

In der Praxis hat Roberts freilich das erste Ausgleichsgetriebe gebaut, und zwar in den 1833 von Sharp, Roberts & Co in Manchester gelieferten Dampfwagen, ein Getriebe, das im folgenden in vielen englischen leichten Dampfwagen und Traktoren verwendet wurde [103].

Viertens schlug Pecqueur die Verwendung einer rotierenden Dampfmaschine vor, die er sich bereits hatte patentieren lassen.

DER STRASSEN-PERSONENZUG VON CHARLES DIETZ

Weitere Zeitgenossen von Monsieur Pecqueur erwarben zwar eine Reihe von Patenten, die jedoch weniger bedeutsam waren als die hochtrabenden Bezeichnungen, wie colibri, pyroballistique oder pyroatme [49]. Einige Jahre später markierten dann die Demonstrationsfahrten von Charles Dietz den Anfang der praktischen Versuche in Frankreich.

Bereits der Vater hatte in Brüssel Straßenlokomotiven gebaut und die Söhne Charles und Christian Dietz stiegen in seine Fußstapfen, wobei Charles Dietz den Ruhm als Patentinhaber und Betreiber seines ungewöhnlichen Fahrzeuges davontrug. Was

Differentialgetriebe nach dem Patent von Pecqueur, 1828.
[52]

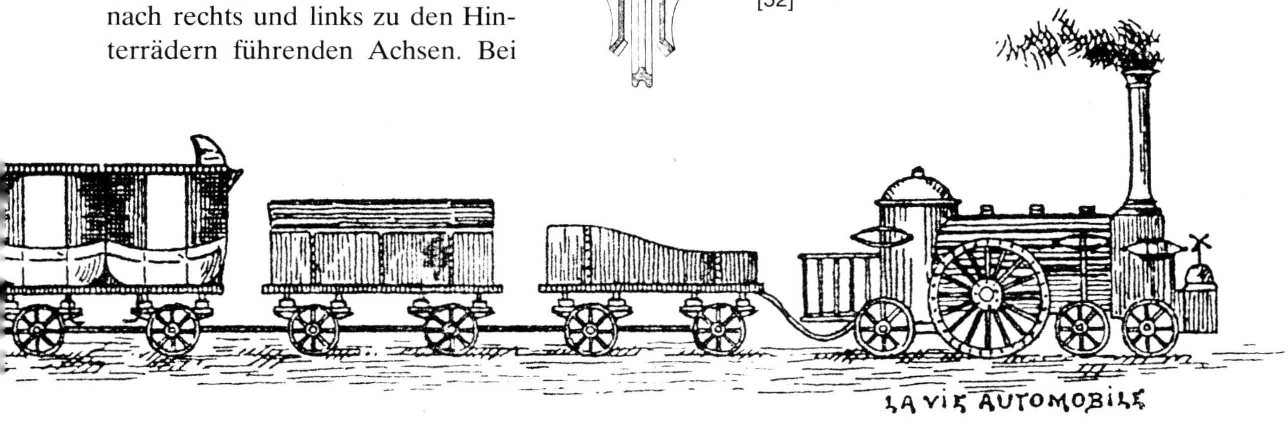

nämlich Charles Dietz am 26. September 1834 auf der Demonstrationsfahrt von Paris nach St. Germaine einer kritischen Kommission vorführte, war keine Dampfkutsche und kein Dampfbus, sondern eine Art Personenzug auf der Straße [35].
Vorneweg dampfte ein schwerer ›Remorqueur‹, ein Dampfschlepper, der einer Eisenbahnlokomotive mit Tender äußerst ähnlich sah. Lediglich die Lenksäule und der Fahrerplatz vor dem Kessel sowie 6 lenkbare Räder ließen das 15 000 kg schwere Ungetüm als Straßenfahrzeug erkennen. Dann folgten mehrere Personenwagen, so daß der ganze Zug bei der Abfahrt auf den Champs-Elysées insgesamt 34 500 kg auf die Waage brachte. Das war mehr als das 10fache der erfolgreichen englischen Dampfbusse.
Die Demonstrationsfahrt für die Kommission der ›Academie de l'industrie‹ verlief erfolgreich. Charles Dietz griff um 10.15 Uhr am Rondpoint zum Regler, erreichte 10.32 Uhr Neuilly, nahm acht Minuten Wasser und kam nach weiteren Zwischenhalten in Rueil und Marly um 12.30 Uhr im Tal von St. Germaine an, um unter den Augen der kritischen Kommission den Hang hinaufzudampfen und 12.43 Uhr am Parkeingang zu halten [49]. Die Kommission war so beeindruckt, daß ihr Präsident dem tüchtigen Charles Dietz die Ehrenmedaille der ›Academie de l'industrie‹ überreichte. Auf der Rückfahrt gab Dietz Volldampf und erreichte eine Fahrgeschwindigkeit von 4 lieues pro Stunde, also 16 km/h. Das war eine für diesen schweren Personenzug beachtenswerte Leistung.

Ermutigt von diesem erfolgreichen Début, ließ sich Charles Dietz seine Erfindung im Februar 1835 patentieren. Gegen Ende des Jahres fuhr er einen regelmäßigen Liniendienst zwischen den beiden Städten – aber er »wurde gezwungen«, den Dienst nach einigen Wochen einzustellen.
Vermutlich waren technische Probleme der Grund für diesen Rückzieher und für die Weiterentwicklung und erneute Erprobung eines Dampfschleppers. Jedenfalls führte er 1839 einer Kommission der königlichen Akademie der Wissenschaften einen neuen Personenzug, bestehend aus Dampfschlepper, Tender und Anhänger zur Begutachtung vor. Berühmte Wissenschaftler wie Arago und Poncelet bewunderten in ihrem offiziellen Bericht an die Akademie »le systeme d'articulation«, hoben hervor, daß der Zug einwandfrei zwischen Pflasterstreifen und Schotterweg wechseln könne und bestätigten ausdrücklich, daß die Geschwindigkeit »durchschnittlich 15 000 Meter pro Stunde« betragen habe. Aber der Bericht half in der Praxis wenig weiter. Widerstände der Bevölkerung und andere Probleme ließen die Entwicklung im Sande verlaufen.

DER DAMPFBUS DES CHEVALIER D'ASDA

War es Charles Dietz gelungen, die höchste wissenschaftliche Kompetenz zur Beurteilung seines Gliederzuges zu gewinnen, so schaffte es ein Zeitgenosse, seinen Dampfkraftwagen dem König und der Königin von Frankreich vorzuführen. Das war der Cheva-

Dampfbus, gebaut von Maceroni und Squire. [52]

Dampfbus von Maceroni mit den Änderungen von Ingenieur Claviere bei Vorführungen durch den Chevalier D'Asda. (Deutsches Museum München)

lier d'Asda, der offensichtlich über bessere Beziehungen bei Hofe verfügte als der bürgerliche Charles Dietz.

Am 2. Februar 1835 fuhr d'Asda mit seinem Dampfkraftwagen durch Paris. Anschließend präsentierte er den Wagen ausgiebig vor den Majestäten und fuhr 1000 m Strecke in acht Minuten. Das ergab 7,5 km/h, eine vergleichsweise bescheidene Geschwindigkeit – aber es reichte für ein kostbares Ehrengeschenk in Form einer goldenen Tabatiere mit dem Buchstaben des Königs.

Es hat einiger Spurensuche der Herren Grand-Carteret [52] und Souvestre [49] bedurft, um das Fahrzeug zu identifizieren, das d'Asda vorgeführt hat. Hiernach dürfte es sich mit hoher Wahrscheinlichkeit um den Dampfbus handeln, der in einem lebendig gestalteten Kupferstich dargestellt ist und die Unterschrift trägt ›Invention Française de 1835 – voiture a vapeur‹.

Als Kupferstecher signierte ein gewisser Tissier das imponierende Bild. Und genau das gleiche Bild findet sich in der Sammlung des Deutschen Museums, allerdings mit einer Bilderklärung, die bei der Spurensuche weiterhilft: »VOITURE A VAPEUR, Properieté de Mr. le Chevalier Dasda, perfectionné par Mr. Claviére Ingenieur Mecanicien Breveté. Celle voiture fuit de 8 a 10 lieues à l'heure sur les routes ordinaires, elle offre au commerce Elegance, Surete, Celerité et Economie de 75 %«.

Der Dampfbus wird also als Besitz, nicht als Erfindung von d'Asda bezeichnet. Bemerkenswert ist auch, daß der Dampfbus von dem geprüften Maschineningenieur Claviére vervollkommnet wurde. Wer aber hat denn das Fahrzeug konstruiert? Dieses Rätsel klärt sich, wenn man das Bild mit der Abbildung von Maceronis Dampfbus vergleicht. Man erkennt eine gewisse Übereinstimmung im Fahrwerk. Möglicherweise hat Mr. Claviére auf dem Chassis eine größere Karosserie aufgebaut, die dem Fahrzeug französischen Chic verlieh. Trotz Anpreisung von Eleganz, Sicherheit, Schnelligkeit und Wirtschaftlichkeit hatte d'Asda allerdings keinen Erfolg.

Im Jahr 1837 taucht dann noch der patentierte Entwurf eines Dampfbusses des Monsieur Osmont auf, aber damit geht auch schon die erste Epoche der Dampfbusse und Gliederzüge zu Ende. Unter dem dominierenden Eindruck der aufstrebenden Eisenbahnen legt auch Frankreich bei der Entwicklung der Dampfkraftwagen eine Pause ein.

ITALIENS DAMPFWAGEN-PIONIER: VIRGINIO BORDINO

Zu den ganz wenigen kostbaren Original-Dampfwagen, die erhalten geblieben sind, gehört die prächtige Dampfkutsche von Bordino im Museo dell'Automobile in Turin. Sie repräsentiert ein bemerkenswertes Kapitel in der Vorgeschichte des Automobils.
Virginio Bordino (1804 – 1879) kam schon als junger piemontesischer Ingenieuroffizier zu Ruhm und Ehren, als er die Säulen der Kirche Gran madre di Dio in Turin aufrichtete, ohne sie auseinanderzunehmen [104]. Nach Leitung der schwierigen Fassadenrestauration des Sanctuariums von Vicoforte, Mondovi, wurde der von mechanischen Problemen begeisterte Bordino 1833 nach England geschickt, um die Fortschritte bei den Dampfwagen im Hinblick auf den Einsatz beim piemontesischen Heer zu studieren.
Nach Turin zurückgekehrt, konstruierte Bordino 1836 einen Dampfkraftwagen nach dem Vorbild von Maceroni. Im Jahr 1852 baute er eine dreirädrige Kalesche. Schließlich entstand 1854 im Militärarsenal von Turin als drittes Fahrzeug die erhalten gebliebene Dampfkutsche.

Dampfbus von Virginio Bordoni, 1854.
(Museo dell Automobile, Torino)

Bordino ging von einem gewöhnlichen Landauer aus, dessen Räder und Federn stärker bemessen wurden und der auch einen größeren Radstand erhielt. Unter dem Kutschkasten wurde die Zweizylinder-Dampfmaschine angeordnet, deren Pleuelstangen direkt auf die hintere gekröpfte Wagenachse wirkten. Am Heck waren Kessel und Heizerplatz untergebracht. Ihre Gestalt gibt uns eine Vorstellung, wie die älteren englischen Dampfkraftwagen in der Rückansicht ausgesehen haben. Bei einem Verbrauch von 30 kg Koks in der Stunde erreichte Bordinos Dampfkutsche in der Ebene 8 km/h.
Der 1857 zum Oberst und 1862 zum General beförderte Bordino arbeitete weiter an Konzepten und Patenten. Hochinteressant ist sein Entwurf für einen Gliederzug aus einem zweiachsigen Dampfbus und zwei Einachsanhängern, der Hancocks Busdesign an Modernität übertrifft. Die beabsichtigte Gründung einer Verkehrsgesellschaft und die Ausschöpfung von Bordinos Patenten für Omnibusdienste scheiterte jedoch in Italien ebenso wie vorher derartige Versuche in England oder Frankreich.

Dampfschlepper mit Anhänger von Lotz jun. bei Fahrten auf der Pariser Weltausstellung 1867. (Verkehrsmuseum Nürnberg)

PARISER WELTAUSSSTELLUNG 1867 – SCHAUFENSTER FÜR DAMPFKRAFTWAGEN

Ebenso wie England erlebte auch Frankreich in den sechziger Jahren den zweiten Anlauf zur Mechanisierung des Straßenverkehrs. Der aktivste Vorkämpfer für Dampfkraftwagen war jetzt Monsieur Lotz, der älteste Sohn aus dem 1838 gegründeten Maschinenbauunternehmen Lotz. Der junge Mann wollte diversifizieren und sah große Chancen, die Dampfkraft zum Schleppen von Kanalkähnen und Lastwagen auf den Straßen einzusetzen, ja er war so kühn, sich Eisenbahngesellschaften als Partner für die Netzergänzung vorzustellen, auf keinen Fall als Gegner.

Lotz junior beließ es nicht bei der Theorie. Vielmehr fuhr er 1865 mit einem dreisitzigen Dampfwagen durch die Gegend, mit einem Fahrzeug, das dem englischen Herrenfahrerwagen eines Marquis of Stafford verblüffend ähnlich sah. Wenig später baute er einen Lokomobiltyp aus des Vaters Fabrik in einen Dampfschlepper um, indem er die Hinterräder per Kette antrieb und ganz vorn einen Fahrerstand montierte. Der Fahrer ähnelte eher einem Seesteuermann, weil er ein seemännisches Radsteuer bediente. Aber er mußte auch fest in die Speichen greifen, um die eisernen Vorderräder zu lenken.

Die große Chance zur Selbstdarstellung kam 1867 mit der Weltausstellung in Paris. Eine ganze Reihe von prominenten Unternehmen aus England und Frankreich präsentierten den staunenden Besuchern die verschiedensten Dampfkraftwagen, meistens Ungetüme von Dampfschleppern. Aveling and Porter, Clayton, Sutleworth and Co, Fowler and Co, Garrett, Ransoms and Simms hatten ihre in Schwarz, Rot und Messing schimmernden Maschinen über den Kanal gebracht. Lotz, Larmangeat und Alberet hielten die französischen Fahnen hoch.

Aber die Franzosen beschränkten sich nicht auf's Ausstellen. Sie boten Dampfwagen im Betrieb, unter Volldampf sozusagen. Lotz dampfte regelmäßig mit einem Personenzug, bestehend aus Dampfschlepper und zweistöckigem Personenwagen, in die Umgebung von Paris und bot damit eine der Sensationen dieser Ausstellung. Angeblich erreichte Lotz

Dampfschlepper und Anhänger der Companie générale des messageries à vapeur, système Larmangeat, 1868.
(Verkehrsmuseum Nürnberg)

24 km/h bei 10 000 kg Last. Er soll auch versucht haben, zum Schiebebetrieb überzugehen, um den Fahrgästen den lästigen Qualm zu ersparen!

Im Jahr 1868 fuhr die ›Compagnie générale des messageries à vapeur‹ mit dem Straßenpersonenzug nach System Larmangeat von d'Auxevre nach Avallon und zurück, also 198 km mit durchschnittlich 11 km/h, dies mit einem Dampfschlepper und einem schweren hochbeladenen Anhänger [52].

Was Cugnot nicht geschafft hatte, leisteten jetzt, hundert Jahre danach, die Dampfschlepper von Lotz. Sie zogen schwere Geschütze über Berg und Tal. Der Erfolg wäre noch größer gewesen, hätte nicht der Krieg von 1870/71 die Entwicklung aufgehalten. Jedenfalls waren noch zehn Jahre später einige dieser Militärfahrzeuge in Betrieb.

Der Krieg hatte auch friedliche Gepflogenheiten auf dem Wege zum motorisierten Straßenverkehr unterbrochen. So hatte es 1868 eine »famose Promenade« der Dampfkraftwagen gegeben, von der Avenue Daumesnil zur Port Jaune und zum Wald von Vincennes, viel beachtet von den Journalisten, die auf Neuerungen lauerten. Im folgenden Jahr eröffnete man eine Omnibuslinie für Sommerfrischler zwischen dem Place de la Chateau nach Joinville-le-pont über den Boulevard Voltaire [52]. Die Fahrgeschwindigkeit betrug 14 km/h, nicht gerade viel, aber das ohne Stau!

Auch andere Namen nennt die Technikgeschichte Frankreichs, die in diesen Vorkriegsjahren aktiv waren, wie Cail oder die Gebrüder Michaux, die erfolgreiche Langstreckenfahrten unternahmen. Beeindruckt von all den Erfolgen hatte schon am 31. Juli 1868 der Dichter Elie Frébault in der Zeitung l'Monde geschrieben: »Sicherlich hat das Pferd seine Zeit bis zur Begründung der Lokomotiven gehabt. Jetzt bleibt es nur noch Fleischlieferant... Die Mechanisierung ersetzt die Tiere. Wer bedauert das Vieh? Ich nicht!« Aber diese enthusiastische Einschätzung war wieder einmal verfrüht.

18. Vom Dampfbus zum privaten Dampfkraftwagen

Kaum hatte Frankreich die Folgen des deutsch-französischen Krieges von 1870/71 überwunden, als 1873 bereits ein neuer Dampfkraftwagen von Amédée Bolée erschien. Der Glockengießer Bollée läutete sozusagen den Endspurt ein, den Endspurt um die Vervollkommnung des Dampfkraftwagens. Es war auch höchste Zeit, denn inzwischen liefen schon stationäre Gasmotoren mit innerer Verbrennung im Arbeitszylinder, und es war nur noch eine Frage der Zeit, wann diese Motoren für den automobilen Wagen eingesetzt werden würden.

DAMPFBUS L'OBEISSANTE UND DAMPF-PKW LA MANCELLE

Amédée Bollée (1844 – 1903) war einer der angesehensten Glockengießer dieser Zeit und ein erfindungsreicher Industrieller [49]. Nachdem er schon lange den Gedanken gehabt hatte, für sich persönlich einen Dampfkraftwagen zu bauen, brachte er im Jahr 1873 einen Dampfbus heraus, der von vornherein durch seine Lenkbarkeit auffiel und deshalb bald L'Obeissante, also ›die Gehorsame‹ genannt wurde. Der Dampfbus hatte die Karosserieform eines großen Jagdwagens, wog 4800 Kilogramm, bot 12 Sitze und erreichte mit seiner Durchschnittsleistung von 15 PS eine Geschwindigkeit von 40 km/h [49].

Dampfbus L'Obeissante – die Gehorsame – von A. Bollee, ein bewährtes Kraftfahrzeug mit Boxermaschine, 1873.
(Verkehrsmuseum Nürnberg)

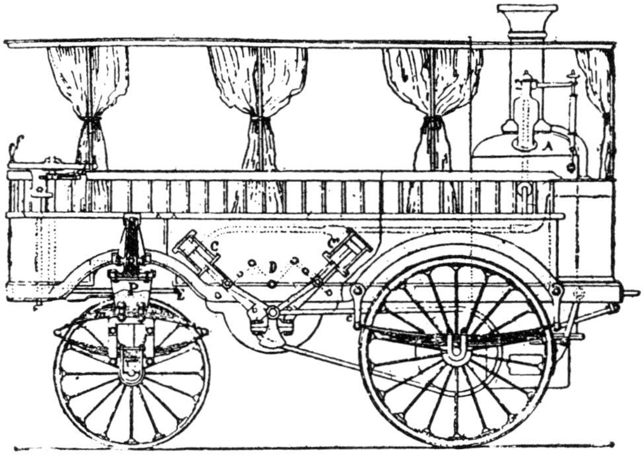

Nach zahlreichen zufriedenstellenden Probefahrten in Le Mans klappte die Überlandfahrt nach Paris über eine Entfernung von 230 km ausgezeichnet. Am 17. Oktober 1875 beschrieb »Le Figaro« den in Paris einfahrenden Dampfwagen, wie er sich der staunenden Menge im Bois de Bologne, am Arc de Triomphe, ja sogar auf dem Montmartre dargeboten hatte. Überall waren die Pariser zusammengelaufen und hatten diesem flott dahinfahrenden Kraftfahrzeug lebhaft applaudiert. Es dauerte gar nicht lange, da empfahlen Pariser Chansons das gehorsame Fahrzeug voll Ironie als Vorbild für die Frauen!

Auch die Wissenschaft gab ein positives Urteil ab: Am 2. November 1875 berichtete Monsieur Tresca in der Sitzung der Akademie der Wissenschaften ausführlich über seine Beobachtungen. Dabei hob er hervor, daß die Pferde der begegnenden Kutschen kaum die Geräusche des Dampfwagens wahrgenommen hätten. Einige Herrschaften hätten nicht einmal von ihrer Lektüre aufgeschaut. Tresca schloß seinen Bericht: »Wir zweifeln nicht, daß diese Konstruktion einen ernsthaften, wenn nicht den entscheidenden Fortschritt in der Geschichte der Ortsveränderung mittels Dampfkraft darstellt.«

Ermuntert durch diesen Erfolg brachte Bollée einen Dampfwagen nach dem anderen heraus. Wie ungewiß die Einsatzchancen waren, geht allerdings aus dem ständigen Wechsel in Fahrzeuggröße und Erscheinungsbild hervor. So entwickelte Bollée zusammen mit einem Monsieur Dalifol 1876 einen Dampftriebwagen für die Straßenbahn, der sich jedoch mit seinen 50 Sitzplätzen für die Pferdebahngleise als zu schwer erwies.

Hatte Bollée ebenso wie Dietz, Lotz und d'Asda bisher Fahrzeuge für den kollektiven Verkehr angeboten, so setzte er nunmehr auf die Nachfrage geldkräftiger Privatleute. Seine dritte Konstruktion, die ›La Mancelle‹, also das Mädchen aus Le Mans, kann man als das erste Dampfauto bezeichnen. Jedenfalls ähnelt das sechssitzige Dampfcabriolet den Benzinautomobilen der Jahrhundertwende von allen bisherigen Dampfkraftwagen am meisten und zeigte auch einige bemerkenswerte Innovationen. Die erstmalig angewandte Kombination von Kette und Kegelzahnrädern löste die Probleme von Federung und Verformung und blieb lange Zeit im Automobilbau vorherrschend. Natürlich hatte die ›Mancelle‹ auch ein Differential!

Schon auf der Pariser Ausstellung von 1878 hatte Bollée den ersten Auftrag buchen können von Herrn Koechlin aus dem Elsaß.

Andere folgten, und noch 1901 waren einige der Dampfcabriolets im Gebrauch [49]. Nach der Ausstellung wagte sich Bollée auf die Langstreckenfahrt von Paris nach Wien, wo die Bewunderung alle Grenzen überschritt [52]. Bollées Repräsentant in Wien. Herr Ofenheim, hatte mächtig die Werbetrommel gerührt. Beispielsweise verkauften die Jahrmarktsbuden kleine Spielzeugmodelle des Dampfkraftwagens. Wer weiß, vielleicht waren dies die ersten Spielzeugautos überhaupt!

Das erfolgreiche Dampf-Cabriolet La Mancelle von A. Bollee, 1878.
(Deutsches Museum München)

Ob Bollée Dampfautos vom Typ Mancelle in Wien verkauft hat, ist nicht bekannt. Jedenfalls war es in Frankreich nicht bei dem einen Exemplar geblieben. Mit einiger Verzögerung konnte Amèdée Bollée auch in Berlin nach den Demonstrationsfahrten von 1880 ins Geschäft kommen. Als einzige deutsche Fabrik wagte sich die Lokomotivbauanstalt Wöhlert an den Bau von Bollées beliebtem Dampfauto. Aber die bereits aufgelegte Bauserie wurde nie fertiggestellt [87]. Die Firma Wöhlert hatte zu spät den neuen Geschäftszweig angenommen. Mißerfolge und die harte Konkurrenz im Lokomotivbau, insbesondere durch die erfolgreiche Firma Borsig, zwangen Wöhlert 1882 zur Liquidation [92, 93]. Die Chance, in Berlin die erste Kraftwagenproduktion in Deutschland aufzuziehen, war vertan.

MARIE-ANNE ODER DIE ERSTE LKW-FERNFAHRT 1879

Angesichts solcher Rückschläge konnte Bollée auch mit den positiven Gutachten wenig anfangen. So hatte der Departementchef der Brücken und Straßen, de la Sarthe, im Auftrag der Minister für öffentliche Arbeiten einen langen Rapport über Dampf-

Bollee's Dampf-Cabriolet bei der Demonstrationsfahrt auf der Charlottenburger Chaussee im Berliner Tiergarten 1880. Beinahe wäre es zu einem Lizenzbau in Berlin gekommen. (Leipziger Illustrierte Zeitung vom 18. 9. 1880)

kraftwagen geschrieben und am 2. Dezember 1879 abschließend festgestellt:

»1. Das System ist *ausgezeichnet* für Wagen zum Spazierenfahren.

2. Es ist *wahrscheinlich* in der gleichen Art und Weise wie die lange bestehenden Diligencen (Eilpostwagen) anwendbar.

3. Es wird *vielleicht* anwendbar sein für das Transportieren von Waren, aber hierzu sollten spezielle Versuche angestellt werden, und es scheint angebracht, die Geschäftsleitung für diesen Dienst der staatlichen Eisenbahnverwaltung anzuvertrauen.«

Offensichtlich war das Thema Güterbeförderung schon vor dem Gutachten des Ingenieurs de la Sarthe in Diskussion gewesen. Jedenfalls präsentierte der unermüdliche Bollée bereits 1879 einen superschweren Dampfschlepper, wiederum mit einem werbewirksamen Mädchennamen bezeichnet. Jetzt mußte die ›Marie-Anne‹ herhalten, die Personifikation Frankreichs, um die Überlegenheit dieser Straßenlokomotive zu unterstreichen. Im Grund war man wieder zu den Dinosauriern von Dietz und Lotz zurückgekehrt, allerdings mit unvergleichlich höheren Leistungen.

Die kolossale ›Marie-Anne‹ brachte nicht weniger als

„Der Dampfschlepper Marie-Anne von Bollee nach einer zeitgenössischen Zeichnung von G. Koch. (Leipziger Illustrierte Zeitung Nr. 1949/ 1880")

27 000 kg auf die Waage. Die starke Dampfmaschine und die vier mittels Kardanwelle gekoppelten Treibräder sollten es ermöglichen, in der Ebene 150 t und auf 6 % Steigung noch 36 t Last zu schleppen. Dabei hatte Bollée wie bei Gebirgslokomotiven die Tenderachse als Treibachse konstruiert.

Zunächst wurde der bullige Dampfschlepper in Le Mans von der Artillerie getestet, sozusagen im dritten Anlauf nach Cugnot und Lotz. Man hängte ihm zwei 15,5 cm Kanonen und eine vom Kaliber 13,8 cm auf ihren Lafetten an, dazu noch – als vierter Anhänger – einen Bagagewagen und ab ging es mit 4 km/h, die selbst auf einer Rampe von 7 % nur wenig unterschritten wurden. Generäle und Offiziere waren zufrieden. Monsieur Naquet, Capitaine d'artillerie bescheinigte dem Schlepper viel größere Geschwindigkeit auf dem Marsch als bei bespannten Fahrzeugen und viel längere Fahrtstrecken [49]. Dieses Protokoll vom 15. Dezember 1879 ist sicherlich auch ein Stück Vorgeschichte der motorisierten Truppen.

Bollée setzte noch einen drauf und bewies die Leistungsfähigkeit seines Lastenschleppers durch eine Fernfahrt über 760 Kilometer von Lethans nach Axsur-Ariége, eine »Sensationel voyage« [49] in 74 Stunden und zwölf Minuten. Man fuhr von der Quelle zum Ziel durchschnittlich 10 km/h Reisegeschwindigkeit und nach Abzug der Zwischenhalte mit 15 km/h Fahrgeschwindigkeit, eine glänzende Leistung für einen Lastwagen in diesen Tagen. Das schaffte nicht einmal die Eisenbahn, weil die Waggons zwischendurch von Zug zu Zug umrangiert werden mußten und die Güterzüge ohnehin nur mit 25 bis 30 km/h fuhren, denn die durchgehende Bremse war noch nicht erfunden.

Bollée war damit der Vorläufer der Trucker, auch wenn seine 8,8 m lange Zugmaschine den späteren Lastkraftwagen wenig ähnelte.

LA NOUVELLE, LA RAPIDE UND DER CHAUFFEUR

Als nächsten Dampfkraftwagen konstruierte Bollée 1880 eine Dampflimousine ›La Nouvelle‹, in der erstmals der Fahrer geschützt im Wageninnern saß, nachdem die Kutscher seit eh und je und auch die Dampfwagenlenker jedem Wetter trotzen mußten. Dieser komfortable Fahrerplatz hatte schon sein Gutes, als Bollées Söhne 1895 das Rennen Paris – Bordeaux – Paris durchzustehen hatten.
Die technischen Daten der ›Nouvelle‹ sind ein Dokument der Technikgeschichte [49]:

Kessel:	0,7 m Außendurchmesser, 118 Wasserrohre, 5,65 qm Heizfläche 73 Liter Wasserinhalt 1,02 qm Überhitzerfläche 300° Dampftemperatur im Überhitzer
Dampfmaschine:	Zwei horizontale Zylinder mit 150 mm Durchmesser Hub 160 mm
Fahrzeug:	1,52 m Spurweite 3200 kg Leergewicht 300 kg Brennstoff 460 Liter Wasser 8 Plätze einschl. Chauffeur 45 km/h gemessene Höchstgeschwindigkeit 28 km/h durchschnittliche Geschwindigkeit
Verbrauchswerte im Durchschnitt je 100 km:	180 kg Steinkohle 1000 Liter Wasser
Leistung:	Maximal in Steigungen 30 PS Durchschnitt 15 PS
Anheizzeit bis Betriebsbereitschaft:	20 Minuten

Schließlich konstruierte Amédée Bollée père, der Vater, wie er zur Unterscheidung von seinen Söhnen genannt wurde, 1881 noch den leichten Dampfkraftwagen ‹La Rapide‹, der tatsächlich eine Höchstgeschwindigkeit von 53 km/h erreichte. Dabei zeigten sich allerdings die Grenzen von Rad und Fahrbahn. Ohne Luftreifen war eine Beschädigung des Fahrzeugs auf schlechter Straße unvermeidbar.

Die erfolgreiche Dampf-Limousine La Nouvelle von A. Bollee, 1890, hielt noch 1895 mit den neuen Automobilen im Rennen Paris – Bordeaux tapfer mit. (Verkehrsmuseum Nürnberg)

Im übrigen benötigten die kleinen Dampfkraftwagen ebenso wie die großen Dampfschlepper neben dem Fahrer noch den Heizer, und der hieß im Französischen nicht anders als ›Chauffeur‹. Mit schwieligen Händen, im schwarzen Kittel und mit verrußtem Gesicht saßen oder standen viele unbekannte Männer eine Generation lang im Wagenheck vor ihrem Kessel, hielten den Dampfdruck und schmierten und werkelten, wann immer dazu eine Pause abfiel.
Irgendwann zur Jahrhundertwende wurde aus dem rußgeschwärzten Chauffeur der Dampfwagenzeit der ledergekleidete und stolze Fahrer des herrschaftlichen Automobils, nun ebenfalls Chauffeur genannt. Auch heute noch wird dieser anerkannte Ausdruck von älteren Menschen gebraucht. So lebt der Heizer der Dampfkraftwagen auch heute in der automobilen Gesellschaft weiter fort – aber wer weiß das schon?

DE DION-BOUTON: VORLÄUFER DES PRIVATEN AUTOMOBILS

Ein wunderschönes Dampfmaschinenmodell im Schaufenster des M. Giroux auf dem Boulevard des Italiennes zu Paris bringt gegen Ende 1881 zwei einander fremde Menschen zusammen und begründet damit eine erfolgreiche Entwicklungslinie zum Automobil. Diese in Messing blitzende kleine Maschine fasziniert den jungen, reichen Grafen de Dion. Er kauft sie spontan und ist von ihrer Funktion so begeistert, daß er sich über M. Giroux zu dem Mechaniker durchfragt, der dieses Meisterstück gefertigt hat: Es ist M. Bouton, der mit seinem Schwiegervater in der Passage de Leon eine bescheidene Modellwerkstatt betreibt. Damit hat der Graf den Praktiker gefunden, um seine Idee vom leichten Dampfwagen zu verwirklichen.
De Dion hat nichts anderes im Sinn, als einen Wagen zum Spazierenfahren, keinen Dampfbus und keinen Schlepper und sein Compagnion ist Modellbauer. Also liegt es nur zu nahe, daß man einen leichten Wagen baut und hierzu bewährte Speichenräder und Rohre aus der Fahrradindustrie benutzt. Jedoch machen Kessel und Antrieb erhebliches Kopfzerbrechen.
Im Jahr 1883 ist es nach vielen Rückschlägen geschafft: De Dion und Bouton fahren mit ihrem leichten Zweisitzer in flotter Fahrt durch die Porte-Maillot. Die zufällig vorbeikommenden Freunde aus den

Fig. 1. — Nouvelle voiture à vapeur. (D'après une photographie.)

Dampfwagen von De Dion und Bouton, 1883. Zwei-Zylinder-Dampfmaschine, 80 l Wassertank, Kohlevorrat 30 kg, 40 km/h. (Deutsches Museum München)

Ein ganz seltenes Foto aus dem Kriegsjahr 1941! M. Henry Girod-Eymery, Generaldirektor der Société d'Etudes Ferroviaires und Marquis de Dion sowie sein abessinischer Chauffeur Zelélé auf dem de Dion-Bouton von 1884 compound 2 Zylinder, 12 PS. Der Benzinmangel verhalf dem Dampfkraftwagen wieder zum praktischen Gebrauch.
(Archiv Metzeltin)

Zeiten des Feierns und des süßen Nichtstuns sind über De Dion entsetzt. Wie kann er nur auf einem solchen schnaufenden Vehicel zum Gaudium der Leute herumfahren!
Mochten die vornehmen Nichtstuer über des jungen Grafen Taten die Nase rümpfen, die öffentliche Meinung und die Wissenschaft sahen das ganz anders, und nichts ist erfolgreicher als der Erfolg: De Dion und Bouton kamen ins Geschäft. Und das hatte gute Gründe.
De Dion und Bouton hatten ein handliches und einfach zu bedienendes Gefährt gebaut, das man ganz leicht besteigen konnte und das den Eindruck machte, daß man einfach losfahren konnte. Das bißchen Heizen würde man schon selber schaffen.
De Dion und Bouton konstruierten weiter, und zwar in kluger Ausrichtung auf den potentiellen Markt in zwei Entwicklungsrichtungen: Für die, die weniger Geld ausgeben wollten, einen leichten Viersitzer (1885) und ein einsitziges Dreirad (1888); für die aber, die es komfortabler haben wollten, einen viersitzigen Dogcart (1886) und darüber hinaus sogar einen viersitzigen Dampf-Phaeton mit Heizerplatz im Heck (1885) [90].

19. Anfänge und Reifung des Verbrennungsmotors

Seit den Experimenten von Christian Huygens mit seinem Schießpulvermotor war den Physikern und Ingenieuren die Idee der Kraftmaschine mit innerer Verbrennung im Zylinder bekannt. Huygens und sein Assistent Papin hatten um 1680 zwar die ersten Explosionen in einem Ein-Zylinder-Motor ausgelöst, aber es sollte noch rund zweihundert Jahre dauern, bis mit dem Viertakt-Otto-Motor die leichte, kräftige und zuverlässige Kraftmaschine mit hunderten von Explosionen pro Minute erfunden war, die den Siegeszug des Automobils ermöglichte.

DAS PRINZIP DES GASMOTORS

Der Franzose Philippe Lebon d'Humbersin (1769 – 1804) war der erste, der 1801 in einem Patent das aus Steinkohle hergestellte Leuchtgas mit der Idee der Kolben-Kraftmaschine in Verbindung brachte. Er ließ sich sowohl die industrielle Leuchtgasherstellung patentieren als auch einen doppelt wirkenden Zwei-Takt-Motor. Freilich ging er in Anlehnung an die Dampfmaschine noch einen Umweg: Sein Konzept war, Luft und Gas zu mischen, mittels besonderer Pumpe in einem Behälter zu verdichten, das Gemisch jeweils abwechselnd über oder unter den Kolben zu pressen und entzünden zu lassen [89, 98]. Die Ausführung scheiterte zwar am Stand der Technik, doch hatte Lebon das Prinzip der Gasmaschine erfunden. Lebon d'Humersin erhielt in Frankreich immerhin ein Denkmal für seine großen Verdienste um die Gasbeleuchtung.

ISAAK DE RIVAZ – VORKÄMPFER DES KRAFTFAHRZEUGS MIT VERBRENNUNGSMOTOR

War Lebon von der Gasherstellung zum Motor fortgeschritten, so hatten die Anstrengungen des Isaak de Rivaz (1752 – 1829) von vornherein die Idee des selbstbewegten Wagens zum Ausgangspunkt. De Rivaz war Bürger des schweizerischen Saint-Gingolph im Wallis und wurde in Paris als Sohn eines Mathematikers geboren. Rivaz befaßte sich schon 1787 in einer Denkschrift mit der Dampfmaschine als Fahrzeugantrieb, zunächst mit Seilübertragung [87], 1802 mit Zahnstangen [96]. Spätestens um diese Zeit beschäftigte ihn der Explosionsmotor als Fahrzeugantrieb. Nach eingehenden Experimenten und Patentschriften erhielt er am 30. Januar 1807 ein französisches Patent.
Die in die Patentschrift aufgenommene Zeichnung ist nach heutigem Erkenntnisstand das erste zeichnerische Konzept eines Kraftfahrzeuges mit Explosionsmotor. Genaugenommen zeigt es einen atmosphärischen Flugkolbenmotor, dessen Kolben von der Gasexplosion hochgeschleudert wird und der anschließend unter dem atmosphärischen Druck Arbeit leistet [87]. Das Fahrzeug konnte nur ruckweise, entsprechend der von Hand ausgeführten Zündungen fortbewegt werden. Bei den im Sommer 1813 durchgeführten Versuchen erzielte de Rivaz bis zu 25 einander folgende Explosionen, eine aus heutiger Sicht lächerlich geringe Folge, die aber die riesengroßen Anfangsschwierigkeiten verdeutlichten [87].

Gasmotorenwagen von I. de Rivaz, 1807, Modell im Verkehrshaus Luzern. Rechts der Gasbehälter, in der Mitte der Zylinder mit Fallkolben und dem äußeren Knopf zur Übertragung des Zündfunkens, links Säule mit Sperrklinkenrad und Seilscheibe zur Kraftübertragung.
(Verkehrshaus Luzern)

Zwar erreichte de Rivaz nicht die Anwendungsreife seines Fahrzeuges, und er konnte auch nicht die maßgeblichen Kreise von der Nützlichkeit überzeugen. Aber aus seinen Schriften geht hervor, daß er als einer der ersten, wenn nicht sogar als erster überhaupt, die Überlegenheit des Explosionsmotors als Fahrzeugantrieb gegenüber dem Dampfantrieb mit sachgerechten Argumenten vertrat, insbesondere mit wesentlich geringerem Gewicht und mit dem Wegfall von Rauch und Hitze. Darüber hinaus war de Rivaz mit seinen Wirtschaftlichkeitsuntersuchungen und Vorschlägen für eine Aktiengesellschaft für die Beförderung von Reisenden über den Simplon von der Hardware-Entwicklung zu zukunftsträchtigen, verkehrswirtschaftlichen und unternehmerischen Überlegungen vorgestoßen.
So schrieb de Rivaz bereits 1806 in einem Brief: ». . . Die Postreisen würden sich billiger gestalten, nicht nur wegen der Vorteile der Mechanik gegenüber den Pferden, sondern auch deshalb, weil sich diese Reisen direkt, ohne Zwischenstationen und ohne Motorleerfahrten machen ließen, . . .und weil die Motormaschine keine Auslagen verursacht, wenn sie stille steht, währenddem die Pferde ständig Verbraucher sind. . .«
Da ist sie also, die neue ›Motormaschine‹, die nun 80 Jahre lang zahlreiche Erfinder beschäftigen wird, bis Carl Benz und Gottlieb Daimler mit ihren Motorwagen eine neuen Epoche des Verkehrs einleiten.

MOTOR-KONZEPTE IN ENGLAND UND ITALIEN

Im industriellen England waren trotz der Erfolge mit Dampfmaschinen zwischen 1791 und 1851 rund 30 Patente auf Verbrennungsmotoren vergeben worden [Goldbeck in 87]. Samuel Brown hatte sogar 1826 ein Fahrzeug versuchsweise mit einem Gasmotor betrieben. Und William Barnett hatte 1838 bereits die Verdichtung im Zylinder angedeutet, ohne sich über die Wirkung voll im klaren zu sein. Seinerzeit wurde eine außen brennende Gasflamme rhythmisch mit dem Verbrennungsraum in Verbindung gebracht und hierdurch gezündet. Aber wirklich ›gezündet‹, wirklich Folgen gezeitigt hatten alle diese Patente nicht. Ein gutes Stück weitergekommen war eine der ungewöhnlichsten Persönlichkeiten unter den Wegbereitern des Gasmotors, der italienische Ordensgeistliche Eugenio Barsanti (1821 – 1864). Als Physiklehrer war er wie de Rivaz mit der Voltáschen Pistole vertraut und arbeitete jahrelang an der Idee des Verbrennungsmotors. Zusammen mit seinem Freunde Felice Matteucci erarbeitete er Denkschriften und Patentgesuche. Man baute auch einen atmosphärischen Motor, der nachweislich in einer Eisenbahnwerkstatt in Betrieb kam, aber es gelang trotz befriedigend verlaufender Versuche nicht, eine Fabrik für die Serienproduktion zu gewinnen [Goldbeck in 87]. Nur 43 Jahre alt, starb Barsanti in Lüttich als er die berühmte belgische Firma Cockerill zur Produktion bewegen wollte.

DIE ERSTEN MOTOREN-SERIEN VON LENOIR UND SEIN VOITURE AUTOMOBILE

Den großen Sprung von der ›handgestrickten‹ Versuchsmaschine zum Serienmotor, von den Geld-, Zeit- und Kraftopfern zu Erträgen schaffte der Autodidakt Jean-Joseph Etienne Lenoir (1822 – 1900). In Mucy-la-Ville (Belgien) geboren, hatte sich der unbemittelte Sechzehnjährige zunächst als Kellner in Paris durchgeschlagen, bis er seine Fähigkeiten als einfallsreicher Techniker erkannte. Über Erfolge bei der Emailleherstellung kam er zur Galvanoplastik und schließlich zur Gasmaschine [54, 87]. Mit der zupackenden Art des Praktikers, der rasch zu Erfolgen kommen wollte, hielt sich Lenoir nicht mit theoretischen Entwürfen auf, sondern veränderte die bewährte doppelt wirkende Dampfmaschine nur soweit als nötig. Lenoir entwickelte erstens eine zweckmäßige Zündkerze mit Isolierröhre und Verschraubung sowie den Anschluß des zweiten Pols an die ›Masse‹ der Maschine [92]. Zweitens setzte er je eine Zündkerze an die Kopfenden des Zylinders und steuerte die Zündung durch eine mit dem Kreuzkopf verbundene Schaltung. Anstelle des Dampfes ließ Lenoir auf der ersten Hälfte des Hubes Gas und Luft ansaugen, schloß dann per Schieber die Zufuhr und zündete das nicht verdichtete Gemisch [87]. Anders ausgedrückt: »An die Stelle der Dampfexpansion trat die Explosion. Alles andere konnte bleiben wie gehabt. Kolben, Kolbenstange, Kreuzkopf, Excentersteuerung, Schwungrad und anderes mehr.«
Und die zum Gasmotor umfunktionierte Dampfmaschine arbeitete treu und brav. Lenoir sicherte sich seine Erfindung durch das Patent vom 24. Januar 1860 für einen ›moteur à air dilatè par la combustion du gaz‹ (Motor, in dem die Luft infolge Verbrennung der Gase ausgedehnt wird). Bereits 1863 ließ er sich noch den Ersatz des Gases durch Dämpfe aus Kohlenwasserstoffen, Petroleum und andere kohlenstoffhaltige Substanzen patentieren [52].

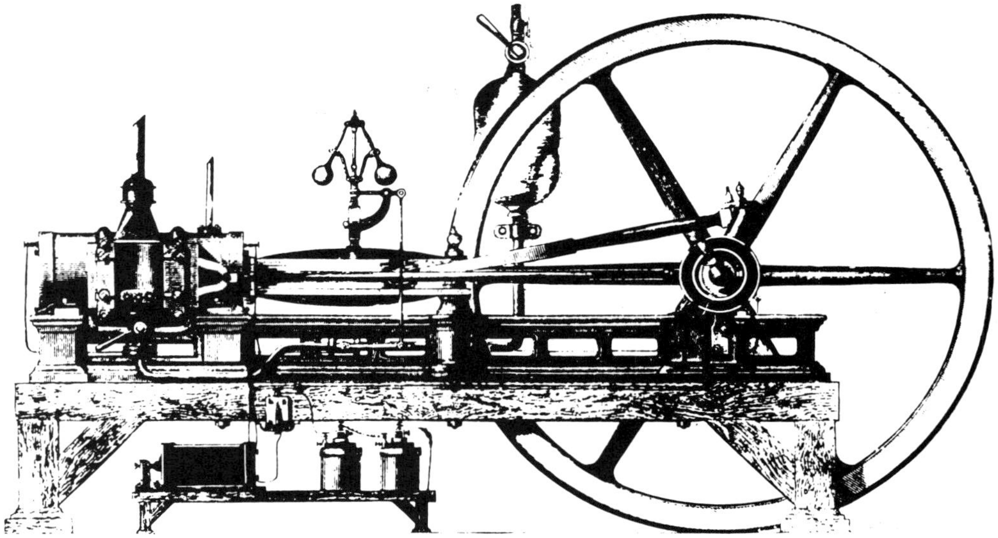

Eine Dampfmaschine mit Zündkerzen: Der Gasmotor von Lenoir, 1860.
(Daimler-Benz-Archiv)

47814

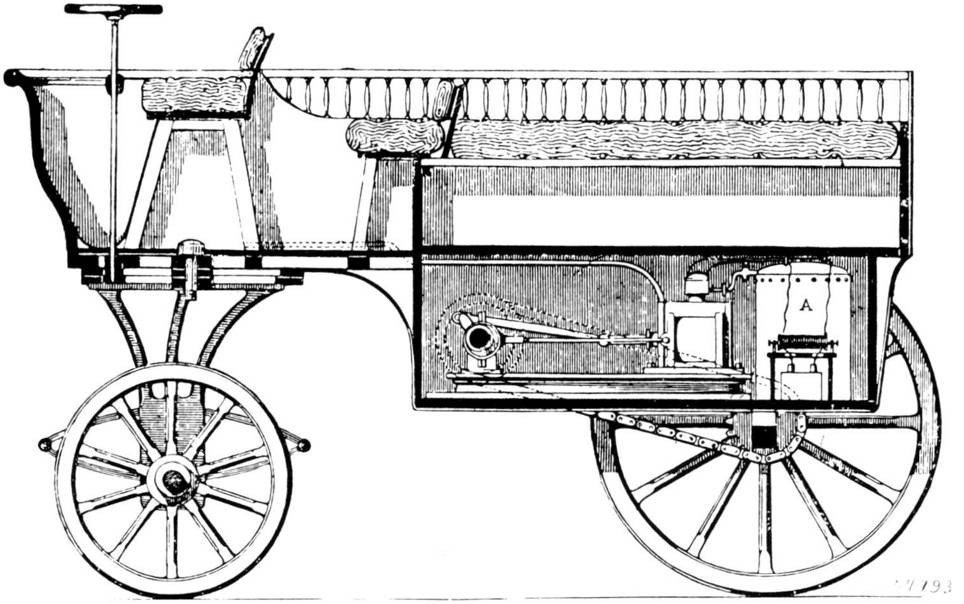

„Voiture automobile“ von Lenoir, 1863. (Daimler-Benz-Archiv)

Jedenfalls sind auf sein Testfahrzeug keine weiteren Probefahrzeuge und schon gar keine Serienfahrzeuge gefolgt. Aber ein neuer Begriff wurde zu dieser Zeit geprägt: ›Voiture automobile‹. Hieraus wurde später ganz schlicht das ›Automobil‹.

Mit Unterstützung des tüchtigen Konstrukteurs Marinoni gelang es Lenoir, betriebssichere Motoren herzustellen. Viele kleinere Gewerbetreibende kauften diesen von der Firma Gautier gebauten Motor als Antrieb ihrer Bearbeitungsmaschinen mittels der damals üblichen Riemen-Transmissionen. Der Motor war eben viel einfacher zu bedienen als eine Dampfmaschine, deren Kessel laufend beheizt und entschlackt werden mußte. Dieser Vorteil ließ den hohen Gasverbrauch und den beträchtlichen Schmierölverbrauch verschmerzen. Von Lenoirs Motoren wurden nicht weniger als 300 bis 400 Exemplare industriell gefertigt – die erste große Motorenserie der Technikgeschichte [89].

Aber der tatkräftige Lenoir gab sich nicht mit der stationären Maschine zufrieden. Seit 1862 versuchte er den Einbau in Wagen und Boote [92]. Grand-Carteret zitiert Berichte von Lenoir über derartige Versuche [52, S. 138]: »Ich habe 1863 ein ›voiture automobile‹ hergestellt, mit dem wir Mitte September nach Jointville-le-Pont gefahren sind: ein und eine halbe Stunde für die Hinfahrt, ebensoviel für die Rückfahrt. Der Wagen war schwer; der Motor von eineinhalb PS drehte mit 100 Umdrehungen je Minute mit einem ziemlich schweren Schwungrad.«

Lenoir hat nur wenige Probefahrten unternommen. War es Lenoir, der als erster vom ›voiture automobile‹ sprach? Wir wissen es nicht! Aber festzuhalten ist, daß die Wurzel des Wortes ›Automobil‹ auf jeden Fall bis 1863 zurückreicht. In den Berichten über die Dampfbusse und Dampfkraftwagen hatten die Franzosen immer vom voiture à vapeur gesprochen, aber nicht vom voiture automobile!

Neben Lenoir hatte auch der Direktor der Pariser Gasanstalt, F. Hugon, einen Gasmotor entwickelt, der etwa ein Drittel weniger Gas verbrauchte als der Lenoir-Motor, dafür aber etwas komplizierter gebaut war und mit Gasflamme zündete.

Während die beiden Praktiker den Gasmotor zum Laufen brachten, grübelte in Paris der Eisenbahningenieur Alphonse Beau de Rochas über die bessere Ausnutzung der Wärme, denn die Dampflokomotiven hatten ja einen miserablen thermischen Wirkungsgrad von etwa 8 %. Er befaßte sich auch mit dem Gasmotor und erkannte zweierlei als vorteilhaft: die Verdichtung des Gases vor der Verbrennung und die hierzu erforderliche bzw. zweckmäßige Viertaktarbeitsfolge [87]. Sein diesbezügliches Patent von 1862 mußte er aus Mangel an eigenem Kapital und wegen fehlender Interessen Dritter verfallen lassen. Aber 1884 wirkten seine Erfindungen wie eine Bombe! Doch darüber später.

GOLDMEDAILLE FÜR OTTO UND LANGEN

Auf der Weltausstellung 1867 drängten sich die Menschen um die vielfältigen Neuerungen der Technik. Da standen und fuhren die schwerfälligen Dampfschlepper und Lokomobile, aber da konkurrierten auch die Gasmotoren von Lenoir, Hugon – sowie von Nikolaus August Otto und Eugen Langen aus Köln. Und diese Außenseiter gewannen eine Goldmedaille, weil ihr Motor nur ein Drittel der Gasmenge pro Pferdekraftstunde brauchte, die der Lenoir-Motor benötigte [87]!

Dabei hatten Otto und Langen ›nur‹ den atmosphärischen Motor zur Betriebsreife gebracht, mit dem sich so viele Vorgänger vergeblich versucht hatten. Die von Otto und Langen gegründete Fabrik N. A. Otto & Co sowie Lizenznehmer in Frankreich und England lieferten insgesamt rund 5000 Stück innerhalb von zehn Jahren an Industrie und Gewerbe.

Mit diesem sensationellen Erfolg von Otto und Langen verlagerte sich der Schwerpunkt aller derjenigen Entwicklungen nach Deutschland, die sich im nachhinein als unverzichtbare Vorleistungen für das Automobil herausstellen sollten.

»Ohne ihn kein Auto, ohne ihn kein Flugzeug«, so kann man auf der Gedenktafel für Nikolaus August Otto in dem Dorfe Haidhausen in der Nähe von Bad Schwalbach lesen. Hier wurde Otto am 14. Juni 1832 geboren. Auf Dorfschule und zwei Jahre Realschule folgten die kaufmännische Lehre in Frankfurt bis er schließlich in Köln als Reisender für einen Großhändler in Kolonialwaren tätig wurde [Goldbeck in 87].

Als im Jahr 1860 die Nachrichten über den aufsehenerregenden Lenoirmotor durch die Zeitungen gingen, erwachte in Otto das Interesse. Genau genommen, war es eher eine Marketing-Idee, die ihn plötzlich aktiv werden ließ. Otto wollte den Motor von der Bindung an die Gasanstalt und das Leitungsnetz unabhängig machen, um ihn freizügig einsetzen zu können. So ließ er sich nach seinen Angaben von einem Mechaniker einen Benzinvergaser bauen, und hoffnungsfroh erstellte er sein Patentgesuch, worin er ausdrücklich schrieb, daß ein Benzin-Motor auch für Fahrzeuge leicht und nützlich sein würde [87]. Weil die Vergasung von kohlewasserstoffhaltigen Flüssigkeiten mehrfach bekannt war, wurde das Patent jedoch abgelehnt.

Otto gab nicht auf. Er ließ sich vom Mechaniker Zorn einen Gasmotor in Anlehnung an Lenoirs Beschreibungen bauen und experimentierte nun unverdrossen in jeder freien Stunde. Otto entdeckte die Vorzüge der Verdichtung durch den Kolben, erkannte auch klar, daß er zu vier Takten übergehen müßte und baute sogar einen vierzylindrigen Motor im Viertaktverfahren.

Otto versäumte es aber, weil er Unvollkommenheiten scheute, sein Viertaktverfahren sogleich zum Patent anzumelden. Otto war sicher, seinen Motor bald zur Betriebssicherheit zu bringen, gab im Mai seinen Beruf auf und mußte jedoch bald feststellen, daß er es nicht schaffte. Im Gegenteil: Harte Explosionsschläge zerstörten die Maschine.

Otto verfolgte nun die Herstellung des atmosphärischen Motors, auf dessen Möglichkeit er experimentell und ohne Kenntnis der Vorläufer gekommen war [87]. Diesmal schaffte er es. Ende 1863 war der Motor betriebsbereit, freilich noch nicht geeignet für die rauhe Praxis. Mit seinen Ersparnissen am Ende, fand Otto in Eugen Langen einen kapitalkräftigen Unternehmer, sozusagen wie James Watt seinen Boulton. Das Ergebnis der Zusammenarbeit in der Firma N. A. Otto & Cie war der prämierte Gasmotor von 1867.

Langen gründete im Boomjahr 1872 die ›Gasmotorenfabrik Deutz, Aktiengesellschaft‹. Man gewann den erfahrenen Maschineningenieur Gottlieb Daimler, seinerzeit Werkstattleiter der Maschinenfabrik Karlsruhe, die vor allem Lokomotiven, Turbinen und Werkzeugmaschinen herstellte. Daimler wurde Technischer Direktor und brachte seinen langjährigen engen Mitarbeiter Wilhelm Maybach als Konstrukteur mit in die Firma [99, 102].

Das Unternehmen florierte. 1874 wurde mit der Pro-

1876 erfand Nikolaus Otto den Viertaktmotor, der von Wilhelm Maybach in den folgenden Jahren konstruktiv für den Serienbau – wie hier gezeigt – überarbeitet wurde. Die Ähnlichkeit mit einer liegenden Dampfmaschine ist unverkennbar. (Daimler-Benz-Archiv)

duktion von fast 1000 Motoren ein Höhepunkt erreicht. Aber der Verkauf stagnierte, denn der Wiener Bankenkrach vom 9. Mai 1873 hatte eine Wirtschaftskrise ausgelöst und viele übereilt gegründete und unseriös finanzierte Unternehmen in die Pleite getrieben. Otto, Langen und Daimler mußten sich etwas Neues einfallen lassen!

DER ERSTE OTTO-MOTOR

Not macht erfinderisch! Das gilt nun auch für die Manager und Chefingenieure der Gasmotorenfabrik Deutz, die neue Märkte erschließen wollen. Auch der Autodidakt Otto macht sich wieder an die Entwicklungsarbeit. Er greift seine frühere Idee vom Viertaktmotor wieder auf. Unter tatkräftiger Mitwirkung von Versuchsingenieur Franz Rings und der Meister und Handwerker der Versuchswerkstatt gelingt nunmehr in solider Entwicklungsarbeit der große Fortschritt: Am 9. Mai 1876 läuft Ottos Viertaktmotor zum ersten Mal, der Vater aller Otto-Motoren, die »das Kraftstoff-Luft-Gemisch verdichten und durch Fremdzündung entzünden« (Deutsche Normbezeichnung). Die Versuchsmaschine bringt auf Anhieb 3 PS, soviel wie die stärkste atmosphärische Maschine von fast 4 m Höhe [89].

Wilhelm Maybach konstruierte noch im gleichen Jahre die etwas größere und stärkere Serienmaschine. Damit war nach rund zweihundert Jahren des Suchens, Erfindens, des Probierens und Verwerfens die wirtschaftliche und raumsparende Antriebsmaschine für Handwerk und Kleinindustrie gefunden.

Im äußeren Erscheinungsbild ähnelte der neue einzylindrige Otto-Motor freilich noch der bewährten liegenden Dampfmaschine. Und das zeigt sehr deutlich, daß auch in dieser neuartigen Maschine ganz selbstverständlich das Know-how eingeflossen war, das berühmte Ingenieure und zahllose unbekannte Handwerker mühsam erarbeitet hatten.

Existenz und Aufstieg der Gasmotorenfabrik Deutz waren gesichert. Geschützt durch das Reichspatent 532 vom 4. 8. 1877 gewann die Fabrik ein weltweites Monopol und baute immer stärkere Motoren bis 40 und 60 PS. Die Neider nahmen zu. Die Deutzer mußten gegen unberechtigten Nachbau vorgehen, so auch gegen den Münchner Reithmann. Zwar konnte man in mehreren Prozessen dessen Ansprüche auf Priorität zurückweisen, doch erwiesen sich die Patente zum Otto-Motor in zahlreichen anderen Prozessen als nicht tragfähig genug. Schließlich wurde das Patent von Beau de Rochas bekannt, und damit wurde der Anspruch auf die Viertaktarbeitsfolge hinfällig [87].

Wenngleich die materiellen Rechte nach und nach verlorengingen, so verblieb N. A. Otto der Ruhm, den ›Otto-Motor‹ geschaffen zu haben. Auf seinem Grabstein kann die Nachwelt lesen: ›Der Schöpfer des Verbrennungsmotors‹.

20. Schöpfer des Automobils

Wer in den achtziger Jahren des vergangenen Jahrhunderts die technische Entwicklung in Frankreich aufgeschlossen beobachtete, mußte die Verkleinerung der Dampfkraftwagen und ihre Eignung für private Zwecke erkennen. Vieles sprach auch dafür, daß Dampfkraftwagen in preisgünstigerer Serienfertigung hergestellt werden würden. Aber in dieser Zeit arbeiteten bereits unabhängig voneinander zwei Persönlichkeiten an einem technologischen Durchbruch besonderer Art, am selbstbeweglichen Wagen mit Verbrennungsmotor, dem Automobil. Das waren Gottlieb Daimler und Karl Benz.

GOTTLIEB DAIMLER

Gottlieb Daimler (1834 – 1900) hat seiner Heimat Württemberg tausendfach zurückgegeben, was er als junger, begabter Büchsenmacher von seinem Staat an Förderung genossen hatte, für Auslandsreisen und Besuch des Stuttgarter Polytechnikums. Daß es dazu kommen würde, wußte Daimler freilich noch nicht, als er im Sommer 1882 von Köln nach Cannstatt übersiedelte.

Unstimmigkeiten zwischen Nikolaus Otto und dem damals 48jährigen Daimler hatten Ende 1881 zum Bruch geführt und wie so oft im Leben etwas ganz Neues, Positives ermöglicht. Auf dem Höhepunkt seiner Erfahrung und seiner Schaffenskraft steuerte Daimler mit einem soliden Vermögen im Rücken zum nächsten großen Ziel der Motorisierung, auf die Entwicklung des von Gasleitungen und Gasspeichern unabhängigen Benzinmotors. Von vornherein hatten Gottlieb Daimler und sein Konstrukteur Wilhelm Maybach den für den Fahrzeugantrieb geeigneten Motor und die universell einsetzbare Motorfamilie im Sinn. Fahrzeuge waren deshalb in der Anfangszeit nur Versuchsträger, aber nicht Objekte der Konstruktion.

Nach Gestalt, Abmessungen und Gewicht war der Otto-Serienmotor von 1876 eine umfunktionierte stationäre Dampfmaschine und schwerer als die Dampfmaschinen in den Dampfbussen von Gurney und Hancock um 1829/32. Mit herausragender Ziel-

Der Motor des ersten Daimler-Motorwagens von 1886 läßt die enorme Verkleinerung der Kraftmaschine erkennen: Daten: 1 Zylinder, Bohrung 70 mm, Hub 120 mm, 0,46 l, 1,1 PS bei 600 U/min, 18 km/h. (Daimler-Benz-Archiv)

Im Jahr 1885 lief der „Countdown" auf dem Wege zu den ersten Automobilen. Bei Gottlieb Daimler in Cannstatt entstand der Reitwagen (oben) und bei Karl Benz in Mannheim lief bereits der Motor auf dem Prüfstand (unten), der den am 29. Januar 1886 patentierten Motorwagen antrieb. (Daimler-Benz-Archiv)

strebigkeit schufen Daimler und Maybach nach einigen Zwischenstufen bereits 1884 den sensationell leichten Fahrzeug-Viertaktmotor, die sogenannte ›Standuhr‹.
Hatten die damaligen Gas- und Petroleummotoren ein Leistungsgewicht von bis zu 500 kg je 1 PS Höchstleistung, so schaffte es Daimler mit tatkräftiger Unterstützung Maybachs, diesen Wert auf weniger als ein Fünftel zu senken. Charakteristisch war der stehende Motor mit obenliegendem Zylinder, der heute noch die Automobilmotoren prägt und die untere runde Büchse, die Kurbel und Schwungrad aufnahm. Von Ferne sah das Ganze wie das Pendel einer Standuhr aus.
Der erste Erprobungsträger war der ›Petroleum-Reitwagen‹ mit einem Motor von 0,26 Liter Hubraum, Luftkühlung und einem halben PS Leistung. Im Nobember 1885 fuhr einer der Söhne Daimlers das erste Mal auf öffentlicher Straße von Cannstatt nach Stuttgart und zurück.
Dann plante Daimler zielbewußt die Motorisierung eines Wagens. Kaum war die von Wimpff & Co. gebaute Kutsche vom eleganten Typ ›Americain‹ im August 1886 geliefert, wurde sogleich der speziell entwickelte Viertaktmotor eingebaut, eine konsequente Weiterentwicklung der ›Standuhr‹. Die Zylinderbohrung betrug 70 und der Hub 120 mm. Aus 0,46 l Hubraum wurden mit 600 U/min nunmehr 1,1 PS herausgeholt. Der Motor wog weniger als 100 kg. Daimler und Maybach hatten bereits ein Schaltgetriebe eingebaut. Trotz bescheidener Motorleistung erreichte der nicht gerade leichte Motorwagen 18 km/h Höchstgeschwindigkeit.
Wie hatte doch Dr. Small am 5. November 1769 an James Watt über die Anforderungen an einen Antrieb für Straßenfahrzeuge geschrieben?
»Das Gewicht einer Maschine für eine Postkutsche wird, Wasser, Kohlen usw. inbegriffen, nicht viel über 300 Pfund sein.« Nun, hier war sie endlich, die leichte Maschine. Nach den Entwicklungsarbeiten von drei, vier Ingenieurgenerationen an Dampfmaschinen und Gasmotoren hatte Daimler den letzten entscheidenden Schritt zur Verkleinerung des Otto-Motors und zur Verbrennung von flüssigem Brennstoff getan. Der automobile Wagen hatte seinen maßgeschneiderten Antrieb bekommen. Das Automobil war geschaffen.
Nach erfolgreichen Probefahrten auf dem Hofe der Maschinenfabrik wagten sich Daimler und Maybach auf die Straßen der Umgebung. Von einer freundlichen Aufnahme des sensationellen Gefährts war keine Rede. Die konservativen Schwaben waren weit von der Begeisterung entfernt, mit der die Pariser die Dampfkraftwagen von Bollée gefeiert hatten. Und Daimlers Gesuch, »mit einer Auto-Droschke auf den Straßen Cannstatts Fahrversuche machen zu dürfen«, wurde polizeilich abgelehnt. Aber den Durchbruch zur Motorisierung haben solche Hindernisse nicht aufhalten können.

KARL BENZ

Zahlreiche Lokomotivführer haben sich krummgelegt und gespart, um ihren Söhnen ein Technikstudium zu ermöglichen. Bei Karl Benz nahm die Mutter die Entbehrungen auf sich, weil der Vater, der Lokomotivführer, starb, als Karl erst zwei Jahre alt war. Vater Benz hatte sich bei einer Entgleisung abgeschuftet und war durchgeschwitzt auf der damals noch offenen Lokomotive nach Karlsruhe gedampft. Er bezahlte seinen Einsatz mit einer heftigen Lungenentzündung und dem Leben.
Hatte der Vater begeistert der Eisenbahn gedient, so träumte der Sohn seit seiner Schülerzeit davon, ein Fahrzeug zu bauen, »das mit eigener Kraft läuft wie eine Lokomotive, aber nicht auf Schienen, sondern wie ein Wagen einfach auf jeder Straße«. Es sollten allerdings Jahrzehnte vergehen, bis Benz diese Idee verwirklichen konnte.
Nach dem Besuch des Polytechnikums in Karlsruhe mußte sich Benz wie ein technisch fortgeschrittener Lehrling in einer Maschinenbaufirma verdingen [87]. Er sah keine Dauerexistenz und gründete 1871 mit-

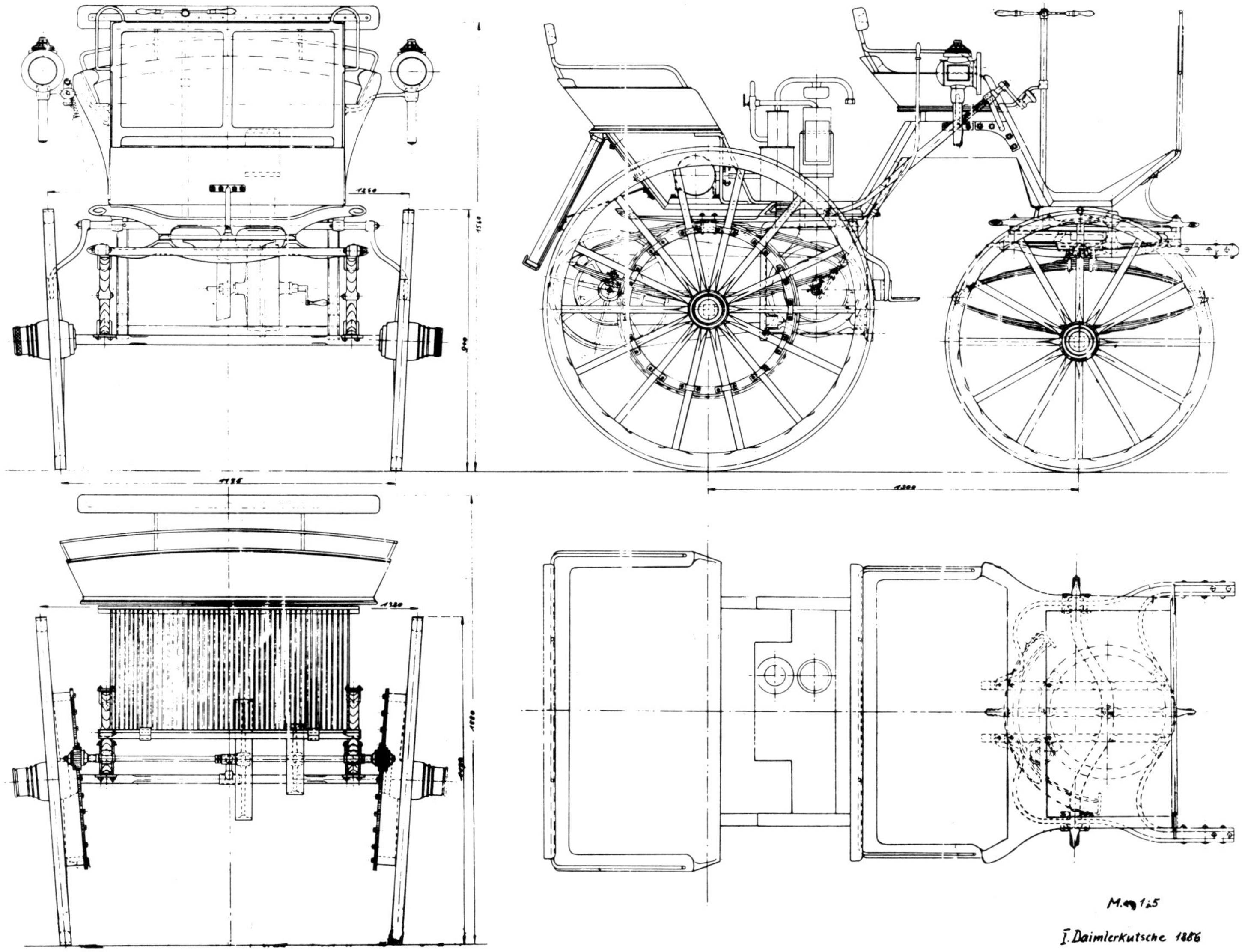

Der Motorwagen von Gottlieb Daimler, 1886. (Daimler-Benz-Archiv)

ten in Mannheim eine mechanische Werkstatt. Als sein Kompagnon ausstieg, sprang die Ehefrau Bertha Benz mit ihren Ersparnissen ein.

Es wurde ein hartes Jahrzehnt. Benz baute Geräte für das Bauhandwerk und allerlei Vorrichtungen. Wie viele andere Unternehmer traf ihn die Wirtschaftskrise von 1873/74 sehr hart. Mühevoll verdiente er seinen Unterhalt.

Als die Gasversorgung der Städte weiter fortschritt und das Gewerbe mehr und mehr auf Gasmotoren überging, sah Benz eine neue Chance. Während er der Brotarbeit nachging, widmete er seine gesamte Freizeit der Entwicklung eines neuen Gasmotors. Da das Viertaktverfahren durch Ottos Patent 532 geschützt war, warf sich Benz 1878 auf die Konstruktion eines fortschrittlichen Zweitaktmotors. In un-

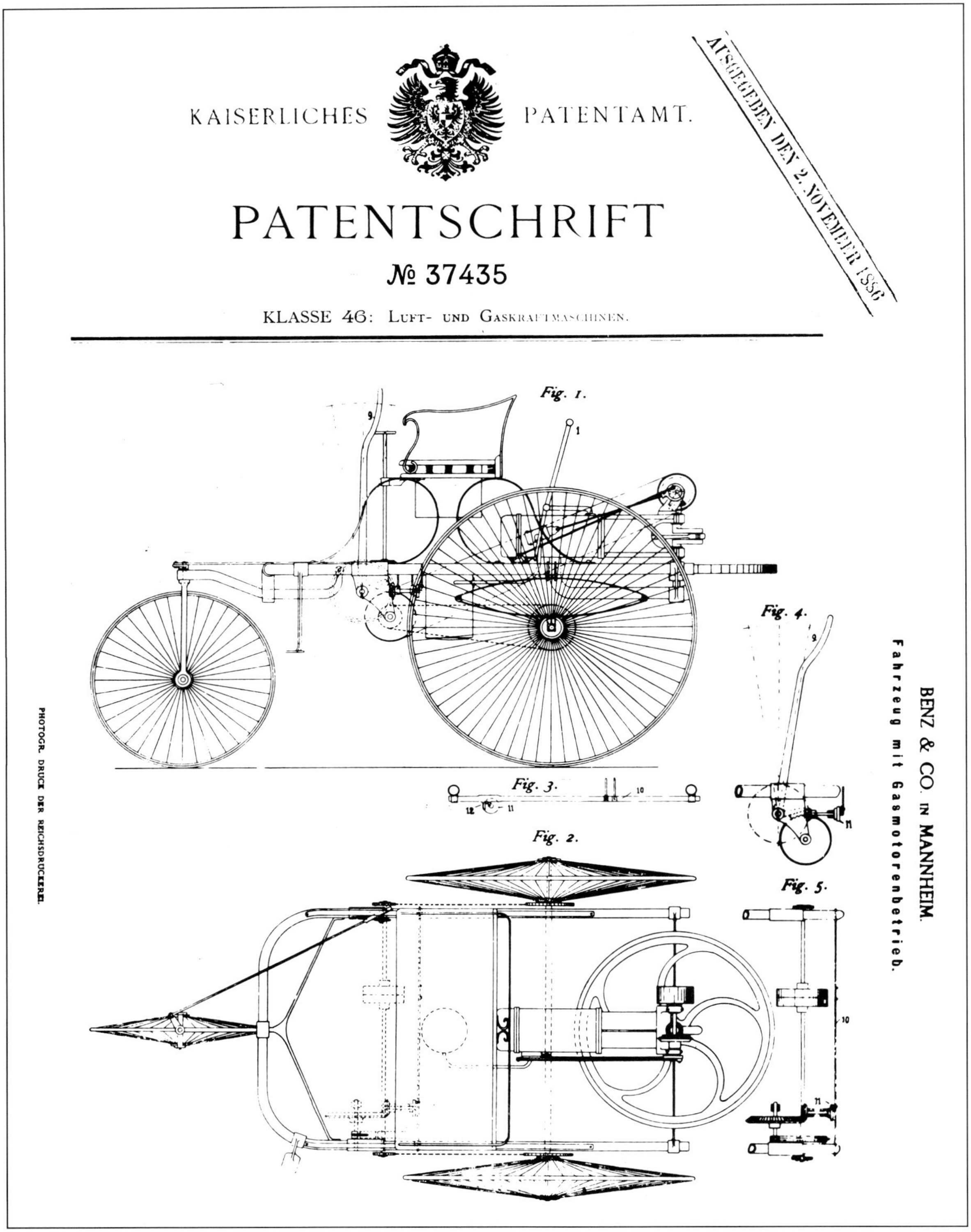

Patent-Motorwagen von Karl Benz, 1886. (Daimler-Benz-Archiv)

glaublich kurzer Zeit gelang es Benz, einen im Vergleich zum Zeitgenossen Dugald Clerk fortschrittlicheren Zweitaktmotor mit Spülluftverfahren zu konstruieren. Nach vielen unbefriedigenden Versuchen lief der neue Motor am Silvesterabend 1879 »in schönem regelmäßigem Rhythmus«.
Schwieriger, zeitraubender und von Rückschlägen gestört erwies sich die Gründung einer Produktionsgesellschaft. Unter Wechsel von Firmenname und Partnern, stellten sich schließlich bei der 1883 gegründeten Firma ›Benz & Co, Rheinische Gasmotorenfabrik‹ die erwarteten Verkaufserfolge ein. Einer der Vorzüge des Benz-Motors war die Verwendung der Zündkerze, also die Funkenzündung.
Kaum hatte sich Karl Benz diese Existenz aufgebaut, als er schon daran ging, seinen alten Traum zu verwirklichen, den Traum vom maschinengetriebenen Straßenfahrzeug, vom Motorwagen. Ohne daß sich Benz und Daimler jemals gesprochen hätten – auch später nicht – arbeiteten seit 1883 zwei deutsche Ingenieure unabhängig an den Voraussetzungen für das Automobil. Während Daimler die universelle Anwendbarkeit des Benzinmotors anstrebte, hatte Benz von vornherein den Gesamtentwurf des Motorwagens mit Fahrzeug und Antriebsaggregat zum Ziel. Und das Ergebnis zeigte, wie klar er die Anforderungen an das Automobil durchdacht hatte.
Kaum zeichnete es sich 1884 durch einen einschränkenden gerichtlichen Vorbescheid ab, daß sich für Otto eine ungünstige Rechtslage ergeben würde, begann Benz mit der Entwicklung eines Viertaktmotors [87], offensichtlich in der Erkenntnis, hiermit bei geringerem Gewicht die größte Leistung erzielen zu können. Und der geniale Benz holte aus dem kleinen liegenden Motor bei 250 U/min immerhin 0,88 PS [87].
Auch Karl Benz hatte damit unabhängig von Daimler den entscheidenden Schritt zum Automobilmotor vollzogen. Aber Benz ging noch einen Schritt weiter: Mit seinem Benz-Patent-Motorwagen, Reichspatent Nr. 37435 vom 29. Januar 1886, lieferte er das erste als Ganzes konstruierte Automobil.
Daß Benz für dieses dreirädrige Fahrzeug ein leichtes Rohrgestell und Speichenräder benutzte, war konsequent. Denn der Leichtbau ermöglichte ein unglaublich niedriges Gesamtgewicht von 263 kg und bot damit leichte Lenkbarkeit, angemessene Anfahrbeschleunigung und günstige Verbrauchswerte. Und das Benz-Automobil war wesentlich leichter als der in ähnlicher Fahrzeugtechnik gebaute De Dion-Dampfkraftwagen von 1883.
Am Sonntag, dem 3. Juli 1886, fuhr Karl Benz zum ersten Mal mit seinem Motorwagen auf öffentlicher Straße, genaugenommen auf der Ringstraße, wo es am meisten aufiel. Benz erreichte 15 km/h Höchstgeschwindigkeit und war zufrieden.

DAS AUTOMOBIL: SELBSTBEWEGER UND SELBSTFAHRER

Am 5. September 1886 schrieb der ›Generalanzeiger der Stadt Mannheim‹ über den »Straßenwagen mit Gasmotorbetrieb, daß sich nach der ersten Fahrt, wie nicht anders zu erwarten, noch Mängel gezeigt hätten, die durch Verbesserungen abzustellen waren und daß nun Herr Benz mit dem Bau solcher Fuhrwerke, für den praktischen Gebrauch berechnet« beginnen würde. Die Zeitung schloß: »Wir glauben, daß dieses Fuhrwerk eine gute Zukunft haben wird, weil dasselbe ohne viele Umstände in Gebrauch gesetzt werden kann, und weil es, bei möglichster Schnelligkeit, das billigste Beförderungsmittel für Geschäftsreisende, eventuell auch für Touristen werden wird.«
Die Zeitung hatte den Nagel auf den Kopf getroffen: . . .»weil dasselbe ohne viele Umstände in Betrieb gesetzt werden kann.«
Aber es gab auch viel Ärger bei den Probefahrten und hemmende polizeiliche Verordnungen. Und Käufer kamen noch lange nicht.
Da geschieht im August 1888 etwas Ungewöhnliches: Bertha Benz, die unermüdliche und mutige Lebensgefährtin ihres schöpferischen Mannes, übernimmt die erste Überlandfahrt mit dem Motorwa-

gen. Karl Benz glaubt sie mit dem Zug unterwegs, als Bertha Benz und die Söhne Eugen [15] und Richard [13] in aller Frühe heimlich den Motorwagen aus dem Schuppen ziehen und das Unwahrscheinliche wagen: die Überlandfahrt über 120 km von Mannheim nach Pforzheim zur Mutter und Großmutter.
Die Fahrt mit der resoluten Bertha Benz an der Steuerkurbel ist oft mit allen ihren Zwischenfällen lebhaft dargestellt worden. Zumeist wird sie als erste Fernfahrt eines Kraftfahrzeuges bezeichnet. Das ist falsch, denn die Vorgeschichte des Automobils kennt viele Fernfahrten von Kraftfahrzeugen mit Dampfantrieb und auf größeren Strecken. Aber das ist nicht der springende Punkt.
Berthas Überlandfahrt bewies schlagartig etwas ganz anderes. Karl Benz hatte ein Kraftfahrzeug geschaffen, einen Selbstbeweger, den *jedermann* leicht bedienen konnte. Und das unterschied den Motorwagen vom Dampfkraftwagen.
De Dion hatte mit seinem leichten Dampfkraftwagen den Heizer der schweren Dampfkutschen über Bord geworfen. Er war Fachmann genug, um mit dem Dampfkessel klar zu kommen, aber Bertha Benz hätte das kaum geschafft. Karl Benz aber hatte mit dem einfach zu regelnden Motor nun auch den Bordmechaniker ausgebootet.
Jetzt erst war der mit Maschinenkraft fahrende Selbstbeweger, der von jedermann selbst gesteuert werden konnte, also der Selbstfahrer, geschaffen. Die Deutschen nannten ihn noch lange den ›Motorwagen‹, aber die Franzosen, die ihn populär machten, gaben ihm den Namen ›Automobil‹.

AM RANDE DER ENTWICKLUNG: VON SÖHNLEIN BIS MARCUS

Im 19. Jahrhundert hat es noch andere begabte und erfindungsreiche Persönlichkeiten gegeben, die sich für das Konzept und die Verwirklichung eines Kraftfahrzeuges mit Verbrennungsmotor stark engagierten. Wie gut auch immer ihre Ideen gewesen und wie weit ihre Konstruktionen gediehen sein mögen, so fehlte ihnen doch das Wesentliche, nämlich zum Ursprung der Entwicklungslinie Automobil zu gehören. Sie sollen dennoch nicht vergessen werden!
Fast vergessen ist die unbeschwerte Bastelei des 17jährigen Julius Söhnlein aus dem Hause des berühmten Sektfabrikanten in Schierstein am Rhein. Ohne von Aktionen wie ›Jugend forscht‹ aufgefordert zu sein – denn so etwas gab es damals gar nicht – motorisierte der junge Mann 1873 einen kleinen,

Der zweite Motorwagen von Siegfried Marcus, der, entgegen früheren Legenden, nicht vor 1888 fertiggestellt worden war.
(Technisches Museum Wien)

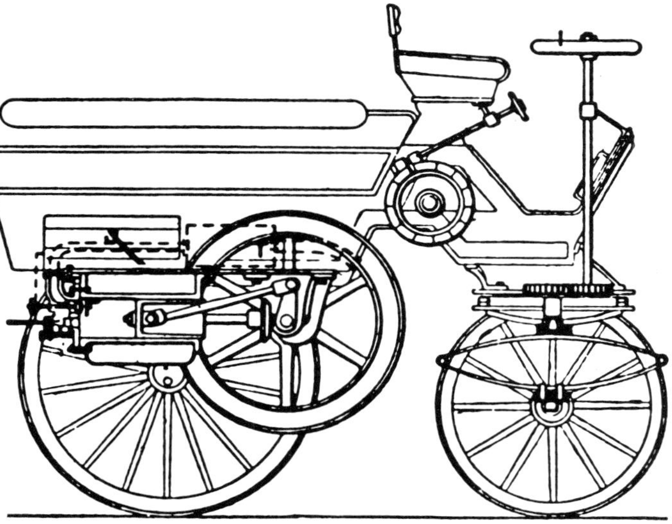

Entwurfsskizze von Delamare-Debouttville für ein Kraftfahrzeug mit Verbrennungsmotor in der französischen Patentschrift, 1884.
(Daimler-Benz-Archiv)

vorher mit Ziegen bespannten Wagen. In einen verlängerten Dampfzylinder brachte Söhnlein Luft und Kraftstoff ein, schaffte es sogar, elektrisch zu zünden und fuhr mit dem Wägelchen munter umher [Goldbeck in 87]. Nachfolger hatte dieses Experiment nicht. Aber immerhin hat sich Söhnlein später um den schlitzgesteuerten Zweitakter verdient gemacht.
Als der Otto-Motor auf der Weltausstellung zu Paris 1878 vorgestellt worden war, fand sich schon 1879 der erste Erfinder, der sich die Anwendung dieses Motors für Kraftfahrzeuge patentieren ließ. Das war der italienische Ingenieur Murnigotti. Es blieb freilich bei den Patenten, die in der Praxis kaum zum Erfolg geführt hätten. Denn Murnigotti hatte geplant, die Zylinder in Anlehnung an die Dampfwagen direkt auf die Kurbelwelle angreifen zu lassen.
Im Jahr 1883 folgte der Spinnereibesitzerssohn Edouard Delamarre-Deboutteville und der Werkmeister Leon P. Maladin. Sie hatten zwar ein Getriebe vorgesehen und auch einen dreirädrigen Versuchsträger gebaut. Aber die Explosion des Gasbehälters setzte der Fahrt ein rasches Ende. Als auch der vierrädrige Kraftwagen beim Ingangsetzen des Motors zerbrach, wandten sich die beiden Erfinder dem Bau von stationären Motoren zu [101].
Die größte Nähe auf parallelem Entwicklungskurs zu Otto, Daimler und Benz hatte zweifellos Siegfried Marcus (1831 – 1898). Im Grunde war Marcus sogar einer der vielseitigsten Erfinder dieser Zeit. Aber gerade mit dieser Vielseitigkeit verpatzte er sich größere Erfolge.
Die Liste der Erfindungen von Marcus reicht von einem Thermoelement über Vergaser, Zündapparate, Schnellfeuerpistolen und medizinische Apparate bis zu atmosphärischen und anderen Petroleummotoren und schließlich zum Automobil. Nach heutiger Erkenntnis hat Marcus zwei Fahrzeuge gebaut, einen motorisierten Handkarren mit atmosphärischem Motor von 1868 und das Automobil mit Viertaktmotor aus dem Jahr 1888 oder später.
Für den Versuchsträger, den Handkarren, hatte Marcus einen einzylindrigen Petroleummotor als atmosphärische Maschine geschaffen. Die bei der stationären Maschine vorhandenen Schwungräder dienten nunmehr als Treibräder, weshalb die Maschine zum Anlassen vermutlich aufgebockt werden mußte.
Für den zweiten Wagen konstruierte Marcus einen einzylindrigen Viertaktmotor mit elektrischer Zündung durch einen vom Motor angetriebenen Magnetzünder. Die Pleuelstange übertrug die Kraft indirekt über einen Hebel auf die Kurbelwelle mit Schwungscheibe und eine Riemenübertragung auf die Hinterachse.
Wenn Marcus diesen Wagen schon 1875/77 betrieben haben würde, hätten mehrere Gegner Ottos dieses Faktum benutzt, um sein Patent zu vernichten, und Marcus selbst hätte daran das größte Interesse gehabt. Goldbeck kommt daher aus dieser Überlegung und aus der Auswertung von weiteren Details zum Ergebnis, daß der zweite Wagen von Marcus, das Automobil, nicht vor 1888 gebaut worden sein könne [87].

DAS AUTOMOBIL VERDRÄNGT DEN DAMPFKRAFTWAGEN

Was Daimler und Benz in Deutschland zunächst nicht fanden, gab ihnen Frankreich: eine für das Neue aufgeschlossene Atmosphäre, wie sie durch die jüngeren Dampfwagenproduzenten vorbereitet worden war.

Erster Käufer eines Benz-Patentwagens war der Ingenieur Emile Roger aus Paris, der bisher die stationären Gasmotoren von Benz verkauft hatte. Roger übernahm nunmehr auch die Vertretung für die Benz-Automobile.

Daimler kam über seine Vertretung in Frankreich ins Geschäft. Nach dem Tode ihres Mannes war es nunmehr die charmante Madame Sarazin, die ihn mit dem aufgeschlossenen Monsieur Emile Levassor zusammenbrachte. Nach erfolgreicher Präsentation eines Daimler-Motorbootes und des neuen Daimler Stahlradwagens von 1889 im Rahmen der Weltausstellung kam es zur Zusammenarbeit mit Panhard und Levassor. Bald trieben Daimler-Motoren die von dieser Firma gebauten Automobile. Andere Werke in Frankreich und England folgten diesem Beispiel.

Aber noch gaben die Hersteller von Dampfkraftwagen nicht auf. Ganz im Gegenteil. Sie hielten die alterprobte Technologie für überlegen, zumal dann, wenn man den Kessel mit Petroleum heizte.

Einer der Förderer des Automobils war das französische ›Petit Journal‹ Paris. Für den 22. Juli 1894 schrieb das Journal einen mit hohen Geldpreisen do-

Das schnellste Kraftfahrzeug der Zuverlässigkeitsfahrt Paris – Rouen vom 22. Juli 1894 war der leichte „Remorqueur" von de Dion – ein Dampfschlepper – mit aufgesattelter Kutsche. (Der Motorwagen VIII Jahrg. 1905)

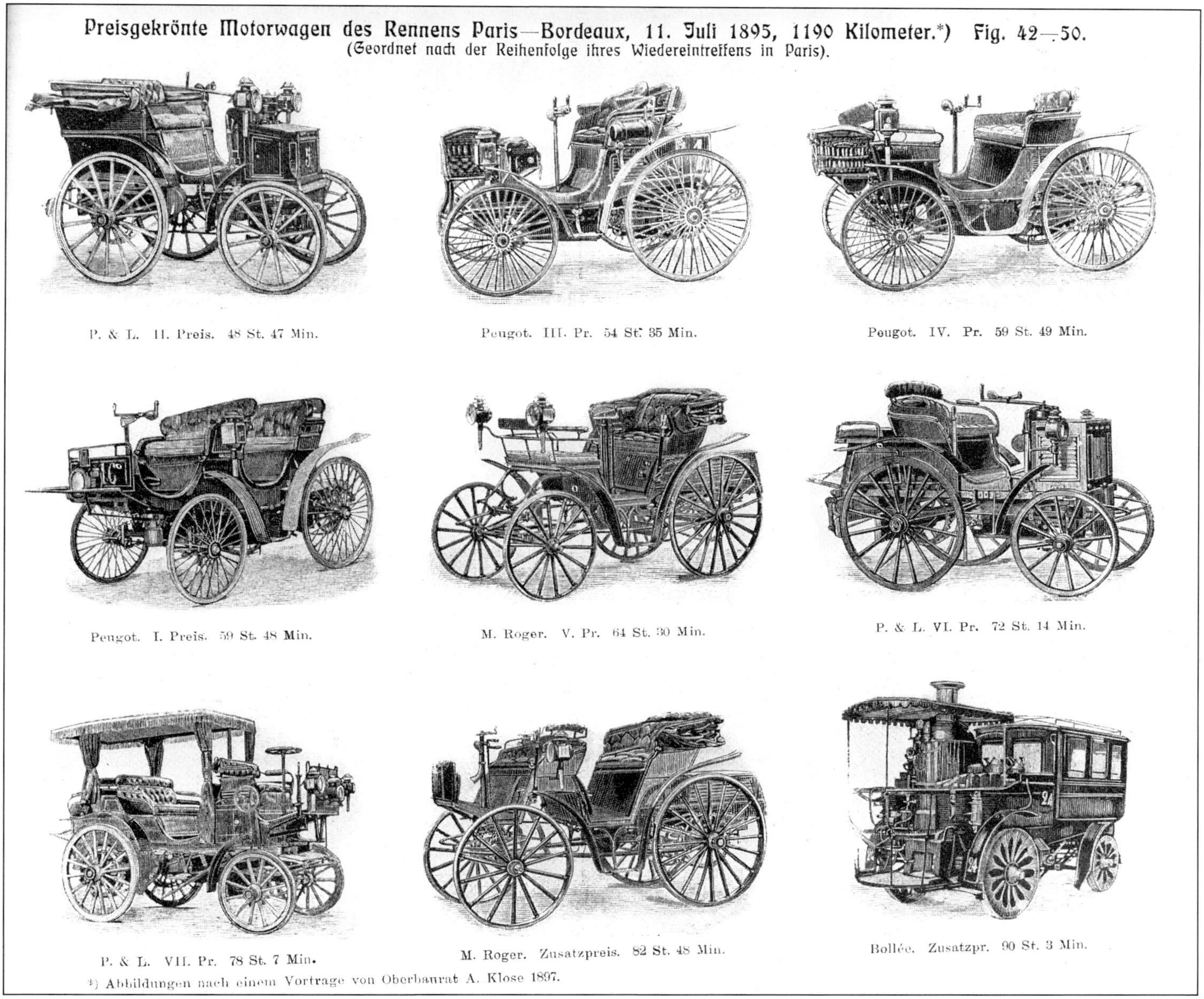

Das Automobil siegt über den Dampfkraftwagen: Die preisgekrönten Motorwagen des ersten Automobilrennens der Welt Paris – Bordeaux am 11. Juli 1895. (Der Motorwagen VIII Jahrg. 1905)

tierten Wettbewerb aus. Es ging um eine Zuverlässigkeitsfahrt von Paris nach Rouen, wofür eine Mindestzeit von zwölf Stunden über die lange Distanz von 126 km angesetzt wurde.
Von 102 gemeldeten Kraftwagen werden 21 Fahrzeuge in einem Vorlauf qualifiziert. Davon sind nur 14 Wagen mit Benzinmotoren, aber immer noch sieben Dampfkraftwagen! Gleich nach dem Start rast man los, was das Zeug hält: Es wird das erste Automobilrennen und nicht nur eine Zuverlässigkeitsfahrt!
Nach fünf Stunden 40 Minuten donnert der schnell-

ste Wagen in die Stadt Rouen. Es ist der leichte Remorqueur von de Dion mit einer aufgesattelten Kutsche, sozusagen ein leichter Sattelzug. In Abständen von jeweils fünf Minuten folgen der erste und der zweite Peugeot, sodann zwei Panhard-Levassor. Unter den insgesamt 15 Wagen, die am Ziel eintrafen, ist auch ein Benz gefahren von Emile Roger.

Nach heftigen Diskussionen über de Dions seltsames Dampffahrzeug verzichtet der Graf auf den ersten Preis. Dieser geht zu gleichen Teilen an Peugeot und Panhard-Levassor. Beide fuhren mit Motoren ›Systeme Daimler‹.

Das nächste Rennen Paris – Bordeaux – Paris, über eine riesige Distanz von 1190 km wird am 11. Juni 1895 am Place d'Armes in Versailles gestartet. Es ist von vornherein ein richtiges Automobilrennen, das erste der Welt, und die gewaltige Entfernung weckt ein ungeheures Interesse an der gesamten Route.

Dieses Mal gehen 22 Wagen an den Start. Und wieder sind einige Dampfkraftwagen dabei, darunter de Dion und Bollée. In der Ausschreibung sind als Anforderungen je 50 Stunden Fahrzeit für die Hin- und Rückfahrt ausgeschrieben. Das ergibt eine Durchschnittsgeschwindigkeit von mindestens 11,9 km/h ohne Rücksicht auf Zwischenhalte und Pannenbeseitigung.

Daimler Stahlrad-Wagen aus dem Jahre 1889. (Daimler-Benz-Archiv)

Emile Levassor ist der Schnellste. Mit seinem 2sitzigen Automobil mit bereits vorn angeordnetem Motor, rast er in 48 Stunden 47 Minuten persönlich über die gesamte Distanz, weil er im nächtlichen Bordeaux unerwartet früh eintrifft und seinen Ablösefahrer gar nicht finden kann. Der Durchschnitt von 24,5 km/h und seine Dauerleistung von fast 49 Stunden am Steuer sind eine Sensation.

In 54 Stunden 35 Minuten schafft es als nächster ein Peugeot. Noch als neunter dampft der Dampfkraftwagen ›La Nouvelle‹ von Bollée heran. Aber de Dion, der ehrgeizige Dampfkraft-Verfechter kommt mit der Bahn zurück! Daraufhin wechselt er das Lager und baut von nun an Benzin-Wagen.

Das Automobil hat seine

Die Gestalt der Benz-Automobile von 1886, 1902 und 1905 zeigt die Anfänge der Entwicklungslinie zu den heutigen Automobilen.
(Der Motorwagen VIII Jahrg. 1905)

Überlegenheit für Tausende sichtbar demonstriert. Daran konnten auch spätere Rekordfahrten von Dampfkraftwagen nichts mehr ändern. Freilich gab es um 1925 noch Hunderte von englischen Lastkraftwagen mit Dampfantrieb.

Selbst England kommt in Bewegung. Noch am 4. November 1895 hatte ein eifriger Polizist einen ›Onkel Jack‹ in Farham gestellt, wie er flott in seinem kleinen Benz-Automobil durch das Städtchen fuhr. Noch einmal – und wohl nicht das letzte Mal – schlug die uralte Locomotive Act zu: Ein Mann mußte her, ausgerechnet »ein würdiger, älterer Bahnbeamter«, der mit der roten Flagge dem Automobil voranschritt – getreu der alten ›Red Flag Act‹.

Erst am 14. November 1896 fällt mit der Verabschiedung der neuen ›Light Locomitive on Highway Act‹ das jahrzehntelange Hemmnis für den motorisierten Straßenverkehr. Noch am Mittag des gleichen Tages gehen 33 blumen- und fähnchengeschmückte Automobile auf die historische Befreiungsfahrt London – Brighton. Auch in England beginnt die Motorisierung und Daimler ist dabei!

21. Fazit

Als Karl Benz 1886 seinen Benz-Patent-Motorwagen und Gottlieb Daimler seinen Daimler-Motorwagen der Öffentlichkeit vorstellten, schienen diese Fahrzeuge den meisten Zeitgenossen nur zwei weitere Exemplare in einer langen Reihe automobiler Wagen zu sein, die in den Zeitungen stark beachtet wurden und bald wieder in Vergessenheit gerieten. Doch dieses Mal sollte es ganz anders kommen!
Zwar erkannten einige weitsichtige und risikofreudige Persönlichkeiten, insbesondere in Frankreich, die Chancen des neuartigen Antriebs, des Verbrennungsmotors also, aber niemand hat damals die Tragweite der Innovation ›Motorwagen‹ voll übersehen.
Die Bedeutung der beiden Motorwagen für die Technikgeschichte und die Geschichte der Menschheit wird vielmehr gerade vor dem Hintergrund der jahrhundertelangen Ideen, Konzepte und Konstruktionen von Kraftfahrzeugen in vollem Lichte sichtbar.
Die Muskelkraftwagen hatten im Transportwesen versagt. Zahlreiche Dampfkraftwagen waren über das Versuchsstadium nicht hinausgekommen. Einige Dutzend Einzeltypen hatten zwar in der Praxis Erfolg gehabt, und eine Handvoll Modelle waren sogar in mehreren Exemplaren gebaut worden. Aber das Entscheidende fehlte: Der Durchbruch zur Serienfertigung, zur großen Stückzahl für eine wachsende Nachfrage. Gemessen an den Tausenden von Lokomotiven, die Europas Streckennetz bedienten, waren die Dampf-Pkw und Dampfbusse von 1885 eine quantité negléable. Man hätte diese Fahrzeuge auf wenigen Blatt Papier auflisten können.
Hingegen begründeten Karl Benz und Gottlieb Daimler mit ihren Motorwagen die ununterbrochene Entwicklungslinie zu den heutigen Automobilen. Aufbauend auf dem Grundkonzept der Motorwagen und der entscheidenden Innovation, dem leichten, in der Bedienung einfachen Verbrennungsmotor als Fahrzeugantrieb, haben Generationen von Ingenieuren und Designer in Tausenden von Einzelschritten das Automobil bis zum heutigen technischen Standard und zur heutigen Gestalt weiterentwickelt.
Lawinenartig ist der Bestand an Personenkraftwagen weltweit gewachsen:

1910	0,3 Mio Pkw
1930	29,8 Mio Pkw
1960	92,1 Mio Pkw
1986	373,5 Mio Pkw.

Das Automobil hat die zweite verkehrliche Revolution hervorgebracht, die Pferde abgelöst, die Eisenbahn zurückgedrängt und eine bisher nie dagewesene Blüte des Straßenverkehrs in Umfang und Leistungsfähigkeit herbeigeführt: Auf das Eisenbahnzeitalter folgte das Automobilzeitalter.
Diese Entwicklung geht auf die beiden Motorwagen zurück. Beide, der Benz-Patent-Motorwagen und der Daimler-Motorwagen von 1886 waren also unzweifelhaft die ersten Automobile!
Der riesige Erfolg des Automobils und seine weltweite Verbreitung war freilich in diesem Umfang nur möglich, weil autogerechte Straßen gebaut wurden mit festem Unterbau, ebenflächigen Decken und großzügiger Bemessung. Erst mit den neuartigen einbahnigen Fernstraßen und den zweibahnigen Autobahnen wurden nach rund 1600 Jahren die römischen Fernstraßen in Abmessung, Linienführung und Qualität überflügelt. Ebenso haben aber auch die zü-

gig trassierten Autobahnen die Leistungsfähigkeit und das Geschwindigkeitspotential alter Eisenbahn-Fernstrecken übertroffen.
Nur technologisch hochentwickelte Automobile und großzügig trassierte Fernstraßen mit starken Straßenkörpern *gemeinsam* haben die Expansion des Systems Straße ermöglicht!
Offensichtlich bedeutete die Konstruktion der ersten beiden Automobile eine Zäsur in der Geschichte der automobilen Wagen. Da die gewaltige dynamische Entwicklung des Automobils in Technologie, Produktionszahlen und industriellen Fertigungsmethoden erst 1886 begann, setzt auch die Geschichte des Automobils hier ein. Demzufolge gehören alle Ereignisse davor, denen dieses Buch gewidmet ist, zur *Vor*geschichte des Automobils.
Diese Vorgeschichte kann allerdings nicht einfach beiseite geschoben werden, wenn es gilt, die Entstehung des Automobils objektiv zu würdigen. Vielmehr zeigte dieses Buch gerade die vielfältigen und beachtlichen Beiträge von Generationen an Tüftlern, Erfindern und Praktikern zum technischen Fortschritt, der schließlich in das Automobil einmündete. Karl Benz und Gottlieb Daimler stehen gleichsam auf einer Pyramide von schöpferischen Persönlichkeiten aus mehreren Generationen.
Ohne Ideen vom automobilen Wagen keine Konzepte, ohne frühe Pumpentechnologie keine Dampfmaschinen, ohne Technologie von Kolben und Zylinder kein Gasmotor, ohne Dampfkraftwagen keine Motorwagen! Und den beiden großen Ingenieuren Karl Benz und Gottlieb Daimler war es bestimmt, die letzten, schwierigen Entwicklungsschritte zu erzwingen: zum Automobil.

22. Automobile der Gegenwart und Ausblick

Die Geschichte des Automobils seit Daimler und Benz ist gerade aus Anlaß des Jubiläumsjahres 1986 von mehreren Autoren in Wort und Bild fachkundig und ausgiebig dargelegt worden.
Diese interessante Entwicklungslinie hier nochmals zu verfolgen, erscheint daher überflüssig. Sie würde auch den Rahmen dieses Buches sprengen. Dennoch sollte die vorliegende Vorgeschichte des Automobils nicht ohne einen Blick auf die Fahrzeuge der Gegenwart abgeschlossen werden, zeigt doch erst der Vergleich zwischen den ersten Vorläufern und den heutigen Automobilen das ganze Ausmaß des Fortschritts.

Was schöpferische Ingenieure seit der Renaissance für Fahrwerk, Antrieb und Vortrieb an Ideen und Konzepten zu Papier brachten, ist in den heutigen Automobilen in erstaunlicher Perfektion verwirklicht, seien es Einzelradaufhängung, Achsschenkellenkung oder Allradantrieb.

Andere, später konzipierte Innovationen sind hinzugekommen, wie z. B. automatisierte Bremssysteme und nicht zuletzt die Katalysatoren, um die Umweltbeeinträchtigung wesentlich zu vermindern.
Nahezu ausgereizt ist das Geschwindigkeitspotential der modernen Autobahnen, nachdem alle Kleinwagen weit über 100 km/h Höchstgeschwindigkeit entwickeln und die großen Limousinen mühelos 200 km/h erreichen. Auch die Beschleunigung aus dem Stand läßt selten zu wünschen übrig. Schließlich hat es den Anschein, als ob das Automobil nunmehr jene Grundform in der äußeren Gestalt gefunden hat, die den Bedürfnissen der Nutzer im Alltag, im Nah- und

Fernverkehr, in Beruf und Freizeit gerecht werden. Nach den kantigen Fahrzeugen der Jahrhundertwende, der Formenvielfalt der Zwanzigerjahre, nach dem „Käfer“ und den chromverzierten Pontonformen der Sechzigerjahre haben die deutschen Automobile nunmehr ein windschlüpfriges ebenso wie gediegenes Design erhalten.
Prägen die Grundformen der Stufenhecklimousine und der Steilheckversion das Erscheinungsbild der Personenkraftwagen, so bleibt den Herstellern dennoch genügend Spielraum, um ihren Produkten ein unverwechselbares Erscheinungsbild, ja schlechthin ihre Identität, zu geben.
Aber die Entwicklung steht nicht still! Der nächste Innovationsschub hat schon begonnen – unter der Motorhaube. Elektronische Bauelemente übernehmen Steuerungs- und Regelungsaufgaben, um Motoren leistungsfähiger, energiesparsamer und umweltfreundlicher zu machen. Zusätzliche Informationen geben dem Fahrer einen umfassenderen Überblick über die Betriebszustände seines Fahrzeuges.

Doch das ist nur der Anfang. Herausforderungen unserer Zeit zwingen zu weiterer Forschung und Entwicklung. Noch immer ist die Zahl der auf den Straßen getöteten und verletzten Menschen viel zu groß. Mit dem rasant gestiegenen Bestand an Automobilen ist der Straßenraum knapper geworden; Verkehrsstockungen und Staus haben zugenommen. Die Fahrer sind in zunehmendem Maße überfordert, auf schwierige Situationen im schnellen Verkehrsfluß zweckmäßig zu reagieren. Ein neuer Innovationsschub erscheint angezeigt, um den Fahrer mit Hilfe der Mikroelektronik bei der Beherrschung des Fahrzeuges wirksam zu unterstützen, bei der Abstandshaltung ebenso wie beim Einscheren.
Eine neue Qualität des Automobils ist denkbar und voraussichtlich auch machbar, das „intelligente“ Automobil, das sich von den heutigen Fahrzeugen im Innern ebenso stark unterscheidet wie die heutigen Automobile von ihren dampfbetriebenen Vorläufern im Äußeren.

Audi 80 quattro

Audi 100 quattro

Audi 80 (Audi Werkfotos)

△ BMW 3er-Reihe

BMW 7er-Reihe ▽

BMW 5er-Reihe (BMW Werkfotos)

Mercedes Benz
Baureihe 190

Mercedes Benz
Baureihe 190

Mercedes Benz Baureihe 200 vor Daimlers ehemaliger Werkstatt

Das „Flaggschiff" 560 SEL
(Mercedes Benz Werkfotos)

**Ford
Scorpio 2,9 i GL**

Ford
Fiesta Ghia
(Ford Werkfotos)

GL
GG-KD 579

GLS

◁ **Opel Kadett GL**

Opel Kadett GLS

Opel Omega GL (Opel Werkfotos)

Porsche 924 S ▷

Porsche 944 Turbo

Porsche 928 S 4 (Porsche Werkfotos)

S-JK 2170

S JK 2171

(VW Werkfotos)

△ **VW Passat**

◁ **VW Golf syncro**

VW Jetta syncro

VW Passat GL ▷

▽ **VW Passat Variant GT**

Zeittafel zur Vorgeschichte des Automobils

1. Jahrh. n. Chr.	Heron v. Alexandrien beschreibt einen selbstfahrenden Wagen mit programmierten Bewegungen
2. Jahrh. n. Chr.	Mit dem Begriff ›via strata‹ taucht in der Kaiserzeit der Ursprung des Wortes ›Straße‹ auf.
Um 1260	Roger Bacons Vision vom Automobil
1350	Sturmwagen des Guido da Vigevano
1420	Selbstfahrer des Giovanni da Fontana
1421, Sept.	Angriffsschirm des Archinger von Seinsheim
1447, Anf. Jan.	Erste dokumentierte Fahrt eines Muskelkraftwagens in Memmingen
1460	Entwurfsskizze für einen Windkraftwagen von Roberto Valturio
1481	Entwurfsskizze eines hölzernen Panzerwagens mit Muskelkraftantrieb von Leonardo da Vinci
Um 1480	Entwürfe für hölzerne Fahrwerke und Getriebe durch Francesco di Giorgio Martini
Um 1500	Erste Entwurfsskizze der Welt für ein Kraftfahrzeug mit eigener Maschinenkraft, für einen Federmotorwagen von Leonardo da Vinci
Um 1504	Ein Muskelkraftwagen fährt in Pirna
1516	Der Corso von 9 automobilen Wagen im 1519 gedruckten Werk ›Kaiser Maximilian I. Triumph‹ von Albrecht Dürer
1558	Berthold Holzschuhers geheime Entwürfe für große Muskelkraftwagen
1649	Erster Triumphwagen mit Muskelkraftantrieb des Johann Hautsch zu Nürnberg
1663	Zweiter Triumphwagen des Johann Hautsch
Um 1670	Stephan Farfflers Muskelkraftwagen für den Alltagsgebrauch in Altdorf bei Nürnberg
1678	Modell des Dampfwagens von Ferdinand Verbiest mit Turbinenantrieb
1680	Konzept eines Dampfwagens mit Strahlantrieb von Isaac Newton
1680	Schießpulver-Maschine nach Christian Huygens – Ursprung aller Kolbenkraftmaschinen
1690	Denis Papin präsentiert das Prinzip der atmosphärischen Kolben-Dampfmaschine
1705	Patent für Newcomens atmosphärische Kolben-Dampfmaschine
1712	Der Franzose Gautier begründet den Bau von Chausseen
1765	John Smeatons Dampfkessel für transportable Dampfmaschinen
1769	Patent für die direkt wirkende Kolben-Dampfmaschine von James Watt
1769	Nicolas Joseph Cugnot führt seinen ersten Dampfkraftwagen vor
1770	Cugnots Dampflastwagen von 1770, das erste betriebsfähige Kraftfahrzeug der Welt mit eigener Maschinenkraft
1774	Pierre Jerome Tresaguet präsentiert die Kiesstraße mit starker Packlage
1782	Direkt und doppelt wirkende Dampfmaschine mit Drehbewegung von James Watt
1784, 27. April	Watt's Patent für einen Dampfkraftwagen
1784	Dampfwagenmodell von William Murdoch
1786	Dampfwagenmodell von William Symington
1787, 21. Mai	Erstes amerikanisches Patent für Kraftfahrzeuge; vom Staat Maryland erteilt an Oliver Evans
Ab 1796/97	Richard Trevithick experimentiert mit Dampfwagen-Modellen
1801	Patent des Franzosen Lebon d'Humbersin für die Anwendung des Leuchtgases in einer Kolben-Kraftmaschine
1801, 24. Dez.	Trevithicks Common Road Lokomotive: die erste Kraftfahrzeugfahrt auf öffentlicher Straße
1803, ab Mai	Trevithicks Londoner Dampfkutsche in Erprobung und Vorführung

1804, 21. Febr. Trevithicks Lokomotive auf der Werkbahn von Pen-y-darran: Der erste von einer Lokomotive gezogene Eisenbahnzug der Welt

1805, Juli Demonstrationsfahrten von Oliver Evans mit dem Dampfbagger Orukter Amphibolos in Philadelphia, USA

1807, 30. Jan. Französisches Patent für den Schweizer Isaak de Rivaz für einen Explosionsmotor als Fahrzeugantrieb

1810 Thomas Telford beginnt die Straße nach Holyhead als Schotterstraße auf starker Packlage zu bauen

1813 Oliver Evans Prophezeihung des modernen Verkehrs

1813 Praktische Versuche von Rivaz

1815, 24. Sept. Josef Božek präsentiert in Prag seinen Dampfkraftwagen als dritter Hersteller nach Cugnot und Trevithick

1820 John Loudon Macadam entwickelt den Straßentyp der Schotterstraße ohne Packlage

1821 Julius Griffith und Josef Bramah nehmen die Idee vom Dampfkraftwagen wieder auf und bauen einen Dampfomnibus

1824 Dampfomnibus mit Allradantrieb von Burstall und Hill

1828 Goldsworthy Gurney unternimmt die erste Fernfahrt eines Kraftfahrzeuges von London nach Bath

1828, 25. Apr. Französisches Patent für Onésiphore Pecqueur für einen Dampflastwagen mit Differentialgetriebe

1829/30 Walter Hancock erprobt einen Dampfkraftwagen im privaten Gebrauch

1830, 15. Sept. Mit der Eisenbahn Liverpool – Manchester geht der Prototyp der Dampfeisenbahn in Betrieb. Das Zeitalter der Eisenbahn beginnt.

1831 Charles Dance betreibt die erste Kraftomnibuslinie der Welt mit drei Dampfwagen von Gurney zwischen Gloucester und Cheltenham

1831 Walter Hancock setzt den Dampfbus ›Infant‹ in Betrieb

1831 Sonderausschuß des britischen Parlaments stellt die praktische Brauchbarkeit der Dampfkraftwagen fest

1832, 31. Okt. Hancocks Fernfahrt London – Brighton – London mit ›Infant‹

1833 Hancocks Dampfbusse ›Autopsy‹, ›Enterprise‹ und ›Eva‹.

1833, 22. Apr. Öffentliche Kraftomnisbuslinie London – Paddington von Walter Hancock eröffnet

1833 Francis Maceroni und John Squire fahren mit ihrer kompakten Dampflimousine schneller als 30 km/h, zu Tal bis 48 km/h

1834, 29. Juli Der erste spektakuläre Unfall eines Kraftfahrzeuges: Ein Dampfbus von John Scott Russell explodiert auf der Linie Glasgow und Paisley

1834, 26. Sept. Demonstrationsfahrt von Charles Dietz mit seinem Straßenpersonenzug von Paris nach St. Germaine

1834 und 1836 Hancock betreibt verschiedene Buslinien

1835, 2. Febr. Der Chevalier d'Asda präsentiert einen Dampfbus vor dem französischen König

1854 Dampfkutsche von Virginio Bordino in Turin

1859/60 Der zweite Anlauf von Erfindern zur Einführung von Dampfkraftwagen, nunmehr mit kleineren Fahrzeugen für den privaten Gebrauch

1860, 24. Jan. Französisches Patent an Jean-Joseph Etienne Lenoir für seine zum Gasmotor mit Zündkerzen umfunktionierte Dampfmaschine

1860, August Der Earl of Chaithness auf Fernfahrt nach Barrogil Castle

1861 Englische Locomotive Act mit Beschränkung der Höchstgeschwindigkeiten auf freier Strekke auf 16 km/h und in Ortschaften auf 8 km/h

1863 Lenoir baut ein ›voiture automobile‹ und macht einige wenige Probefahrten

1865 Die englische ›Red Flag Act‹ setzt die Höchstgeschwindigkeiten auf 6,4 bzw. 3,2 km/h herab und verlangt das Voranschreiten eines Mannes mit roter Flagge in den Ortschaften

1867 Lotz jun. präsentiert einen Dampfschlepper mit Busanhänger bei Ausflugsfahrten anläßlich der Pariser Weltausstellung

1867 Goldmedaille an Nikolaus August Otto und Eugen Langer für ihren atmosphärischen Gasmotor auf der Pariser Weltausstellung

1868 Fernfahrt des Straßenpersonenzuges System Larmangeat von d'Auxevre nach Avallon

1868 ›Promenade‹ der Dampfkraftwagen in Paris

1873 Dampfbus ›L'Obeissante‹ von A. Bollée

1876, 9. Mai Der ›Otto-Motor‹ läuft zum ersten Mal in der Gasmotorenfabrik Deutz

1878 Dampfcabriolet ›La Mancelle‹ von A. Bollée

1879 Lastenschlepper ›Marie Anne‹ von A. Bollée in erfolgreicher Erprobung bei der französischen Artillerie und auf Fernfahrt

1880 ›La Mancelle‹ auf Fernfahrt

1882 Die Liquidation der Lokomotivfabrik Wöhlert in Berlin verhindert den Lizenzbau der ›La Mancelle‹ in Berlin

1883 Leichter Dampfkraftwagen von De Dion und Bouton

1884 Gottlieb Daimler und Wilhelm Maybach schaffen den sensationell leichten Fahrzeug-Viertaktmotor, die sog. Standuhr

1885, Nov. Erste Fahrt mit Daimlers Petroleum-Reitwagen von Cannstatt nach Stuttgart

1886, 29. Jan. Deutsches Reichspatent 37 435 für den Patent-Motorwagen von Karl Benz

1886, 3. Juli Erste Fahrt mit dem Patent-Motorwagen auf öffentlicher Straße in Mannheim

1886, August Erste Fahrten mit der Daimler-Motorkutsche

1888, August Erste Überlandfahrt einer Frau mit einem Kraftfahrzeug ohne Begleitung durch Mechaniker: Bertha Benz fährt mit ihren Söhnen auf dem Patent-Motorwagen über 120 km von Mannheim nach Pforzheim

1888 oder später Automobil mit Viertaktmotor von Siegfried Marcus

1894, 22. Juli Bei der Zuverlässigkeitsfahrt von Paris nach Rouen erreicht der leichte Dampfschlepper von De Dion und Bouton mit aufgesattelter Kutsche als erster das Ziel – vor zahlreichen Motorwagen

1895, 11. Juni Beim Rennen Paris – Bordeaux – Paris siegt Emile Lavassor mit seinem zweisitzigen Automobil über die Dampfkraftwagen und andere Automobile

1896, 14. Nov. Mit der ›Befreiungsfahrt London – Brighton‹ feiern die Automobilisten die Aufhebung der ›Red Flag Act‹

1910 Der Bestand an Personenkraftwagen in der Welt beträgt rund 300 000 Stück

1960 92 Millionen Pkw in der Welt

1985 Beim Jubiläum ›100 Jahre Automobil‹ gibt es mehr als 350 Millionen Pkw in der Welt

Quellen- und Literaturverzeichnis

[1] Birk, Alfred: Die Straße. Ihre verkehrs- und bautechnische Entwicklung im Rahmen der Menschheitsgeschichte, Karlsbad, 1934

[2] Schreiber, Hermann: Auf Römerstraßen durch Europa, München, 1985

[3] Durant, Will: Kulturgeschichte der Menschheit, Frankfurt/Main, 1981

[4] Cunliffe, Barry: Rom und sein Weltreich, Bergisch-Gladbach, 1979

[5] Winzer, Fritz (Hrsg.): Kulturgeschichte Europas, Braunschweig, 1983

[6] Holmberg, Erik J.: Zur Geschichte des Cursus Publicus, Diss., Uppsala, 1934

[7] Weigelt, Horst: Der römische Cursus Publicus in: Internationales Verkehrswesen, 36 (1984) 2. Heft

[8] Garbsch, Jochen: Mann und Roß und Wagen, Band 13 der Ausstellungskataloge der Prähistorischen Staatssammlung, München, 1986

[9] Ginzrot, Johann Chr.: Die Wagen und Fuhrwerke von der Antike bis zum 19. Jahrhundert, München, 1817

[10] Friedländer, Ludwig: Sittengeschichte Roms, Köln 1957

[11] Feldhaus, F. M.: Ruhmesblätter der Technik, Leipzig 1910

[12] Beck, Theodor: Beiträge zur Geschichte des Maschinenbaues, Berlin, 1899

[13] Feldhaus, F. M.: Die Technik der Vorzeit, der geschichtlichen Zeit und der Naturvölker, ein Handbuch, Leipzig und Berlin, 1914

[14] Rauck, Volke u. Paturi: Mit dem Rad durch zwei Jahrhunderte, Stuttgart, 1979

[15] Rauck, Max J. B.: Ancestors of the Automobile in: Automobile Quarterly, New York, 1965

[16] Ginzroth, Johann Chr.: Die Wagen und Fahrwerke der verschiedenen Völker des Mittelalters, München, 1830, Nachdruck Hildesheim 1979

[17] Troitzsch, Ulrich, Weber, Wolfhard (Hrsg.): Die Technik, Braunschweig, 1982

[18] Riche', Pierre: Die Karolinger, Stuttgart, 1981

[19] Pörtner, Rudolf: Das Römerreich der Deutschen, Düsseldorf, 1964

[20] Weigelt, Horst: Die englischen Waggonways – Zubringer zur Schiffahrt und Vorläufer der Eisenbahn in: Internationales Verkehrswesen 36 (1984), Heft 6

[21] Löschburg, Winfried: Von Reiselust und Reiseleid, Frankfurt am Main, 1977

[22] Landau, Georg: Beiträge zur Geschichte der alten Heer- und Handelsstraßen in Deutschland in: Hessische Forschungen zur geschichtlichen Landes- und Volkskunde, Heft 1, Kassel, 1958

[23] Maas, Herbert: Nürnberg, Geschichte und Geschichten, Nürnberg, 1979

[24] Hitzer, Hans: Die Straße, München, 1971

[25] Troitzsch, Ulrich: Sie bereiteten den Weg in: Pörtner (Hrsg.): Sternstunden der Technik, Düsseldorf, 1986

[26] Agricola, Georg: De re metaillica Libri XII, Zwölf Bücher vom Berg- und Hüttenwesen, Basel, 1556, Übersetzung von 1928, Faksimiledruck Düsseldorf, 1961

[27] Bacon, Roger: Epistola Frat. Rogerii Baconii secretis operibus artis et naturae et de nullitate magiae, Hamburg, 1618

[28] Clark, Kenneth: Glorie des Abendlandes, Hamburg, 1970

[29] Meyer, Hermann: Weltgeschichte, Gütersloh, 1963

[30] Orlandi, Enzo (Hrsg.): Leonardo da Vinci, Wiesbaden 1968

[31] Piantanida, Sandro, Baroni, Constantini (Hrsg.): Leonardo da Vinci, Berlin, 1939

[32] IBM Italia (Hrsg.): Laboratorio su Leonardo, Milano, 1983

[33] Meyers Lexikon, 1924 – 1933

[34] Feldhaus, Franz M.: Leonardo, Der Techniker und Erfinder, Jena 1913
[35] o. V. Versuche mit Dietz's Dampfzugkarren auf gewöhnlichen Landstraßen in: Dingler's Polytechnisches Journal, 1840, S. 173
[36] Imhoff, Chr. v. (Hrsg.): Berühmte Nürnberger aus neun Jahrhunderten, Nürnberg, 1984
[37] Sehestag, Franz: Kaiser Maximilian I. Triumph in: Jahrbuch der kunsthistorischen Sammlungen des Allerhöchsten Kaiserhauses 1. Band, Wien 1883, mit Beibuch
[38] Kappe, Karl-Adolf: Dürer, Das grafische Werk, Wien und München, 1964
[39] Doppelmayer, Johann Gabriel: Historische Nachricht von den Nürnberger Mathematicis und Künstlern. . ., Nürnberg, 1730
[40] Hautsch, Ernst: Der Nürnberger Zirkelschmied Johann Hautsch in: Mitteilungen des Vereins für Geschichte der Stadt Nürnberg, Band 46, Nürnberg, 1955
[41] Harsdoerffer, Georg Philipp: Delicitae Mathematicae et Physicae, Der mathematischen und philosophischen Erquickungsstunden zweiter Teil, Nürnberg, 1651
[42] Canestrini, Giovanni: Von der Urzeit zum Maschinenzeitalter in: Die Welt im Zeichen des Motors, Zürich 1963
[43] Thurston, Robert H.: Die Dampfmaschine, Geschichte ihrer Entwicklung, Leipzig 1880
[44] Huss, Wolfgang, Schenk, Wolf: Omnibusgeschichte, Teil I, München, 1982
[45] Verbiest, Ferdinand: Astronomia Europaea, 1687
[46] o. V. Leben James Watt's, Band 2 der Biographien berühmter Erfinder und Entdecker der Neuzeit, Stuttgart, 1860
[47] Gerland, Ernst: Leibnizens und Huygens' Briefwechsel mit Papin nebst der Biographie Papins, Berlin, 1881
[48] Smiles, Samuel: Lives of the Engineers Boulton and Watt, London, 1904
[49] Souvestre, Pierre: Histoire de L'Automobile, Paris, 1901
[50] Jähns, Max: Geschichte der Kriegswissenschaften, Dritte Abteilung, München und Leipzig, 1891
[51] Young, Charles F. T., Holey and Fisher: The Economy of steam power on common roads, London
[52] Grand-Carteret, John: La Voiture de Demain, Paris, 1898
[53] Trevithick, Francis: Life of Richard Trevithick, London 1872
[54] Matschoss, Conrad: Männer der Technik, Berlin, 1925
[55] Schmitt, Claus: Robert Fulton erstes Dampfschiff, Herford, 1986
[56] Weigelt, Horst (Hrsg.): Die Vorgeschichte der Eisenbahn in Entwicklungslinien und Synchronopse in: Fünf Jahrhunderte Bahntechnik, Darmstadt, 1986
[57] Weigelt, Horst: Bayerische Eisenbahnen, vom Saumpfad zum Intercity, Stuttgart, 1982
[58] Anonym: Das größte Wunderwerk unserer Zeit oder Eisenbahn für Dampfwagen zwischen Liverpool und Manchester, Nürnberg, 1831
[59] Bathe, Greville and Dorothy: Oliver Evans, A Chronicle of Early American Engineering, Philadelphia 1935, Nachdruck New York, 1972
[60] Eymann, H.: Geschichte des Straßenbaues in: Handbuch des Straßenbaues, Berlin, Heidelberg, New York, 1979
[61] Krünitz: Landstraße und Chaussee in: Enzyklopädie, 1794
[62] Anonym: Des Herrn Gautier Tractat von der Anlegung und dem Bau der Wege und Stadtstraßen, aus dem Französischen übersetzt und mit Anmerkungen erläutert von einem herzogl. braunschweigischen und lüneb. Offizier und Ingenieur, Leipzig, 1759
[63] Kurfürst von Trier: ChurfürstlichTriersche Verordnung wegen Verbesserung der Wege und Landstraßen, auch Leinpfade, Ehrenbreitstein, 3. April 1753
[64] Loewe, Ferdinand: Straßenbaukunde, Wiesbaden, 1895
[65] Wiebeking, Carl, Friedrich: Theoretisch-praktische Straßenbaukunde, Sulzbach 1808
[66] Pechmann, Heinrich Freiherr v.: Über den früheren und gegenwärtigen Zustand des Wasser- und Straßenbaues im Königreich Bayern, München, 1822
[67] Macadam, John Laudon: Bemerkungen über das gegenwärtige System des Chaussebaus nebst Vorschlägen und Verbesserungen, übersetzt von Friedrich Vogel, Darmstadt, 1825
[68] Rolt, L. T. C.: Telford, London, New York, 1958
[69] Fenelon, K. G.: The Economics of Road Transport, London, 1925

[70] Francke, Willibald (Hrsg.): Daniel Chodowieckis Künstlerfahrt nach Danzig im Jahr 1773, Leipzig, Berlin, 1919
[71] Herbig, F. A.: Reichard's Passagier auf der Reise, Berlin, 1846
[72] Seume, Johann Gottfried: Spaziergang nach Syrakus, Leipzig, um 1867
[73] Brentano, Lujo: Eine Geschichte der wirtschaftlichen Entwicklung Englands, Jena, 1927
[74] Veredarius: Das Buch von der Weltpost, Berlin, 1894
[75] Klima: Das Auto in der Karikatur, Berlin, 1939
[76] v. Schaden, Adolph: Neuestes Post- und Reisehandbuch, 1835
[77] Krohn, Heinrich: Welche Lust gewährt das Reisen, München, 1985
[78] Hald, Karl: Alt Nürnbergs Verkehrswesen, Nürnberg, 1929
[79] Steiner, Friedrich: Bilder aus der Geschichte des Verkehrs, Prag, 1880
[80] Lardner, Dionysius: Die Dampfmaschine, Leipzig, 1836
[81] Über den gegenwärtigen Zustand und die künftigen Aussichten der Dampfwagen, übersetzt aus Foreign Quarterly Review Oktober 1832 von Joseph v. Baader in: Dinglers Polytechnisches Journal, 48. Band 1833, S 168 ff
[82] v. Baader, Joseph: Nachträgliche Bemerkungen zu dem Aufsatz: »Über den gegenwärtigen Zustand und die künftigen Aussichten der Dampfwagen auf gewöhnlichen Straßen, in: Dinglers Polytechnisches Journal 48. Band 1833 S 168 f
[83] Matschoß: Aus der Jugendzeit des Automobils in: Zeitschrift des Vereins Deutscher Ingenieure, 1906, Nr. 32
[84] Henz: Eisenbahnen in England in: Eisenbahn-Zeitung, 20. 3. 1853
[85] Brockhaus: Brockhaus Enzyklopädie, siebzehnte Auflage, 1966 f
[86] Heron v. Alexandria: Pneumatica et Automata, Griechisch und Deutsch herausgegeben von Wilhelm Schmidt, Leipzig, 1899
[87] Metz, Max S. (Hrsg.): Die Welt im Zeichen des Motors, Forum der Technik, Band 1, Zürich, 1963
[88] Rolt, L. T. C.: A Picture History of Motoring, London, 1956
[89] Eckermann, E.: Vom Dampfwagen zum Auto, Reinbeck, 1981
[90] Schulz-Witthuhm: Von Archimedes bis Mercedes, Frankfurt/Main, 1952
[91] v. Frankenberg, Richard; Matteucci, Marco: Geschichte des Automobils
[92] Conrad, R.: Die Entwicklung des Automobils in: Der Motorwagen, VIII. Jahrgang, 31. Januar 1905
[93] Lüders, Hermann: Über Land und Meer, Stuttgart, 1880
[94] Gordon, Alexander: A Treatise upon Elemental Locomotion and Interior Communication, wherein explained and illustrated the History, Practise and Prospekts of Steamcarriages, London, 1834
[95] Fletcher, William: The History and Development of Steam Locomotion on Common Roads, London, 1891
[96] Kühner, Kurt: Geschichtliches zum Fahrzeugantrieb, Friedrichshafen, 1965
[97] Goldbeck, Gustav: Siegfried Marcus, Ein Erfinderleben, Düsseldorf, 1961
[98] Lewandowsky, Jürgen: Das Jahrhundert des Automobils, München, 1985
[99] Barthel, Manfred; Lingnau, Gerold: 100 Jahre Daimler-Benz, Die Technik, Mainz, 1986
[100] Kruk, Max; Lingau, Gerold: 100 Jahre Daimler-Benz, Das Unternehmen, Mainz, 1986
[101] Karnowsky, Rainer: Wer hat das Automobil erfunden, Tatsachen und Argumente, Mitteilungen aus dem Daimler-Benz-Archiv, Stuttgart, 1986
[102] Hüninghaus, Kurt: Das Automobil und seine Geschichte, Wien, 1961
[103] Rolt, L. T. C.: Horseless Carriage, The Motor Car in England, London, 1950
[104] Museo Dell'Automobile, Turin: Lebensbeschreibung und Archivmaterial über Virginio Bordino und seine Dampfwagen

Fig. 2
Fig. 7